宮崎県の教員採用試験過去問シリーズ❹

2025年度版

宮崎県の
社会科

過 去 問

協同教育研究会 編

協同出版

本書には，宮崎県の教員採用試験の過去問題を
収録しています。各問題ごとに，以下のように5段
階表記で，難易度，頻出度を示しています。

難 易 度

非常に難しい ☆☆☆☆☆
やや難しい ☆☆☆☆
普通の難易度 ☆☆☆
やや易しい ☆☆
非常に易しい ☆

頻 出 度

◎ ほとんど出題されない
◎◎ あまり出題されない
◎◎◎ 普通の頻出度
◎◎◎◎ よく出題される
◎◎◎◎◎ 非常によく出題される

※本書の過去問題における資料，法令文等の取り扱いについて
　本書の過去問題で使用されている資料や法令文の表記や基準は，出題さ
れた当時の内容に準拠しているため，解答・解説も当時のものを使用して
います。ご了承ください。

はじめに～「過去問」シリーズ利用に際して～

　教育を取り巻く環境は変化しつつあり，日本の公教育そのものも，教員免許更新制の廃止やGIGAスクール構想の実現などの改革が進められています。また，現行の学習指導要領では「主体的・対話的で深い学び」を実現するため，指導方法や指導体制の工夫改善により，「個に応じた指導」の充実を図るとともに，コンピュータや情報通信ネットワーク等の情報手段を活用するために必要な環境を整えることが示されています。

　一方で，いじめや体罰，不登校，暴力行為など，教育現場の問題もあいかわらず取り沙汰されており，教員に求められるスキルは，今後さらに高いものになっていくことが予想されます。

　本書の基本構成としては，出題傾向と対策，過去5年間の出題傾向分析表，過去問題，解答および解説を掲載しています。各自治体や教科によって掲載年数をはじめ，「チェックテスト」や「問題演習」を掲載するなど，内容が異なります。

　また原則的には一般受験を対象としております。特別選考等については対応していない場合があります。なお，実際に配布された問題の順番や構成を，編集の都合上，変更している場合があります。あらかじめご了承ください。

　最後に，この「過去問」シリーズは，「参考書」シリーズとの併用を前提に編集されております。参考書で要点整理を行い，過去問で実力試しを行う，セットでの活用をおすすめいたします。

　みなさまが，この書籍を徹底的に活用し，教員採用試験の合格を勝ち取って，教壇に立っていただければ，それはわたくしたちにとって最上の喜びです。

協同教育研究会

C O N T E N T S

第 1 部

宮崎県の
社会科
出題傾向分析

宮崎県の社会科　傾向と対策

　2024年度は中学校社会10名，高校日本史1名，公民1名の募集が行われた。中学社会は大問14題，高校日本史は大問6題，高校公民は大問7題という出題数であった。

　中学社会の問題は，地理，日本史，公民を中心に出題されている。例年，地理の問題は世界の諸地域に関するものと，日本の地誌に関するものとなっており，2024年度は世界の地誌は特定の地域について具体的に取り上げるのではなく，様々な地域から出題されていた。各地域についての細かい知識よりも，世界地誌を大観的に捉えられているかどうかが問われる設問であったと言える。日本の地誌に関する出題は，図表の読み取り方や，グラフや表などから読み取る問題も出題されたため，統計書や資料集等で地域や国の特徴を押さえておくと問題も解きやすくなる。日本史の問題では，古代，中世，近世，近現代と各大問が時代ごとに設定されている。2024年度は文化史に関する出題は見られなかったが，2023年度までの傾向を踏まえ史資料を活用した学習も必要であろう。公民の問題では，政治に関する出題が中心的であった。一方，電子マネーの利用について問うものもあった為，現代社会の動向を踏まえた学習も意識して行われたい。学習指導要領からの出題については，地理，日本史，公民すべての分野から出題されている。そのため，学習指導要領は入念に読み込んでおく必要がある。

　高校日本史では，一問一答式と説明問題から構成されているため，幅広い知識が必要である。2023年度試験に引き続き2024年度も，古代から現代まで幅広い出題が見られた。また，総合問題として地理と世界史からの出題も見られたが，出題数は多くないため，専門の日本史を中心に学習を進められたい。学習指導要領，同解説からの出題は頻出である。また，史資料を用いた出題が多いため，日頃から資料集や教科書を活用した学習を行うことが重要である。加えて，生徒のとのやり取りを想定した形式の出題も見られる。他県の過去問なども活用しながら，形式に

慣れる必要がある。

　高校公民では，政治・経済，倫理の分野から出題されている。基礎・基本となる内容が中心であるが，国際的なつながりに着目した問題も見受けられる。2024年度も倫理からの出題が多く見られた。倫理分野は古今東西様々な思想や哲学者に関した問題が出題されている。政治・経済分野については，日本の政治・経済に関する問題が多く見られたが，国内外を含めた幅広い関心も必要である。指導法と学習指導要領については，他の分野と同様に出題されているため，しっかりと確認しておくこと。また，時事問題についても理解しておく必要がある。ニュースや新聞だけでなく，インターネットや書籍，資料集などを使い，情報の裏付けや内容を深めるような学習法も考えられる。

過去5年間の出題傾向分析

大分類	中分類（小分類）	主な出題事項	2020年度	2021年度	2022年度	2023年度	2024年度
中学地理	地図	縮尺，図法，地図の種類・利用，地域調査	●	●	●	●	
	地形	山地，平野，海岸，特殊な地形，海水・陸水	●	●		●	
	気候	気候区分，植生，土壌，日本の気候	●	●			
	人口	人口分布，人口構成，人口問題，過疎・過密					
	産業・資源(農牧業)	農牧業の発達・条件，生産，世界の農牧業地域	●			●	
	産業・資源(林業・水産業)	林産資源の分布，水産業の発達・形態，世界の主要漁場					
	産業・資源(鉱工業)	資源の種類・開発，エネルギーの種類・利用，輸出入		●			●
	産業・資源(第3次産業)	商業，サービス業など					
	貿易	貿易の動向，貿易地域，世界・日本の貿易				●	
	交通・通信	各交通の発達・状況，情報・通信の発達			●		
	国家・民族	国家の領域，国境問題，人種，民族，宗教				●	
	村落・都市	村落・都市の立地・形態，都市計画，都市問題	●	●			
	世界の地誌(アジア)	自然・産業・資源などの地域的特徴					
	世界の地誌(アフリカ)	自然・産業・資源などの地域的特徴		●			●
	世界の地誌(ヨーロッパ)	自然・産業・資源などの地域的特徴	●			●	●
	世界の地誌(南北アメリカ)	自然・産業・資源などの地域的特徴				●	●
	世界の地誌(オセアニア・南極)	自然・産業・資源などの地域的特徴				●	
	世界の地誌(その他)	自然・産業・資源などの地域的特徴					
	日本の地誌	地形，気候，人口，産業，資源，地域開発	●	●	●	●	●
	環境問題	自然環境，社会環境，災害，環境保護				●	●
	その他	地域の経済統合，世界のボーダレス化，国際紛争					●
	指導法	指導計画，学習指導，教科教育					
	学習指導要領	内容理解，空欄補充，正誤選択	●	●		●	
中学歴史	原始	縄文時代，弥生時代，奴国，邪馬台国		●	●		●
	古代	大和時代，飛鳥時代，奈良時代，平安時代	●				
	古代の文化	古墳文化，飛鳥文化，天平文化，国風文化			●	●	
	中世	鎌倉時代，室町時代，戦国時代	●	●		●	
	中世の文化	鎌倉文化，鎌倉新仏教，室町文化			●	●	
	近世	安土桃山時代，江戸時代	●	●	●		●
	近世の文化	桃山文化，元禄文化，化政文化	●	●			
	近代	明治時代，大正時代，昭和戦前期(〜太平洋戦争)	●	●	●	●	●
	近代の文化	明治文化，大正文化				●	

大分類	中分類（小分類）	主な出題事項	2020年度	2021年度	2022年度	2023年度	2024年度
中学歴史	現代	昭和戦後期, 平成時代, 昭和・平成の経済・文化	●	●		●	
	その他の日本の歴史	日本仏教史, 日本外交史, 日本の世界遺産					
	先史・四大文明	オリエント, インダス文明, 黄河文明	●				
	古代地中海世界	古代ギリシア, 古代ローマ, ヘレニズム世界				●	
	中国史	春秋戦国, 秦, 漢, 六朝, 隋, 唐, 宋, 元, 明, 清					
	中国以外のアジアの歴史	東南アジア, 南アジア, 西アジア, 中央アジア					
	ヨーロッパ史	古代・中世ヨーロッパ, 絶対主義, 市民革命					
	南北アメリカ史	アメリカ古文明, アメリカ独立革命, ラテンアメリカ諸国					
	二度の大戦	第一次世界大戦, 第二次世界大戦					
	現代史	冷戦, 中東問題, アジア・アフリカの独立, 軍縮問題		●			
	その他の世界の歴史	歴史上の人物, 民族史, 東西交渉史, 国際政治史					
	指導法	指導計画, 学習指導, 教科教育					
	学習指導要領	内容理解, 空欄補充, 正誤選択	●	●		●	●
中学公民	政治の基本原理	民主政治の発達, 法の支配, 人権思想, 三権分立				●	●
	日本国憲法	成立, 基本原理, 基本的人権, 平和主義, 新しい人権	●	●	●		●
	日本の政治機構	立法, 行政, 司法, 地方自治	●	●			●
	日本の政治制度	選挙制度の仕組み・課題, 政党政治, 世論, 圧力団体	●	●			●
	国際政治	国際法, 国際平和機構, 国際紛争, 戦後の国際政治	●		●	●	●
	経済理論	経済学の学派・学説, 経済史, 資本主義経済		●	●		
	貨幣・金融	通貨制度, 中央銀行（日本銀行）, 金融政策	●			●	●
	財政・租税	財政の仕組み, 租税の役割, 財政政策				●	
	労働	労働法, 労働運動, 労働者の権利, 雇用問題			●		
	戦後の日本経済	高度経済成長, 石油危機, バブル景気, 産業構造の変化	●				
	国際経済	為替相場, 貿易, 国際収支, グローバル化, 日本の役割		●		●	
	現代社会の特質と課題	高度情報化社会, 少子高齢化, 社会保障, 食料問題	●			●	
	地球環境	温暖化問題, エネルギー・資源問題, 国際的な取り組み	●			●	
	哲学と宗教	ギリシア・西洋・中国・日本の諸思想, 三大宗教と民族宗教					
	その他	最近の出来事, 消費者問題, 地域的経済統合, 生命倫理				●	●
	指導法	指導計画, 学習指導, 教科教育					
	学習指導要領	内容理解, 空欄補充, 正誤選択	●	●		●	●
高校地理	地図	縮尺, 図法, 地図の種類・利用, 地域調査	●	●	●	●	
	地形	山地, 平野, 海岸, 特殊な地形, 海水・陸水	●	●		●	●
	気候	気候区分, 植生, 土壌, 日本の気候	●	●		●	
	人口	人口分布, 人口構成, 人口問題, 過疎・過密	●	●			
	産業・資源（農牧業）	農牧業の発達・条件, 生産, 世界の農牧業地域	●	●		●	●

大分類	中分類（小分類）	主な出題事項	2020年度	2021年度	2022年度	2023年度	2024年度
高校地理	産業・資源(林業・水産業)	林産資源の分布，水産業の発達・形態，世界の主要漁場	●		●		
	産業・資源（鉱工業）	資源の種類・開発，エネルギーの種類・利用，輸出入	●	●	●	●	
	産業・資源(第3次産業)	商業，サービス業など			●		
	貿易	貿易の動向，貿易地域，世界・日本の貿易		●		●	
	交通・通信	各交通の発達・状況，情報・通信の発達					
	国家・民族	国家の領域，国境問題，人種，民族，宗教			●	●	●
	村落・都市	村落・都市の立地・形態，都市計画，都市問題				●	●
	世界の地誌(アジア)	自然・産業・資源などの地域的特徴	●	●			
	世界の地誌(アフリカ)	自然・産業・資源などの地域的特徴				●	
	世界の地誌(ヨーロッパ)	自然・産業・資源などの地域的特徴				●	
	世界の地誌(南北アメリカ)	自然・産業・資源などの地域的特徴	●			●	
	世界の地誌(オセアニア・南極)	自然・産業・資源などの地域的特徴		●			
	世界の地誌(その他)	自然・産業・資源などの地域的特徴					
	日本の地誌	地形，気候，人口，産業，資源，地域開発	●	●	●		
	環境問題	自然環境，社会環境，災害，環境保護	●	●	●		
	その他	地域の経済統合，世界のボーダレス化，国際紛争	●	●	●		
	指導法	指導計画，学習指導，教科教育			●		
	学習指導要領	内容理解，空欄補充，正誤選択	●	●	●	●	●
高校日本史	原始	縄文時代，弥生時代，奴国，邪馬台国	●	●		●	●
	古代(大和時代)	大和政権，倭の五王，『宋書』倭国伝，氏姓制度			●	●	●
	古代(飛鳥時代)	推古朝と聖徳太子，遣隋使，大化改新，皇親政治			●	●	●
	古代(奈良時代)	平城京，聖武天皇，律令制度，土地制度	●		●	●	
	古代(平安時代)	平安京，摂関政治，国風文化，院政，武士台頭	●		●	●	●
	古代の文化	古墳文化，飛鳥文化，白鳳文化，天平文化，国風文化	●				
	中世(鎌倉時代)	鎌倉幕府，御成敗式目，元寇，守護・地頭			●	●	●
	中世(室町時代)	南北朝，室町幕府，勘合貿易，惣村，一揆	●	●		●	
	中世(戦国時代)	戦国大名，分国法，貫高制，指出検地，町の自治			●	●	
	中世の文化	鎌倉文化，鎌倉新仏教，室町文化，能	●		●	●	●
	近世(安土桃山時代)	鉄砲伝来，織豊政権，楽市楽座，太閤検地，刀狩	●				●
	近世(江戸時代)	江戸幕府，幕藩体制，鎖国，三大改革，尊王攘夷	●	●	●	●	
	近世の文化	桃山文化，元禄文化，化政文化				●	
	近代(明治時代)	明治維新，大日本帝国憲法，日清・日露戦争，条約改正	●	●	●		●
	近代(大正時代)	大正デモクラシー，第一次世界大戦，米騒動，協調外交	●	●	●		
	近代(昭和戦前期)	恐慌，軍部台頭，満州事変，日中戦争，太平洋戦争	●	●		●	●
	近代の経済	地租改正，殖産興業，産業革命，貿易，金本位制		●		●	●

大分類	中分類（小分類）	主な出題事項	2020年度	2021年度	2022年度	2023年度	2024年度
高校日本史	近代の文化	明治文化, 大正文化	●			●	
	現代	昭和戦後期, 平成時代	●	●	●	●	
	現代の経済	高度経済成長, 為替相場, 石油危機, バブル景気	●	●	●	●	●
	その他	地域史, 制度史, 仏教史, 外交史, 経済史				●	
	指導法	指導計画, 学習指導, 教科教育					
	学習指導要領	内容理解, 空欄補充, 正誤選択	●	●	●	●	●
高校世界史	先史・四大文明	オリエント, インダス文明, 黄河文明	●			●	
	古代地中海世界	古代ギリシア, 古代ローマ, ヘレニズム世界	●		●		
	中国史(周～唐)	周, 春秋戦国, 諸子百家, 漢, 三国, 晋, 南北朝, 隋, 唐	●			●	
	中国史（五代～元）	五代, 宋, 北方諸族, モンゴル帝国, 元	●		●		
	中国史(明・清・中華民国)	明, 清, 列強の進出, 辛亥革命, 中華民国	●			●	
	東南アジア史	ヴェトナム, インドネシア, カンボジア, タイ, ミャンマー	●	●	●		
	南アジア史	インド諸王朝, ムガル帝国, インド帝国, 独立運動		●		●	
	西アジア史	イスラム諸王朝, オスマン=トルコ, 列強の進出		●		●	
	東西交渉史	シルクロード, モンゴル帝国, 大航海時代		●		●	
	ヨーロッパ史（中世・近世）	封建制度, 十字軍, 海外進出, 宗教改革, 絶対主義		●		●	
	ヨーロッパ史（近代）	市民革命, 産業革命, 帝国主義, ロシア革命		●		●	
	南北アメリカ史	アメリカ古文明, アメリカ独立革命, ラテンアメリカ諸国	●	●			
	二度の大戦	第一次世界大戦, 第二次世界大戦		●	●	●	●
	その他の地域の歴史	内陸アジア, 朝鮮, オセアニア, 両極				●	●
	現代史	冷戦, 中東問題, アジア・アフリカの独立, 軍縮問題	●			●	
	宗教史	インドの諸宗教, キリスト教, イスラム教				●	
	文化史	古代ギリシア・ローマ文化, ルネサンス, 近代ヨーロッパ文化	●			●	
	その他	時代または地域を横断的に扱う問題, 交易の歴史, 経済史	●			●	
	指導法	指導計画, 学習指導, 教科教育					
	学習指導要領	内容理解, 空欄補充, 正誤選択	●	●		●	●
高校政経	政治の基本原理	民主政治の発達, 法の支配, 人権思想, 三権分立		●		●	●
	日本国憲法	成立, 基本原理, 基本的人権, 平和主義, 新しい人権		●	●	●	
	立法	国会の仕組み・役割, 議会政治, 関係条文		●		●	
	行政	内閣の仕組み・役割, 議院内閣制, 関係条文					
	司法	裁判所の仕組み・役割, 国民審査, 裁判員制度, 関係条文	●	●	●	●	
	地方自治	地方自治の意義, 直接請求権, 組織と権限, 地方分権		●		●	
	日本の政治制度	選挙制度の仕組み・課題, 政党政治, 世論, 圧力団体					●
	国際政治	国際法, 国際連盟と国際連合, 核・軍縮問題, 国際紛争		●	●	●	●
	戦後政治史	戦後日本の政治・外交の動き		●		●	

大分類	中分類（小分類）	主な出題事項	2020年度	2021年度	2022年度	2023年度	2024年度
高校政経	経済理論	経済学説，経済史，社会主義経済の特徴		●		●	●
	資本主義経済	資本主義の仕組み，市場機構，企業活動		●		●	
	貨幣・金融	貨幣の役割，金融と資金循環の仕組み，金融政策		●		●	
	財政・租税	財政の仕組み，租税の役割，財政政策				●	
	労働	労働法，労働運動，労働者の権利，雇用問題		●		●	
	国民経済	国民所得の諸概念，経済成長，景気の循環				●	
	戦後の日本経済	高度経済成長，石油危機，バブル景気，産業構造の変化		●		●	
	国際経済	為替相場，貿易，国際収支，グローバル化，日本の役割		●	●	●	
	地域的経済統合	各地域での経済統合の動向とその特徴			●		
	その他	消費者問題，公害問題，環境問題				●	●
	指導法	指導計画，学習指導，教科教育					
	学習指導要領	内容理解，空欄補充，正誤選択		●		●	●
高校現社	青年期の意義と課題	青年期の特質，精神分析，自己実現					
	現代社会の特質	高度情報化社会，消費者問題					
	人口問題	人口構造の変化，少子高齢化とその対策					
	労働問題	労働運動，労使関係，労働問題の現状					
	福祉問題	社会保障の仕組みと課題，年金制度					
	食糧問題	農業の課題，食糧自給，食品汚染		●			
	環境問題	公害，地球環境，地球温暖化，日本の取り組み					
	その他	行政の民主化・効率化，男女共同参画社会，日本的経営		●			
	指導法	指導計画，学習指導，教科教育					
	学習指導要領	内容理解，空欄補充，正誤選択		●			
高校倫理	哲学と宗教	三大宗教，ユダヤ教，宗教改革		●	●	●	●
	古代ギリシアの思想	古代ギリシアの諸思想，ヘレニズム哲学		●	●	●	●
	中国の思想	諸子百家，儒教，朱子学，陽明学		●	●	●	●
	ヨーロッパの思想（〜近代）	ルネサンス，合理的精神，啓蒙思想，観念論		●	●	●	●
	日本人の思考様式	日本の風土と文化，日本人の倫理観，神道		●	●	●	●
	日本の仏教思想	奈良仏教，密教，末法思想，浄土信仰，鎌倉仏教		●	●	●	●
	日本の思想（近世）	日本の儒学，国学，心学，民衆の思想，洋学		●	●	●	●
	日本の思想（近代）	福沢諭吉，中江兆民，夏目漱石，内村鑑三，西田幾多郎		●	●	●	●
	現代の思想	実存主義，プラグマティズム，構造主義，ロールズ		●	●	●	●
	その他	青年期の特質と課題，現代社会における倫理		●		●	●
	指導法	指導計画，学習指導，教科教育					
	学習指導要領	内容理解，空欄補充，正誤選択		●	●	●	●

大分類	中分類（小分類）	主な出題事項	2020 年度	2021 年度	2022 年度	2023 年度	2024 年度
高校公共	青年期の意義と課題	青年期の特質，精神分析，自己実現			●		
	現代社会の特質	高度情報化社会，消費者問題					
	人口問題	人口構造の変化，少子高齢化とその対策				●	
	労働問題	労働運動，労使関係，労働問題の現状			●	●	
	福祉問題	社会保障の仕組みと課題，年金制度			●	●	
	食糧問題	農業の課題，食糧自給，食品汚染					
	環境問題	公害，地球環境，地球温暖化，日本の取り組み				●	
	その他	行政の民主化・効率化，男女共同参画社会，日本的経営			●	●	
	指導法	指導計画，学習指導，教科教育					
	学習指導要領	内容理解，空欄補充，正誤選択			●	●	●

第2部

宮崎県の
教員採用試験
実施問題

2024年度　実施問題

注　「障害」等の表記について

　　本試験においては，「障害」は「障がい」，「障害者」は「障がい者」
　と表記する。ただし，法令等の名称や組織等の名称，専門用語や学術
　用語などに用いられている場合には，従来の「障害」の表記を用いる。

中 学 社 会

【 1 】次の文は，「中学校学習指導要領(平成29年告示)解説　社会編　第1
　　章　総説　2　社会科改訂の趣旨及び要点　(2)改訂の要点　④学習指
　　導の改善充実等」の一部である。文中の(　　)に当てはまる語句とし
　　て正しい組合せを以下の選択肢から1つ選び，記号で答えなさい。

---

　　(2)　③　学習・指導の改善充実や教育環境の充実等
　i)「主体的・対話的で深い学び」の実現
　(「主体的な学び」の視点)
　　・主体的な学びについては，児童生徒が学習課題を把握しそ
　　　の解決への(　①　)を持つことが必要である。そのためには，
　　　単元等を通した学習過程の中で動機付けや方向付けを重視
　　　するとともに，学習内容・活動に応じた(　②　)の場面を設
　　　定し，児童生徒の表現を促すようにすることなどが重要で
　　　ある。

ア　①：見通し　　　　②：構造化

イ　①：公共の精神　　②：構造化

ウ　①：見通し　　　　②：振り返り

エ　①：公共の精神　　②：振り返り

(☆☆☆◎◎◎)

14

【2】次の文は,「中学校学習指導要領(平成29年告示)解説　社会編　第2章　社会科の目標及び内容　第1節　教科の目標」の一部である。下線部に関する説明として誤っているものを, 以下の選択肢から1つ選び, 記号で答えなさい。

> 　社会的な見方・考え方を働かせ, 課題を追究したり解決したりする活動を通して, 広い視野に立ち, グローバル化する国際社会に主体的に生きる平和で民主的な国家及び社会の形成者に必要な公民としての資質・能力の基礎を次のとおり育成することを目指す。

ア　社会的な見方・考え方とは, 社会的事象等の意味や意義, 特色や相互の関連を考察したり, 社会に見られる課題を解決したりする際の「視点や方法(考え方)」である。

イ　中学校社会科における「社会的な見方・考え方」とは, 地理的分野における「社会的事象の地理的な見方・考え方」, 歴史的分野における「社会的事象の歴史的な見方・考え方」, 公民的分野における「近代社会の見方・考え方」を総称しての呼称である。

ウ　「社会的な見方・考え方を働かせ」ることは, 社会科, 地理歴史科, 公民科としての本質的な学びを促し, 深い学びを実現するための思考力, 判断力の育成はもとより, 生きて働く知識の習得に不可欠である。

エ　「社会的な見方・考え方を働かせ」るとは, 「視点や方法(考え方)」を用いて課題を追究したり解決したりする学び方を表すとともに, これを用いることにより児童生徒の「社会的な見方・考え方」が鍛えられていくことである。

(☆☆☆◎◎◎)

【3】次の文は,「中学校学習指導要領(平成29年告示)解説　社会編　第2章　社会科の目標及び内容　第2節　各分野の目標及び内容　1　地理的分野の目標, 内容及び内容の取扱い　(2)内容　A　世界と日本の地

域構成　(1)　地域構成」の一部である。文中の下線部に関して，地理学習全体を通して生徒が身に付ける国々の名称と位置の目安となるのは世界のうちどの程度とされているか。正しいものを以下の選択肢から1つ選び，記号で答えなさい。

A　世界と日本の地域構成

(1)　地域構成

　　次の①と②の地域構成を取り上げ，位置や分布などに着目して，課題を追究したり解決したりする活動を通して，以下のア及びイの事項を身に付けることができるよう指導する。

①　世界の地域構成　　②　日本の地域構成

ア　次のような知識を身に付けること。

　(ア)　緯度と経度，大陸と海洋の分布，<u>主な国々の名称と位置</u>などを基に，世界の地域構成を大観し理解すること。

　(イ)　我が国の国土の位置，世界各地との時差，領域の範囲や変化とその特色などを基に，日本の地域構成を大観し理解すること。

イ　次のような思考力，判断力，表現力等を身に付けること。

　(ア)　世界の地域構成の特色を，大陸と海洋の分布や主な国の位置，緯度や経度などに着目して多面的・多角的に考察し，表現すること。

　(イ)　日本の地域構成の特色を，周辺の海洋の広がりや国土を構成する島々の位置などに着目して多面的・多角的に考察し，表現すること。

ア　世界の3分の2程度

イ　世界の2分の1程度

ウ　世界の4分の1から3分の1程度

エ　世界の5分の1から4分の1程度

(☆☆☆◎◎◎◎)

【4】次の文は，「中学校学習指導要領(平成29年告示)解説　社会編　第2章　社会科の目標及び内容　第2節　各分野の目標及び内容　2　歴史的分野の目標，内容及び内容の取扱い　(2)内容　B　近世までの日本とアジア　(3)　近世の日本」の一部である。文中の(　)に共通して当てはまる語句を，以下の選択肢から1つ選び，記号で答えなさい。

> (エ)　幕府の政治の展開
>
> 　　社会の変動や欧米諸国の接近，幕府の(　)，新しい学問・思想の動きなどを基に，幕府の政治が次第に行き詰まりをみせたことを理解すること。

(内容の取扱い)

> (3)　のアの(エ)の「幕府の(　)」については，百姓一揆などに結び付く農村の変化や商業の発達などへの対応という観点から，代表的な事例を取り上げるようにすること。

ア　生活文化　　イ　武家政治　　ウ　対外事業　　エ　政治改革

(☆☆☆◎◎◎)

【5】次の文は，「中学校学習指導要領(平成29年告示)解説　社会編　第2章　社会科の目標及び内容　第2節　各分野の目標及び内容　3　公民的分野の目標，内容及び内容の取扱い　(2)内容　B　私たちと経済」の一部である。文中の(　)に当てはまる語句として正しいものを，以下の選択肢から1つ選び，記号で答えなさい。

> (2)　国民の生活と政府の役割
>
> 　　対立と合意，効率と公正，分業と交換，希少性などに着目して，課題を追究したり解決したりする活動を通して，次の事項を身に付けることができるよう指導する。
>
> 　ア　次のような知識を身に付けること。
>
> 　(ア)　社会資本の整備，公害の防止など環境の保全，少子高

17

　　　　齢社会における社会保障の充実・安定化，消費者の保護
　　　　について，それらの意義を理解すること。
　　（イ）　財政及び租税の意義，国民の納税の義務について理解
　　　　すること。
　　イ　国民の生活と福祉の向上を図ることに向けて，次のよう
　　　な思考力，判断力，表現力等を身に付けること。
　　（ア）（　　　）諸問題に関して，国や地方公共団体が果たす役
　　　　割について多面的・多角的に考察，構想し，表現するこ
　　　　と。
　　（イ）　財政及び租税の役割について多面的・多角的に考察
　　　　し，表現すること。

ア　市場の働きに委ねることが難しい
イ　市場の働きに委ねることが適当な
ウ　企業の活動に委ねることが難しい
エ　企業の活動に委ねることが適当な

（☆☆☆◎◎◎）

【6】次の文は，「中学校学習指導要領(平成29年告示)解説　社会編　第3
　章　指導計画の作成と内容の取扱い　1　指導計画の作成上の配慮事
　項」の一部である。このことに関して，障害のある生徒などに対する
　社会科における配慮として当てはまるものを，以下の選択肢から全て
　選び，記号で答えなさい。

　　(4)　障害のある生徒などについては，学習活動を行う場合に生
　　　じる困難さに応じた指導内容や指導方法の工夫を計画的，組
　　　織的に行うこと。

ア　社会科の目標や内容の趣旨，学習活動のねらいを踏まえ，学習内
　容の変更や学習活動の代替を適宜行うようにすること。
イ　社会的事象に興味・関心がもてない場合には，特別活動などとの

関連付けなどを通して，実際的な体験を取り入れ，学習の順序を分かりやすく説明し，安心して学習できるようにすること。

ウ　地図等の資料から必要な情報を見付け出したり，読み取ったりすることが困難な場合には，地図等の情報を縮小したり，見る範囲を拡大したりして，掲載されている情報を精選し，視点を明確にすること。

エ　動機付けの場面において学習上の課題を見いだすことが難しい場合には，社会的事象等を読み取りやすくするために，写真などの資料や発問を工夫すること。

オ　情報収集や考察，まとめの場面において，どの観点で考えるのか難しい場合には，ヒントが記入されているワークシートを作成すること。

(☆☆☆◎◎◎)

【7】「世界と日本の地域構成」について，次の各問いに答えなさい。

(1)　資料1は令和5年4月に宮崎県で開催されたG7宮崎農業大臣会合の開催をPRするポスターである。この会合に参加していない国を，以下の選択肢から2つ選び，記号で答えなさい。

19

　　ア　イギリス　　イ　エジプト　　ウ　アメリカ　　エ　イタリア
　　オ　ブラジル　　カ　カナダ

(2)　資料1の会合後，5月にはG7サミット(主要国首脳会議)が広島県で
　　開催された。広島県が属する中国・四国地方について説明した次の
　　選択肢のうち，誤っているものを1つ選び，記号で答えなさい。

　　ア　中国・四国地方のすべての県が日本海，瀬戸内海，太平洋のい
　　　ずれかに面している。

　　イ　中国地方の瀬戸内海側の地域を山陰，日本海側の地域を山陽と
　　　呼ぶ。

　　ウ　岡山県と香川県の間には瀬戸大橋が架かっており，車や鉄道で
　　　移動できる。

　　エ　広島県は中国地方の中で，山口県，島根県，鳥取県，岡山県に
　　　隣接している。

　　　　　　　　　　　　　　　　　　　　　　　　　　　(☆☆☆◎◎)

【8】「世界の様々な地域」について，次の各問いに答えなさい。

(1)　資料1はある鉱産資源の生産量を示すグラフである。鉱産資源の
　　名称とサウジアラビアやアラブ首長国連邦など西アジアを中心とし
　　た15か国が加盟する機関の名称としての正しい組合せを，以下の選
　　択肢から1つ選び，記号で答えなさい。

資料1	ある鉱産資源の生産量

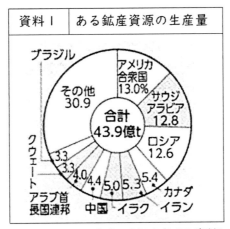

（出典：2016年BP資料）

ア　原油：APEC　　イ　石炭：OPEC　　ウ　鉄鉱石：APEC

エ　原油：OPEC

(2)　次の雨温図はそれぞれ東京，シドニー，シンガポール，ローマの
ものである。雨温図と都市名としての正しい組合せを以下の選択肢
から1つ選び，記号で答えなさい。

①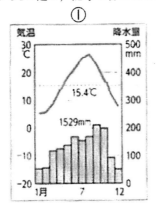

②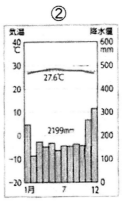

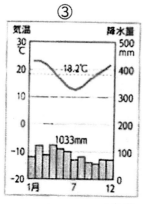
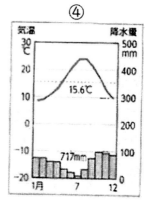

（出典：理科年表　平成３０年ほか）

ア　①　東京　　　　②　シドニー　　　　③　ローマ
　　④　シンガポール

イ　①　ローマ　　　②　シドニー　　　　③　シンガポール
　　④　東京

ウ　①　東京　　　　②　シンガポール　　③　シドニー
　　④　ローマ

エ　①　ローマ　　　②　東京　　　　　　③　シンガポール
　　④　シドニー

(3)　アフリカ州に位置するルワンダに関する資料2，3から読み取れる
　　内容として適当なものを以下の選択肢から2つ選び，記号で答えな
　　さい。

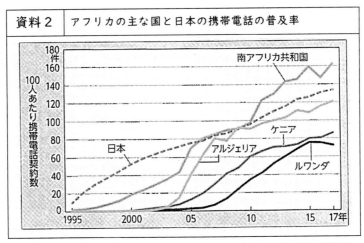

（出典：世界銀行資料）

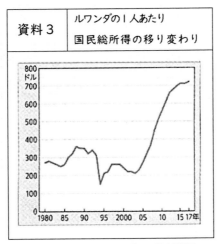

（出典：国連資料）

ア　ルワンダの2017年の1人あたり国民総所得は，2000年の約3倍になっている。

イ　ルワンダのICT産業の成長を支えるのは，海外から来る多くの留学生である。

ウ　ルワンダでは，新たな鉱山資源はまったく発見されていない。

エ　ルワンダの100人あたり携帯電話契約数は，2017年には80件を超えている。

オ　ルワンダでは，携帯電話が普及し始めた2005年頃から国民総所得も上昇している。

(☆☆☆◎◎◎◎)

【9】「日本の様々な地域」について，次の各問いに答えなさい。

(1)　災害に対する考え方について説明した次の文の(　　)に当てはまる語句として正しい組合せを，以下の選択肢から1つ選び，記号で答えなさい。

> 　日本では，明治以降，建設技術の進歩や経済発展にともなって，(　①　)対策が進められ，堤防，ダム，防潮堤が整備され，自然災害の被害は大幅に少なくなった。しかし，技術と費用には限界があり，これらの対策だけで災害を防ぐことはできないため，日本では被害をできるだけ小さくしようとする(　②　)に取り組む必要がある。その一つの例として，災害がおこったときの被害予測を示した(　③　)という地図を多くの地方公共団体でつくっている。

ア　①　減災　　②　防災　　③　ハザードマップ

イ　①　防災　　②　減災　　③　ロードマップ

ウ　①　減災　　②　防災　　③　ロードマップ

エ　①　防災　　②　減災　　③　ハザードマップ

(2)　資料1は国連が定めた目標である。この目標に関する次の各文の正誤の正しい組合せを，後の選択肢から1つ選び，記号で答えなさい。

> A　2015年に国連は，持続可能な開発目標(SDGs)を定めた。
>
> B　SDGsは2050年までに世界各国が取り組むべき目標を17個に整理したものである。
>
> C　SDGs17の目標は，人間と地球の「やるべきことのリスト」

であり，持続可能な未来のための青写真である。

資料１	持続可能な開発目標

（出典：国連資料）

ア　A：正　B：正　C：正　　　イ　A：正　B：正　C：誤

ウ　A：正　B：誤　C：正　　　エ　A：誤　B：正　C：誤

オ　A：誤　B：誤　C：正　　　カ　A：誤　B：誤　C：誤

(3) 資料2にみられる，2005年度から2008年度のリサイクル率とごみ
　　排出量の変化の要因を説明する際に使用する資料として最も適当な
　　ものを，以下の選択肢から1つ選び，記号で答えなさい。

資料２	北九州市のリサイクル率と ゴミ排出量の移り変わり

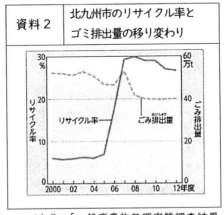

（出典：「一般廃棄物処理実態調査結果」

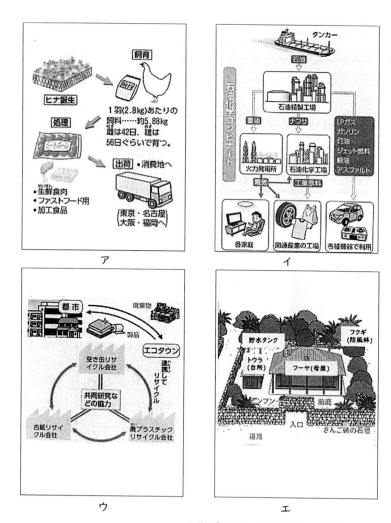

（出典：「アクティブ地理総合」浜島書店 他）

（☆☆◎◎）

【10】「古代・中世までの日本と世界」について，次の各問いに答えなさい。

(1) 資料1は，3世紀ごろの集落の復元である。資料1の遺跡を何というか。以下の選択肢から正しいものを1つ選び，記号で答えなさい。

資料Ⅰ	３世紀ごろの集落（復元）

　ア　三内丸山遺跡　　イ　吉野ヶ里遺跡　　ウ　岩宿遺跡
　エ　登呂遺跡

(2) 1〜3世紀の日本と東アジアの動きについて，次のカードを年代の古い順に記号で並べなさい。

ア　卑弥呼が魏に使いを送る

イ　倭の奴の国王が漢に使いを送る

ウ　卑弥呼が邪馬台国の王となる

エ　漢がほろび，魏・呉・蜀に分かれる

(☆☆☆◎◎)

【11】「近世の日本」について，次の各問いに答えなさい。

(1) 江戸時代の様子を示した次の資料1と現在に伝わる資料2の料理の関連を説明した文として，最も適当なものを，以下の選択肢から1つ選び，記号で答えなさい。

| 資料1 | 蝦夷地のこんぶ生産のようす |

（出典：日本山海名物図絵）

| 資料2 | 沖縄のこんぶ料理 |

ア　蝦夷地で生産されたこんぶが江戸に集まり，長崎を経由して琉球に入り，こんぶが食べられるようになった。

イ　蝦夷地で生産されたこんぶが大阪に集まり，長崎を経由して琉球に入り，こんぶが食べられるようになった。

ウ 蝦夷地で生産されたこんぶが大阪に集まり、薩摩藩を経由して
琉球に入り、こんぶが食べられるようになった。

エ 蝦夷地で生産されたこんぶが江戸に集まり、薩摩藩を経由して
琉球に入り、こんぶが食べられるようになった。

(2) 江戸時代にアイヌの人々との交易を独占する権利を与えられた大
名として正しいものを、次の選択肢から1つ選び、記号で答えなさ
い。

ア 松平氏　　イ 伊達氏　　ウ 南部氏　　エ 松前氏

(3) 資料3は、江戸時代における1730年の幕府の収入を示したもので
ある。この時期に幕府で政治を行っていた人物を、以下の選択肢か
ら1つ選び、記号で答えなさい。

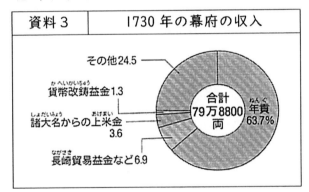

（出典：大口勇次郎「天保期の性格」）

ア 徳川吉宗　　イ 田沼意次　　ウ 松平定信　　エ 水野忠邦

（☆☆☆◎◎）

【12】「近現代の日本と世界」について、次の各問いに答えなさい。

(1) 1890年に行われた第1回衆議院議員総選挙に関してまとめた次の
文の(　　)に当てはまる数字として正しい組合せを、以下の選択肢
から1つ選び、記号で答えなさい。

> 　1890年，第1回衆議院議員総選挙が行われた。議員定数は300名で，選挙権は，直接国税15円以上を納める満(①)歳以上の男子に認められた。有権者は，裕福な地主や都市の有産者に限られており，約(②)%に過ぎなかった。

ア　①：20　②：10.1　　イ　①：20　②：1.1
ウ　①：25　②：10.1　　エ　①：25　②：1.1

(2)　資料1に示された，ある戦争後の日本の状況として最も適当なものを，以下の選択肢から1つ選び，記号で答えなさい。

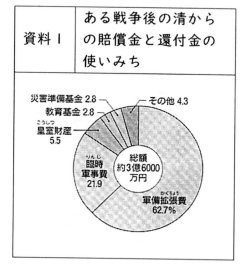

（出典：近代日本経済史要覧）

　ア　朝鮮をめぐるロシアとの対立が深まっていた。
　イ　台湾をめぐるアメリカとの対立が深まっていた。
　ウ　朝鮮をめぐるアメリカとの対立が深まっていた。
　エ　台湾をめぐるロシアとの対立が深まっていた。

(3)　資料2をもとにまとめた次の各文の正誤の正しい組合せを，後の選択肢から1つ選び，記号で答えなさい。

A　すべての品目が1950年以降増加しているのは，GHQの日本への政策が，経済復興と冷戦への対応を重視するものに転換したためである。

B　すべての品目が1950年以降増加しているのは，朝鮮戦争が始まり，アメリカが日本に軍需物資や兵器の修理を大量に発注したためである。

C　すべての品目が1950年以降増加しているのは，アメリカは，日本を自らの社会主義陣営に引き入れるため，多額の資金援助を行ったためである。

| 資料2 | 日本の鉱工業の生産指数の推移 |

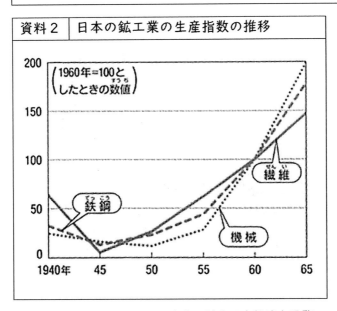

（出典：近代日本経済史要覧）

ア　A：正　B：正　C：正　　イ　A：正　B：誤　C：正

ウ　A：正　B：正　C：誤　　エ　A：誤　B：正　C：正

オ　A：誤　B：正　C：誤　　カ　A：誤　B：誤　C：誤

（☆☆☆◎◎◎）

【13】「私たちと現代社会」「私たちと経済」について，次の各問いに答えなさい。

(1) 次の文を読んで，各問いに答えなさい。

> 　　（　　）とは，人間社会で起こる対立を解消し，人々が共に生きることができるよりよい社会をつくるための取り決めです。よりよい（　　）を作るために<u>効率</u>や公正といった見方・考え方を踏まえる必要があります。

① 上の文の（　　）に当てはまる最も適当な語句を，次の選択肢から1つ選び，記号で答えなさい。ただし，（　　）には同じ語句が入るものとする。

　ア　合意　　イ　意見　　ウ　自由　　エ　権利

② 上の文の下線部に関する説明として，最も適当なものを，次の選択肢から1つ選び，記号で答えなさい。

　ア　互いの意見を尊重し，結論が一人一人に最大限配慮したものになっているかどうかを大切にする考え。

　イ　ほかの人の権利や利益を不当に侵害していないか，立場が変わっても受け入れられるかといった考え。

　ウ　できるだけ少ない資源や費用などを使って社会全体でより多くの利益を得られる結果になっているかどうかを大切にする考え。

　エ　よりよい社会をつくるために，さまざまな立場の人に配慮しつつ，多様な点について考え，総合的に判断する考え。

(2) 資料1に関する説明の正誤の組合せとして正しいものを，後の選択肢から1つ選び，記号で答えなさい。

資料1　電子マネーに対応したさい銭箱

> A　自分の返済限度を超えた金額を使ってしまうことはない。
>
> B　カードの紛失や情報流出による被害も少なくない。
>
> C　生活を便利にしてくれるが，見えないことの危険性には注意が必要である。

ア　A：正　B：正　C：誤　　イ　A：正　B：誤　C：誤

ウ　A：正　B：誤　C：正　　エ　A：誤　B：正　C：正

オ　A：誤　B：正　C：誤　　カ　A：誤　B：誤　C：正

(3)　株式会社の説明として適当なものを，資料2を参考に，以下の選択肢から全て選び，記号で答えなさい。

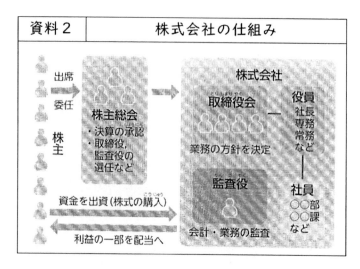

資料２　株式会社の仕組み

ア　株主は，株主総会などを通じて経営の基本方針に対して意見を述べることができる。

イ　保有する株式数に応じて，会社が得た利益の一部が株主に支払われる。

ウ　株主は，企業が倒産すると出資額以上の負担を負うことがある。

エ　発行された株式は，人々の間で売買されて購入時より株価が下がることがある。

オ　株主は経営がうまくいかない場合に，取締役会で経営者を交代させることができる。

(☆☆◎◎◎)

【14】「私たちと政治」「私たちと国際社会の諸問題」について，次の各問いに答えなさい。

(1)　日本の司法制度について述べた以下の各文の正誤の正しい組合せを，資料1を参考に，後の選択肢から1つ選び，記号で答えなさい。

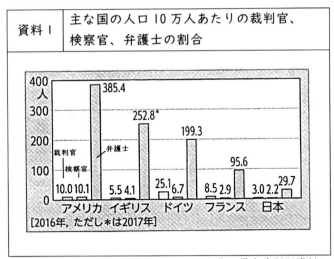

| 資料 1 | 主な国の人口 10 万人あたりの裁判官、検察官、弁護士の割合 |

（出典：最高裁判所資料）

> A　日本は，資料1から，弁護士などが先進国の中でも少なく，裁判に時間や費用がかかることが問題とされてきた。
>
> B　そこで，司法を国民の身近なものにするために，司法制度改革が進められ，法曹の養成を目的として法テラスが創設された。
>
> C　また，くじで選ばれた20歳以上の国民が，裁判官と一緒に民事裁判を行う裁判員制度が始まった。

ア　A：正　B：正　C：正　　イ　A：正　B：正　C：誤

ウ　A：正　B：誤　C：正　　エ　A：正　B：誤　C：誤

オ　A：誤　B：正　C：正　　カ　A：誤　B：誤　C：正

キ　A：誤　B：正　C：誤　　ク　A：誤　B：誤　C：誤

(2)　資料2に関する説明の正誤の正しい組合せを，後の選択肢から1つ選び，記号で答えなさい。

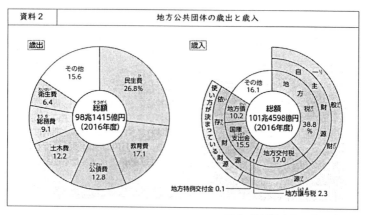

（出典：地方財政白書　平成３０年度）

> A　義務教育や公共工事などの事業に対しては，地方交付税交付金が国から支払われる。
>
> B　住民税や事業税，公共施設の使用料などから徴収できる財源は，全体の約30％である。
>
> C　民生費とは児童，高齢者，障がい者の福祉施設の整備・運営をする費用などのことである。

ア　A：正　B：正　C：正　　イ　A：正　B：正　C：誤

ウ　A：正　B：誤　C：正　　エ　A：正　B：誤　C：誤

オ　A：誤　B：正　C：正　　カ　A：誤　B：誤　C：正

キ　A：誤　B：正　C：誤　　ク　A：誤　B：誤　C：誤

(3)　天皇の国事行為として誤っているものを，次の選択肢から1つ選び，記号で答えなさい。

　　ア　国会を召集すること　　イ　憲法改正の発議を行うこと

　　ウ　栄典を授与すること　　エ　衆議院を解散すること

(4)　国連は紛争が起こった地域で，停戦や選挙の監視などの活動を行っている。日本も参加しているこの活動の略称を，次の選択肢から1つ選び，記号で答えなさい。

ア NGO　イ NPO　ウ PKO　エ ODA

(☆☆◎◎◎)

地 理・歴 史

【日本史】

【1】次の各問いに答えなさい。

(1) 地形について記した次の文について，正誤の組合せとして最も適当なものを，以下の選択肢から1つ選び，記号で答えなさい。

A　内的営力は，長い時間をかけて広範囲に地表を変化させ，大陸や大山脈，海洋や海嶺などをつくってきた。

B　外的営力は，地表をもろくして高いところを削り，削られた礫や砂などを地表の低いところに運んで埋める力である。

C　平野に見られる扇状地や三角州，海岸にみられる磯や浜など，私たちが見渡せる範囲の小規模な地形を小地形という。

選択肢	ア	イ	ウ	エ	オ	カ	キ	ク
A	正	正	正	誤	誤	誤	正	誤
B	正	正	誤	正	誤	誤	誤	正
C	正	誤	誤	正	正	誤	正	誤

(2) 農業について記した文として，誤っているものを，次の選択肢から1つ選び，記号で答えなさい。

ア　混合農業は家畜飼養と作物栽培を組み合わせた農業で，耕地を冬作物，夏作物，休閑地の三つに分け3年周期で耕作する三圃式農業から発展した。

イ　地中海式農業は，高温乾燥に強いぶどう，オリーブ，コルクがしなどの樹木作物の栽培と，冬季の降水を利用した小麦栽培や，羊や山羊の家畜飼養を組み合わせたものである。

ウ　焼畑農業は，熱帯や温帯地域でみられる。乾季の終わりに樹木などを伐採し，乾燥させて火入れする農法である。

エ　園芸農業は，市場出荷を目的に野菜や果物，花卉などを粗放的に栽培する農業で，鮮度が重要視されることから大都市周辺で発達している。

(3)　ヴェルサイユ体制の成立について記した次の文について，空欄に当てはまる最も適当なものを，以下の選択肢から1つ選び，記号で答えなさい。

> 1919年1月，連合国はパリ講和会議を開催して，賠償や第一次世界大戦後の秩序について決定した。この会議で合意されたヴェルサイユ条約に定められた原則にもとづいて構築されたヨーロッパの秩序を，ヴェルサイユ体制という。ここでは（　　）大統領による十四カ条が強い影響力を発揮しており，それまでのヨーロッパの国際関係にはなかった画期的な原則が盛り込まれた。

ア　チャーチル　　イ　レーニン　　ウ　ウィルソン
エ　ハワード

(4)　第二次世界大戦について記した文として，誤っているものを，次の選択肢からすべて選び，記号で答えなさい。

ア　1942年6月に日本はミッドウェー海戦でアメリカに大敗し，以後は劣勢となった。

イ　1943年7月に連合国軍がシチリア島に上陸すると，ムッソリーニは失脚し，イタリア新政府は9月に連合国に降伏した。

ウ　米・英・ソの首脳は，1945年2月のマルタ会談で，ドイツ降伏後の占領政策などを協議し，また，ソ連が南樺太と千島列島の獲得を条件に対日参戦することを秘密裏に合意した。

エ　アメリカは1945年6月に沖縄本島を占領し，7月に原子爆弾の実験を成功させ，ローズヴェルト大統領のもとで，英・中首脳とともにポツダム宣言を発表した。

オ　日本では軍部が戦争の継続を主張したが，昭和天皇の意向により，1945年8月14日にポツダム宣言を受諾し，9月2日，連合国へ

の降伏文書に調印し，第二次世界大戦は終わった。

(☆☆◎◎◎)

【2】「高等学校学習指導要領(平成30年告示)」について，次の各問いに答えなさい。

(1)　次の文は「第2章　各学科に共通する各教科　第2節　地理歴史　第1款　目標」の一部である。空欄に当てはまる最も適当なものを，以下の選択肢から1つ選び，記号で答えなさい。

> (2)　地理や歴史に関わる事象の意味や意義，特色や相互の関連を，概念などを活用して多面的・多角的に考察したり，(　　)の解決に向けて構想したりする力や，考察，構想したことを効果的に説明したり，それらを基に議論したりする力を養う。

ア　社会に見られる課題　　　イ　世界的な課題
ウ　地域的に見られる課題　　エ　自国や他国に見られる課題

(2)　次の文は「第2章　各学科に共通する各教科　第2節　地理歴史　第2款　各科目　第3　歴史総合　1　目標」の一部である。空欄に当てはまるものの組合せとして最も適当なものを，以下の選択肢から1つ選び，記号で答えなさい。

> (3)　近現代の歴史の変化に関わる諸事象について，(　①　)の実現を視野に課題を主体的に追究，解決しようとする態度を養うとともに，多面的・多角的な考察や深い理解を通して涵養される日本国民としての自覚，我が国の歴史に対する愛情，他国や他国の(　②　)することの大切さについての自覚などを深める。

選択肢	①	②
ア	よりよい世界	歴史観を尊重
イ	よりよい価値観	習慣や風習を尊重
ウ	よりよい社会	文化を尊重
エ	よりよい人間性	地域性を尊重

(3)　次の文は「第2章　各学科に共通する各教科　第2節　地理歴史　第2款　各科目　第4　日本史探究　2　内容」の一部である。空欄に当てはまる最も適当なものを，以下の選択肢から1つ選び記号で答えなさい。

> (2)　歴史資料と原始・古代の展望
>
> 　(中略)
>
> 　ア　次のような技能を身につけること。
>
> 　(ア)　原始・古代の特色を示す(　　)を基に，資料から歴史に関わる情報を収集し，読み取る技能を身に付けること。

ア　思考力，判断力，表現力　　イ　主体的な考察や議論
ウ　多面的・多角的な考察　　エ　適切な歴史資料

(4)　次の文は「第2章　各学科に共通する各教科　第2節　地理歴史　第3款　各科目にわたる指導計画の作成と内容の取扱い」の一部である。下線部の中から誤っているものを1つ選び，記号で答えなさい。

> 1　指導計画の作成に当たっては，次の事項に配慮するものとする。
>
> 　(1)　単元など内容や時間のまとまりを見通して，その中で育む ア資質・能力の育成に向けて，生徒の イ主体的・対話的で深い学びの実現を図るようにすること。その際，科目の ウ特質に応じた見方・考え方を働かせ，社会的事象の意味や意義などを考察し，概念などに関する知識を獲得したり， エ郷土との関わりを意識した課題を追究した

り解決したりする活動の充実を図ること。

(☆☆☆◎◎◎)

【3】 各資料に関する以下の各問いに答えなさい。

> 資料Ⅰ
>
> 〈縄文時代〉
>
> _a狩猟，採集，漁労を中心とする生活を送った。水はけのよい台地上に竪穴住居を営み集落を形成した。集団に統率者はいても人々の身分の差はそれほど明確ではなかった。
>
> 〈弥生時代〉
>
> 北海道と南西諸島を除く日本列島で，水稲耕作を基礎とする農耕文化が形成された。_b集落では，豊かな収穫を祈願し，また収穫を感謝する祭りがおこなわれた。
>
> 〈古墳時代〉
>
> 支配者である豪族は，民衆の住む集落から離れた場所に居館を営んだ。_c土器は，土師器と朝鮮半島から伝わった須恵器が用いられた。また，盟神探湯などの呪術的な風習もおこなわれた。

(1) 下線部aについて述べた文として誤っているものを，次の選択肢から1つ選び，記号で答えなさい。

ア 狩猟には石鏃を矢の先につけた弓矢が使用され，落とし穴もさかんに利用された。また，狩猟にはイヌが使われた。

イ 縄文時代前期以降はクリ・ドングリ類などの木の実が採集された。さらにダイズなどマメ類・エゴマ・ヒエ類などの栽培もおこなわれた可能性がある。

ウ 漁労では釣針・銛・ヤスなどの骨角器とともに石錘・土錘がみられ，網を使用した漁労もさかんにおこなわれていた。

エ 貝塚から貝殻や魚の骨などは見つかっているが，人骨が見つか

った例はないことから，貝塚が墓地として利用されることはなか
った考えられる。

(2)　下線部bに関連して，この時代の人々が使用した青銅製祭器の分
布を示した次の地図の空欄に入る語句の組合せとして正しいもの
を，以下の選択肢から1つ選び記号で答えなさい。

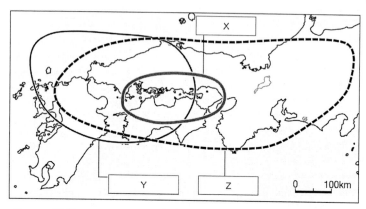

ア　X－銅鐸　　　　Y－平形銅剣　　　Z－銅矛・銅戈

イ　X－銅鐸　　　　Y－銅矛・銅戈　　Z－平形銅剣

ウ　X－平形銅剣　　Y－銅鐸　　　　　Z－銅矛・銅戈

エ　X－平形銅剣　　Y－銅矛・銅戈　　Z－銅鐸

オ　X－銅矛・銅戈　Y－銅鐸　　　　　Z－平形銅剣

カ　X－銅矛・銅戈　Y－平形銅剣　　　Z－銅鐸

(3)　下線部cに関連して，ヤマト政権において渡来人によって構成さ
れた技術者集団とその説明の組合せとして正しいものを，以下の選
択肢から1つ選び，記号で答えなさい。

X　鞍作部　　Y　史部

A　銅・鉄製品の加工を職務とした。

B　馬具の製作などに従事した。

C　記録や出納・外交文書などの作成に当たった。

D　倭錦とは異なる高級な錦織りを職務とした。

ア　X－A　Y－C　　イ　X－B　Y－C　　ウ　X－A　Y－D

エ　X－B　Y－D

資料Ⅱ

> 推古天皇
>
> 　位592年〜628年。日本初の女性天皇。国際的な緊張のもとで蘇我馬子や甥の厩戸王らと国家組織の形成を進めた。603年にはd冠位十二階，翌604年には憲法十七条を定めた。
>
> e孝謙天皇
>
> 　位749年〜758年。淳仁天皇に譲位して太上天皇となった。自分の看病に当たった僧道鏡を寵愛して淳仁天皇と対立した。恵美押勝の乱の後，重祚して称徳天皇となった。

(4)　下線部dについて，次の資料を参考にして冠位十二階について述べた文の正誤の組合せとして最も適当なものを，後の選択肢から1つ選び，記号で答えなさい。

> （推古天皇十五年）秋七月戊申の朔庚戌，大礼小野臣妹子を大唐に遣す。鞍作福利を以て通事とす。

603年(12階)	647年(13階)	649年(19階)	664年(26階)	685年(48階)	701年(30階)
推古	孝徳		中大兄称制	天武	文武
織・繡 大小 大小 大小 紫	織 大小 大小 繡 大小 紫	織 大小 大小 繡 大小 紫	明・浄 (8階級)	正 (8階級)	正従一位 正従二位 正従三位
大小　徳	大　錦	大　花 上中下	大錦	直 (8階級)	正従四位 上下 上下
大小　仁	小　錦	小　花 上中下	小錦		正従五位 上下 上下
大小　礼	大　青	大　山 上下	大山 上中下	勤 (8階級)	正従六位 上下
大小　信	小　青	小　山 上下	小山 上中下	務 (8階級)	正従七位 上下
大小　義	大　黒	大　乙 上下	大乙 上中下	追 (8階級)	正従八位 上下
大小　智	小　黒	小　乙 上下	小乙 上中下	進 (8階級)	大小 初位 上下
	建武	立身	大小　建		

（『新詳日本史』　浜島書店）

X　冠位は才能や功績に応じて個人に与えられ，また昇進もできた。小野妹子が隋に渡った際には3番目に高い冠位を与えられていた。

Y　冠位十二階制定後，複数回の整備を経て701年に30階位の位階制が完成していることから，冠位十二階は位階制の起源をなすものと言える。

ア　X－正　Y－正　　イ　X－正　Y－誤　　ウ　X－誤　Y－正
エ　X－誤　Y－誤

(5)　下線部eについて，孝謙天皇の在位中に起こった出来事として正しいものを，次の選択肢から1つ選び，記号で答えなさい。

ア　長屋王の変　　イ　藤原広嗣の乱　　ウ　橘奈良麻呂の変
エ　伊治呰麻呂の乱

（☆☆☆◎◎◎）

【4】次の系図・地図に関する後の各問いに答えなさい。

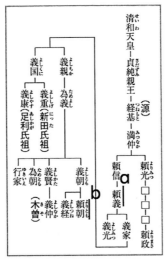

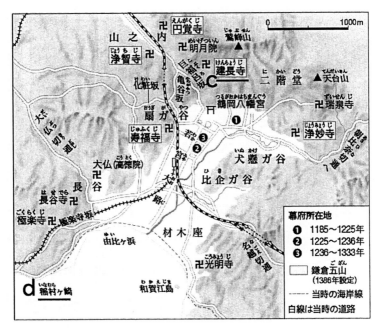

(1) 系図中の傍線部aの人物が関わった戦乱の説明として最も適当なものを，次の選択肢から1つ選び記号で答えなさい。

　ア　皇位や摂関家の継承をめぐる対立に源氏や平氏らの武士が動員され，天皇方が勝利した。

　イ　陸奥・出羽で大きな勢力を得た清原氏の内紛に介入し，藤原清衡を助けて内紛を制圧した。

　ウ　東国武士団を率いて安倍氏と戦い，出羽の豪族清原氏の助けを得て，安倍氏を滅ぼした。

　エ　一族の内紛で勢力が衰える中，出雲で反乱を起こした同族の源義親を討った。

(2) 系図中の傍線部bの人物に関する次の各問いに答えなさい。

　問1　次の鎌倉幕府が成立した過程に関する出来事を西暦の早い方から並べたものとして最も適当なものを，以下の選択肢から1つ選び，記号で答えなさい。

　　Ｘ　源頼朝が右近衛大将に就任する。

　　Ｙ　源頼朝が諸国に守護地頭を設置する。

　　Ｚ　源頼朝が東国支配権を手に入れる。

　　ア　Ｘ→Ｙ→Ｚ　　イ　Ｘ→Ｚ→Ｙ　　ウ　Ｙ→Ｚ→Ｘ
　　エ　Ｙ→Ｘ→Ｚ　　オ　Ｚ→Ｘ→Ｙ　　カ　Ｚ→Ｙ→Ｘ

　問2　次の資料を踏まえ，後の先生と生徒との会話文を読み，Ｘに入る語句とＹに入る文章との組合せとして，最も適当なものを，後の選択肢から1つ選び，記号で答えなさい。

資料Ⅰ

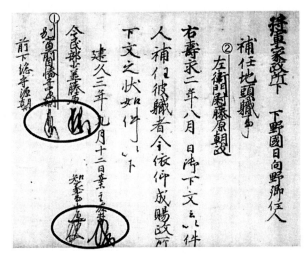

資料Ⅱ

資料Ⅲ

> 『吾妻鏡（あづまかがみ）』　建久3(1192)年8月5日条
> 　…有力御家人千葉常胤（ちばつねたね）が，政所（まんどころ）発行の地頭補任状をもら
> った。これまでは，頼朝の花押のある補任状であったが，
> それは回収され，政所発行の補任状を与えられた。常胤は，
> 「政所発行の補任状は，頼朝の命を受けた政所の役人が発行
> したもので，役人の署名しか入っていない。それでは後世，
> 地頭の証拠とはしにくい。今まで通り，将軍殿の花押を入
> れた補任状もいただけると，子々孫々まで受け継いでいく
> ことができる」と訴えた。頼朝はこれを聞き，頼朝の花押
> を入れた補任状を発行した。…

（『新詳日本史』浜島書店）

先　　生：この資料を見てください。資料Ⅰは政所が出した書状
　　　　　で，資料Ⅱは頼朝が出した書状です。資料の○で囲ん
　　　　　だところのマークのようなものを花押といいます。い
　　　　　わゆるサインの一種で，資料Ⅱのものは頼朝の花押で
　　　　　す。資料Ⅰの○で囲んだところには，政所役人の署名
　　　　　と花押が確認できます。ちなみに，資料Ⅰの傍線部①
　　　　　の人物は，政所初代別当の　　Ｘ　　です。
　　　　　この2通，内容は同じで，簡単に言うと「地頭として
　　　　　の職務を行うこと」を命じています。
　　　　　では読み取ってみましょう。この2通はいつ出されて
　　　　　いますか？

遼太さん：どちらも「建久3年9月12日」となっています。同じ日
　　　　　です。

先　　生：そうですね。では，受け取った人は誰ですか？傍線部
　　　　　②・③を見てください。

麻美さん：どっちにも「朝政」っていう文字が見えるね。同じ人
　　　　　物じゃない？

遼太さん：同じだね。先生，どうして同じ日に，同じ人物に，同じ内容の書状を出しているのですか？

先　　生：不思議ですね。それでは，資料Ⅲを見てください。これも踏まえて，次の問に取り組んでみましょう。

「問：この3つの資料から推測できる幕府，頼朝，御家人の関係はどのようなものだろうか。」

遼太さん：難しいな。資料Ⅲの千葉常胤は，資料Ⅰ・Ⅱとは関係なさそうだけど…。

麻美さん：もしかして資料Ⅲと同じようなことがあったのかな？

遼太さん：そうかもしれない。じゃあ，これでどうだろう。

「　Y　といえる。」

麻美さん：いいと思う。先生，どうですか？

先　　生：すばらしい。2人ともとてもよくできました。

ア　X－大江広元
　　Y－頼朝が出した書状を政所が保証しており，御家人は武家組織としての幕府との関係を大事にしていた

イ　X－大江広元
　　Y－政所が出した書状を頼朝が保証しており，御家人は幕府より頼朝との主従関係を大事にしていた

ウ　X－和田義盛
　　Y－頼朝が出した書状を政所が保証しており，御家人は武家組織としての幕府との関係を大事にしていた

エ　X－和田義盛
　　Y－政所が出した書状を頼朝が保証しており，御家人は幕府より頼朝との主従関係を大事にしていた

(3)　次の資料Ⅳは，地図中cの建長寺の開山となった僧を描いたものである。これに関連して，建長寺やこの僧の宗派に関係する語句とその開祖の著書の組合せとして最も適当なものを，後の選択肢から1つ選び，記号で答えなさい。

資料Ⅳ

（『新詳日本史』浜島書店）

A　只管打坐　　　B　踊念仏　　　C　公案問答
X　『歎異抄』　　　Y　『興禅護国論』　　Z　『正法眼蔵』

選択肢	ア	イ	ウ	エ	オ	カ	キ	ク	ケ
語句	A	A	A	B	B	B	C	C	C
著書	X	Y	Z	X	Y	Z	X	Y	Z

(4)　鎌倉時代末期，新田義貞は地図中dの稲村ヶ崎から鎌倉に突入し，幕府を滅亡させた。これに関連して，鎌倉幕府が滅んだ背景を述べた文として誤っているものを，次の選択肢から1つ選び，記号で答えなさい。

ア　儒学の1つである宋学が伝わっており，その大義名分論が後醍醐天皇の討幕運動の理論的なよりどころとなった。

イ　幕府軍の指揮官として畿内に派遣された有力御家人足利高氏(尊氏)は，幕府に背いて六波羅探題を攻め落とした。

ウ　執権北条高時のもとで内管領長崎高資が権勢をふるい，得宗専制政治に対する御家人の不満が高まっていた。

エ　後醍醐天皇の皇子である護良親王が征西大将軍として勢力を持

50

ち，幕府に反発する武士と協力していた。

(5) 室町時代，幕府によって置かれた鎌倉府について，鎌倉公方や関東管領が関わった戦乱の説明として最も適当なものを，次の選択肢から1つ選び，記号で答えなさい。

ア 鎌倉公方足利持氏と関東管領上杉憲実の対立を契機に，足利義教は鎌倉公方を支援して上杉氏を討伐した。

イ 前関東管領上杉禅秀が，鎌倉府の内紛に乗じて反乱をおこしたが，幕府に鎮圧された。

ウ 専制的な政治をおこなった足利義教は，有力守護を弾圧したため，上杉憲忠が義教を殺害した。

エ 北条時行が反乱をおこして鎌倉府を占領したことを発端として，関東は戦国の世に突入した。

(☆☆☆◎◎)

【5】江戸時代の外交政策を考える授業での生徒の会話文を読み，以下の各問いに答えなさい。

清吾さん：江戸時代初期の日本人の海外進出は，a豊臣政権期に引き続き盛んだったらしいね。

桃佳さん：それ，前回の授業で調べたよ。朱印船貿易が盛んになると，海外に移住する日本人が増えて日本町がつくられたそうだよ。移住した日本人の中には，　X　の王室に重く用いられた山田長政のような人もいたんだね。
私の仮説だけど，この時代すでにグローバル化が進んでいたのではないかな？

清吾さん：なるほど。朱印船貿易のことを調べるだけでも江戸時代の初期はかなり日本人の海外進出が盛んだったことが分かるね。
でも，それがなぜ制限をかけられるようになったのだろう？

桃佳さん：なぜだろうね？今の私たちからすれば海外との関係は保っ

たまま発展させればよかったのにと思うけど…。　　Ｙ

のに対して幕府は鎖国体制を守ると返書しているよね。

清吾さん：じゃあ今日は，その問いを深める時間にしようかな。

　　　　　授業前にAIのチャットを使って「江戸時代の外交政策について教えて！」って聞いたら以下の回答がきたよ。

【AIのチャットの回答】

　　江戸時代の外交政策は，b鎖国体制を取り外交関係は限られた国や地域のみでした。c幕府は，外交や貿易に関する政策を決め，諸大名に対しては武家諸法度を出すことで統制しました。

　　唯一の海外との窓口となった長崎では，オランダ，中国との貿易が行われました。d中国とは朝貢貿易を行い，オランダとは長崎にあるオランダ商館での貿易が許可されました。また，e朝鮮とは，通信使を送り交流を維持しました。

　　一方でイギリスやアメリカなどの西洋諸国とは，鎖国政策に基づき交流を拒否し，西洋文化や宗教の流入を防ぎました。しかし，19世紀に入ると西洋諸国の圧力が高まり，1853年にアメリカのペリー提督が来航し，f日米和親条約を締結することで鎖国政策が崩壊することになりました。

桃佳さん：AIのチャット！使ってみたいと思っていた！

　　　　　でも，教科書と比較すると修正しなければいけない内容や表現もあるから，そこを調べながら学習を進めると逆に理解が進むかもね。

(1)　下線部aについて，豊臣政権が確立するまでの過程についての記述として誤っているものを，次の選択肢から1つ選び，記号で答えなさい。

　　ア　豊臣秀吉は，織田信長の最有力家臣だった柴田勝家を賤ケ岳の戦いで破った。

　　イ　豊臣秀吉は，織田信雄や徳川家康と小牧・長久手の戦いで対戦したが，信雄と講和して臣従させた。

　ウ　豊臣秀吉は，京都に築いた聚楽第に後水尾天皇を招き，諸大名
　　を集めて政権への忠誠を誓わせた。

　エ　豊臣秀吉は，小田原の北条氏が領地問題で秀吉の裁定に違反し
　　たことを咎め，諸大名を動員して攻め滅ぼした。

(2)　次の資料・史料は，清吾さんたちが江戸時代以降の外交を調べて
　考える中で参考にしたものである。これらを踏まえたうえで，会話
　文中の空欄に入る語句と文の組合せとして最も適当なものを，後の
　選択肢から1つ選び，記号で答えなさい。

資料

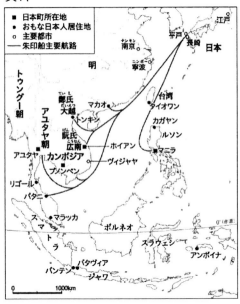

凡例
- ■ 日本町所在地
- ● おもな日本人居住地
- ○ 主要都市
- ── 朱印船主要航路

史料

> 謹みて古今の時勢を通考するに天下の民は速に相親むものに
> して，其勢は人力のよく防ぐ所に非ず。蒸気船を創製せるに
> より，以来各国相距ること遠く，なほ近きに異らず。斯の如
> く互に好を通ずる時に当て，国を鎖して，万国と相親ざる国

> は，多数の国と敵視するに至るべし。貴国歴代の法に異国人
> と交を結ぶことを厳禁し給ひしは，欧羅巴州にて遍く知る処
> なり。
>
> 　　　　　　（中略）
> 是れ殿下に丁寧に忠告する処なり。

　　　　　　　　　　　　　　　　　　　　　　『通航一覧続輯』

　　ア　X－トゥングー朝
　　　　Y－幕末にアメリカのフィルモア大統領の国書を提出して開国
　　　　　を求めた
　　イ　X－トゥングー朝
　　　　Y－幕末にオランダ国王が平和維持のために諸外国との通商関
　　　　　係を築くように勧告した
　　ウ　X－アユタヤ朝
　　　　Y－幕末にオランダ国王が平和維持のために開国することを勧
　　　　　告した
　　エ　X－アユタヤ朝
　　　　Y－幕末にアメリカのフィルモア大統領の国書を提出して開国
　　　　　を求めた

(3)　下線部bについて，清吾さんたちが調べたところ貿易や海外との
　関係についての史料として次のⅠ～Ⅲを見つけた。これらの史料を
　西暦の早い方から並べたものとして最も適当なものを，以下の選択
　肢から1つ選び，記号で答えなさい。
Ⅰ　阿蘭陀人商売の法，凡そ一年の船数弐艘，凡て銀高三千貫目限
　り，其の内銅百五拾万斤を渡すべき事。
Ⅱ　異国船二つみ来り候白糸，直段を立て候て，残らず五ケ所へ割
　符仕るべきの事。
Ⅲ　文化三年異国船渡来の節取計方の儀に付仰せ出され候趣，相復
　し候様仰せ出され候間，…
　　ア　Ⅰ→Ⅱ→Ⅲ　　イ　Ⅰ→Ⅲ→Ⅱ　　ウ　Ⅱ→Ⅰ→Ⅲ

エ Ⅱ→Ⅲ→Ⅰ　　オ Ⅲ→Ⅰ→Ⅱ　　カ Ⅲ→Ⅱ→Ⅰ

(4)　清吾さんたちは，AIのチャットの回答に間違った内容などがあることに気づき，下線部c〜eに関する修正カードを作成した。この修正カードの組合せとして最も適当なものを次の選択肢から1つ選び，記号で答えなさい。

修正したカード

選択肢	c	d	e
ア	幕府は，キリスト教禁圧の徹底に向け，人的交流を制限すること，および西国大名に貿易を奨励し貿易額に課税することで幕府の統制下におきました。	中国とは正式な国交回復を断念し，中国船との私貿易を長崎で行うことにしました。	朝鮮とは，対馬の宗氏を通じて講和を実現させ，1609年に己酉約条を結びました。
イ	幕府は，キリスト教禁圧の徹底に向け，人的交流を制限すること，および西国大名に貿易を奨励し貿易額に課税することで幕府の統制下におきました。	中国とは正式な国交を回復し，貿易を長崎で行うことにしました。	朝鮮とは，対馬の宗氏を通じて講和を実現させ，慶賀使が来日しました。
ウ	幕府は，キリスト教禁圧の徹底に向け，人的交流を制限すること，および西国大名が貿易で富強になることを恐れて，貿易を幕府の統制下におきました。	中国とは正式な国交回復を断念し，中国船との私貿易を長崎で行うことにしました。	朝鮮とは，対馬の宗氏を通じて講和を実現させ，1609年に己酉約条を結びました。
エ	幕府は，キリスト教禁圧の徹底に向け，人的交流を制限すること，および西国大名が貿易で富強になることを恐れて，貿易を幕府の統制下におきました。	中国とは正式な国交を回復し，貿易を長崎で行うことにしました。	朝鮮とは，対馬の宗氏を通じて講和を実現させ，慶賀使が来日しました。

(5)　下線部fに関連して，清吾さんたちは「なぜ，幕府は要求に屈する形で開国を受け入れたのか？」という問いを立て，次の資料を参考に考えた。清吾さんたちが使用した資料について述べた①・②の文とその後の日本に与えた影響A・Bの組合せとして最も適当なものを後の選択肢から1つ選び，記号で答えなさい。

資料

① 資料に見える蒸気船は，清国の船を攻撃するイギリスの軍艦である。

② 資料に見えるように清は，イギリスの軍艦を数で上回り勝利した。

A この戦争の結果を受けて，幕府は1842年に異国船打払令を緩和した。

B この戦争の結果を受けて，幕府は諸外国と通商条約を結んだ。

ア ①－A　　イ ①－B　　ウ ②－A　　エ ②－B

(☆☆☆☆◎◎◎)

【6】各文と各資料に関する以下の各問いに答えなさい。

> Ⅰ 明治政府が近代化政策を進めるうえで，財政の安定は重要な課題であった。1872年，ₐ地券を発行し，1873年に地租改正条例を公布して地租改正に着手し，1881年までにはほぼ完了した。
>
> 　その後，ᵦ日清戦争の勝利で清から巨額の賠償金を得た政府は，これをもとに戦後経営に取り組み，軍備拡張を推進するとともに，金融・貿易の制度面の整備を進めた。また，この時期には鉄道や紡績などで再び企業勃興が生じた。その結果，ᵪ繊維産業を中心として，資本主義が本格的に成立した。

(1) 下線部aに関連して，資料Aについて述べた文の正誤の組合せとして最も適当なものを，後の選択肢から1つ選び，記号で答えなさい。

資料A

X 地券には，土地の所在，土地の所有者が記載された。

Y この資料が発行された年の地租は，地価の3％であった。

ア X－正 Y－正　　イ X－正 Y－誤　　ウ X－誤 Y－正

エ X－誤 Y－誤

(2) 下線部bについて，日清戦争での勝利は，思想界の動向に決定的な変化を与えた。この時期の思想界について説明した文として最も適当なものを，次の選択肢から1つ選び，記号で答えなさい。

ア 福沢諭吉が創刊した『時事新報』は，「脱亜論」を発表した。

イ 高山樗牛は雑誌『太陽』で日本主義をとなえて，日本の大陸進出を肯定した。

ウ 森有礼らが明六社を組織し，封建思想の排除と近代思想の普及につとめた。

エ 第2次桂内閣が，勤勉と倹約を国民に求める戊申詔書を発した。

(3) 下線部cについて，日本の近代産業の発展に関連した次の出来事を西暦の早い方から並べたものとして最も適当なものを，以下の選択肢から1つ選び，記号で答えなさい。

X	Y	Z
群馬県に官営模範工場として富岡製糸場が開業	日本郵船会社がヨーロッパ定期航路を開設	猪苗代第一発電所をはじめとする大規模な水力発電事業が展開

（『新詳日本史』浜島書店）

ア　X→Y→Z　　イ　X→Z→Y　　ウ　Y→X→Z

エ　Y→Z→X　　オ　Z→X→Y　　カ　Z→Y→X

Ⅱ　1930年代から1940年代の日本と戦争	
西暦	出来事
1931年	d柳条湖事件
1933年	塘沽停戦協定
1937年	e盧溝橋事件
1941年	fマレー半島奇襲上陸　ハワイ真珠湾奇襲攻撃
1945年	gポツダム宣言受諾

(4) 下線部d, eの事件に関連した文の組合せとして最も適当なものを，以下の選択肢から1つ選び，記号で答えなさい。

　X　いったんは現地で停戦協定が成立したが，当時の内閣は軍部の圧力に屈して当初の不拡大方針を変更し，兵力を増派して戦線を拡大した。

　Y　当時の首相は当初，真相の公表と厳重処分を決意し，その旨を天皇に上奏した。しかし，閣僚や陸軍から反対されたため，首謀者を停職にしただけであった。

　Z　当時の内閣は不拡大方針を声明したが，世論・マスコミは軍の行動を支持した。関東軍が戦線を拡大したため，事態の収拾に自

信を失った内閣は総辞職した。

　ア　d−X　e−Y　　　イ　d−X　e−Z　　　ウ　d−Y　e−X

　エ　d−Y　e−Z　　　オ　d−Z　e−X　　　カ　d−Z　e−Y

(5)　下線部fからgの間の出来事として正しいものを，以下の選択肢か
　　ら1つ選び，記号で答えなさい。

（『新詳日本史』浜島書店）

　ア　X　　　　　イ　Y　　　　　ウ　Z　　　エ　XとY

　オ　XとZ　　　カ　YとZ　　　キ　XとYとZ

(6)　次の資料Bは，戦後の日本の経済成長率(実質)の推移と経済的な
　　出来事を示したものである。グラフの時期の出来事について説明し
　　た文として最も適当なものを，以下の選択肢から1つ選び，記号で
　　答えなさい。

資料B

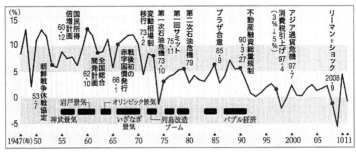

（1952年までは年度計算。総務庁統計局監修「日本長期統計総覧」、内閣府「国民経済計算」より作成）

　ア　1947年から1973年の間に経済成長率(実質)が5％を下回ったこと
　　はない。

　イ　1973年の第一次石油危機は，イラン＝イスラーム革命を機にお
　　こった。
　ウ　第一次石油危機の翌年の1974年に，戦後唯一のマイナス成長を
　　記録した。
　エ　1985年のプラザ合意により，ドル高是正が合意され，円高は一
　　気に加速した。

(☆☆☆☆◎◎◎)

公 民 科

【１】「高等学校学習指導要領(平成30年告示)」について，次の各問いに
　答えなさい。

(1)　次の文は，「第2章　各学科に共通する各教科　第3節　公民　第2
　　款　各科目　第1　公共　2　内容　A　公共の扉」の一部である。
　　〔　　〕に当てはまる語句を，以下の選択肢から1つ選び，記号で答
　　えなさい。

　　　　　　　　　　　　～(前略)～
　　(2)　公共的な空間における人間としての在り方生き方
　　　　主体的に社会に参画し，他者と協働することに向けて，
　　　〔　　〕などに着目して，課題を追究したり解決したりする
　　　活動を通して，次の事項を身に付けることができるよう指
　　　導する。
　　　　　　　　　　　　～(後略)～

　　ア　幸福，正義，公正　　　　　イ　個人の尊厳と自主・自律
　　ウ　個性，感情，認知，発達　　エ　対立と合意，効率と公正

(2)　次の文は，「第2章　各学科に共通する各教科　第3節　公民　第2
　　款　各科目　第2　倫理　3　内容の取扱い」の一部である。〔　　〕
　　に当てはまる語句を，以下の選択肢から1つ選び，記号で答えなさ

い。

~(前略)~
(3)　内容の取扱いに当たっては，次の事項に配慮するものと
する。
~(中略)~
イ　内容のAについては，次のとおり取り扱うものとするこ
と。
(ア)　小学校及び中学校で習得した概念などに関する知
識などを基に，「公共」で身に付けた選択・判断の手掛
かりとなる考え方を活用し，哲学に関わる〔　〕な
どを取り入れた活動を通して，生徒自らが，より深く
思索するための概念や理論を理解できるようにし，B
の学習の基盤を養うよう指導すること。
~(後略)~

ア　主体的な探究　　　　イ　対話的な手法
ウ　代表的な先哲の言説　エ　原典の日本語訳，口語訳

(3)　次の文は，「第2章　各学科に共通する各教科　第3節　公民　第2
款　各科目　第3　政治・経済　2　内容　B　グローバル化する国
際社会の諸課題」の一部である。どの〔　〕にも当てはまらない
語句を，以下の選択肢から1つ選び，記号で答えなさい。

(2)　グローバル化する国際社会の諸課題の探究
社会的な見方・考え方を総合的に働かせ，他者と協働し
て持続可能な社会の形成が求められる国際社会の諸課題を
探究する活動を通して，次の事項を身に付けることができ
るよう指導する。
ア　グローバル化に伴う人々の生活や社会の変容，〔　〕，
国際経済格差の是正と国際協力，〔　〕，人種・民族問

> 題や地域紛争の解決に向けた国際社会の取組，〔　　〕などについて，取り上げた課題の解決に向けて政治と経済とを関連させて多面的・多角的に考察，構想し，よりよい社会の在り方についての自分の考えを説明，論述すること。

ア　イノベーションと成長市場
イ　地球環境と資源・エネルギー問題
ウ　地球的課題の要因や動向
エ　持続可能な国際社会づくり

(☆☆☆○○○○○)

【２】次は，ある「倫理」の教科用図書の目次の一部を表したものである。以下の各問いに答えなさい。

第1章　人間の心と自己形成
　第1節　_a青年期の課題と自己形成
第2章　人間の存在や価値と宗教
　第1節　ギリシアの思想
　　1．哲学の形成
　　2．_b哲学の確立
　　3．ギリシア思想の展開
　第2節　ユダヤ教と_cキリスト教
　第3節　イスラーム
　第4節　仏教
　第5節　_d中国の思想
　第6節　宗教や芸術

---

(1)　下線部aについて，青年期や自己形成の課題について考えた心理学者・精神分析学者についての説明として最も適当なものを，次の選択肢から1つ選び，記号で答えなさい。

　ア　エリクソンは，発達段階を8つに分け，青年期にはアイデンティティの拡散という発達課題を達成して，自己実現が果たされると考えた。

　イ　フランクルは，青年期に親に見守られた安定した人間関係からの抜け出しをはかり，親から精神的に自立することを心理的離乳とよんだ。

　ウ　レヴィンは，さまざまな欲求間の対立が生じ，その選択が困難になることを欲求不満(フラストレーション)とよんだ。

　エ　マズローは，人間の欲求に関して，基礎的欲求がある程度満たされると高次の欲求があらわれるとして，5段階からなる欲求の階層構造を説いた。

(2)　下線部bについて，プラトンの思想に関する次の記述のうち，適当なものはいくつあるか，次の選択肢から1つ選び，記号で答えなさい。

　①　統治者と防衛者と生産者の全員が哲学を学び，それぞれの役割を果たすならば，ポリスに調和がもたらされ正しい国家となる。

　②　国家の統治には卓越した技量が必要であり，厳しい禁欲と苦行によって知恵，勇気，節制，正義の徳を身につけた者のみが統治する資格を持つ。

　③　哲学者が国家の支配者となるか，あるいは支配者が哲学者とならない限り，国家にとっても人類にとっても幸福はない。

　④　どのような国家でも正しい状態から不正な状態へと堕落する恐れがあるので，最も安定的な共和制を選んだほうがよい。

　ア　すべて適当でない　　イ　適当なものは1つ

　ウ　適当なものは2つ　　エ　適当なものは3つ

(3)　下線部cについて，アウグスティヌスの思想について説明したものとして最も適当なものを，次の選択肢から1つ選び，記号で答えなさい。

　ア　かつて熱心なファリサイ派であり，律法遵守によって神に救われるという考えを持っていたが，自力では克服できなかった原罪

　　をイエスが十字架上で身代わりになって背負い，それから解放し
　　てくれたという信仰を得た。

　イ　神によって啓示される真理は人間の理性をこえるものであり，
　　理性によって認識される哲学の真理と対立しないとしたほか，世
　　界は神の永遠の法によって支配されており，その法を人間が理性
　　でとらえたものが自然法であると考えた。

　ウ　人間は罪深く，神の恩寵によらなければ善を志すこともできず，
　　救われることもできないと考え，教会によって正統的信仰に導か
　　れるとして，教会は神の救いの入口となり，人々を地上の国から
　　神の国に導く使命があると説いた。

　エ　信仰は証明不可能であり，そのため，信仰に理性は無用である
　　として信仰と理性を分離させたほか，信仰・希望・愛の三元徳の
　　上位に，知恵・勇気・節制・正義の四元徳をおき，それらによっ
　　て，各人は神に対して正しく生きることができるとした。

(4)　下線部dについて，孟子の思想について説明したものとして誤っ
　ているものを，次の選択肢から1つ選び，記号で答えなさい。

　ア　幼児が井戸に落ちかけているのを見れば，誰でも助けようとす
　　るのは，人間が生まれながらに持っている辞譲の心によるもので
　　ある。

　イ　4つの徳の端緒を，自覚的に大きく育てていけば，仁・義・
　　礼・智の四徳が実現され，強く正しい気力である浩然の気が養わ
　　れる。

　ウ　父子・君臣・夫婦・長幼・朋友という基本的な人間関係のあり
　　方として，親・義・別・序・信という五倫の道がある。

　エ　仁義に基づいて民衆の幸福をはかる政治を行うべきであり，民
　　意に背く君主は，もはや天命を失ったものとして追放される。

(☆☆◎◎◎)

【3】次は，ある「倫理」の教科用図書の目次の一部を表したものである。
　以下の各問いに答えなさい。

64

第2章　世界と人間をめぐる研究

第1節　人間の尊厳

　　1．ルネサンスとヒューマニズム

　　2．<u>宗教改革</u>と人間の内面
　　　a

　　3．人間の偉大と限界

第2節　真理の認識

　　1．近代科学の思考法

　　2．事実と経験の尊重――ベーコン

　　3．理性の光――<u>デカルト</u>
　　　　　　　　b

第3節　民主社会と倫理

　　1．社会契約説と啓蒙思想

　　2．人格の尊厳と自由――<u>カント</u>
　　　　　　　　　　　c

　　3．自己実現と自由――ヘーゲル

　　4．幸福と功利

　　5．創造的知性と幸福

第4節　現代社会と個人

　　1．資本主義社会への批判

　　2．人間存在の地平――<u>実存主義</u>
　　　　　　　　　　d

　　3．世界と存在そのものへ

　　4．公共性と正義

　　5．社会参加と他者への奉仕

第5節　近代の世界観・人間観の問いなおし

　　1．<u>理性主義への反省</u>
　　　e

　　2．言語論的転回

　　3．科学観の転換

(1)　下線部aについて，宗教改革に影響を与えた人物の主張についての説明として最も適当なものを，次の選択肢から1つ選び，記号で答えなさい。

　　ア　ルターは，人の罪が赦されるために必要なのは，各人の内面的

な信仰のみであるとし，信仰の純粋化・内面化・個人化をはかった。

　イ　ルターは，当時用いられたラテン語訳聖書の誤りを正すために，痴愚の女神に託して当時の教会の堕落や神学者の聖書解釈の愚劣さを痛烈に批判した。

　ウ　カルヴァンは，神によって正しい人間と認められるためには内面的な信仰だけが重要だと主張し，教会の権威による贖宥状(免罪符)を厳しく批判した。

　エ　カルヴァンは，現世での善行によっては救いを実現することができないので，現世の生活は積極的な意味をもたないと考えた。

(2)　下線部bについて，デカルトから始まる大陸合理論に関する次の記述の正誤の組合せとして最も適当なものを，以下の選択肢から1つ選び，記号で答えなさい。

　①　デカルトは，方法的懐疑で「考えている私」は確実だというとき，「考えている私」である精神と身体は一体化し，延長を持つ実体となると述べた。

　②　スピノザは，『エチカ』において，万物は神の現れであり，神と自然は同一であると主張し，事物を「永遠の相のもとに」認識するよう説いた。

　③　ライプニッツは，『単子(モナド)論』において，世界は無数の個物(モナド)から成り立っているが，全体として調和していると主張した。

　ア　①－正　②－正　③－正　　　イ　①－正　②－正　③－誤
　ウ　①－正　②－誤　③－正　　　エ　①－正　②－誤　③－誤
　オ　①－誤　②－正　③－正　　　カ　①－誤　②－正　③－誤
　キ　①－誤　②－誤　③－正　　　ク　①－誤　②－誤　③－誤

(3)　下線部cについて，カントの人間観についての説明として最も適当なものを，次の選択肢から1つ選び，記号で答えなさい。

　ア　人間は，自らの存在を未来へ向けて自分で切り開く自由をもっているが，結果に大きな責任を持つということでもあり，その意

味で自由という刑に処せられているともいえる。

イ　人間は，法によって外側から規制される一方，道徳によって内側から規制され，外的な法と内的な道徳の対立が生じるが，それらを総合したものにより真の自由が実現する。

ウ　人間は，自分の個性を自由に発展させることで，社会も進歩するのであり，人々がある人に対して権力を行使できるのは，その人が別の人に危害を加えるのを防ぐ場合だけである。

エ　人間は，理性によって自分のなすべきことを知り，それを自分の意志で行うことができるのであり，この理性による自己立法・自己服従こそが真の自由である。

(4)　下線部dについて，倫理の授業で実存主義の思想について発表することになった生徒Pは，資料を準備した。次の【資料】は具体的な思想家の原典資料であり，以下の〔語群〕はそれぞれの思想家に関連のある言葉である。【資料】および〔語群〕と関係の深い思想家の組合せとして最も適当なものを，あとの選択肢から1つ選び，記号で答えなさい。

【資料Ⅰ】
　眼を見開いて限界状況へと踏み入ることによって，われわれは，われわれ自身となるのである。知にとっては，単に外面的しか知ることができない限界状況は，実存にとってのみ，現実として感得されるものとなる。

【資料Ⅱ】
　存在しうることとして現存在は，死の可能性を追い越すことはできない。死は，現存在であることの絶対的な不可能性という可能性なのである。

【資料Ⅲ】
　重要なのは，私にとって真理であるような真理を見出すこと，私がそのために生き，かつ死ぬことをねがうような理念

を見いだすことである。

> 【資料Ⅳ】
>
> 　およそ生あるものの見いだされるところに，わたしは力への意志をも見いだした。そして服従して仕えるものの意志のなかにも，わたしは主人公であろうとする意志を見いだしたのだ。

〔語群〕

① 宗教的実存・単独者　　② 運命愛・ニヒリズム

③ 包括者・実存的交わり　④ 世界内存在・死への存在

ア　資料Ⅰと①：キルケゴール　イ　資料Ⅱと②：ヤスパース

ウ　資料Ⅲと③：ハイデッガー　エ　資料Ⅳと④：ニーチェ

オ　資料Ⅰと③：キルケゴール　カ　資料Ⅱと④：ヤスパース

キ　資料Ⅲと①：ハイデッガー　ク　資料Ⅳと②：ニーチェ

(5)　下線部eについて，現代の社会を分析した思想家についての説明として最も適当なものを，次の選択肢から1つ選び，記号で答えなさい。

ア　フーコーは，人々が外的な権威から自由になると，彼らの間に孤独と無力の感情が募るようになり，そこでは再び権威への服従と力への憧れが生じ，ファシズムを生む心理が作り出されると考えた。

イ　サイードは，「オリエンタリズム」とは東洋人の力と権威を背景にした知の体系であり，その枠組みの中で規定された西洋人は，非合理的で自治の能力を欠く非東洋的な人間と見なされると捉えた。

ウ　リースマンは，大衆社会に生きる若者を内部指向型と捉え，マスメディアで喧伝されるものに同調し気楽に生きている一方で，多数の役割に対応していけるかと不安に感じる面もあると捉えている。

エ　ウェーバーは，近代西洋の文明の特徴を「世界が呪術から解放され，生活全体が合理化される」ところにあると考え，官僚制が浸透していく社会で，人々は無気力化していくと警告した。

(☆☆◎◎◎)

【4】次は，ある「倫理」の教科用図書の目次の一部を表したものである。以下の各問いに答えなさい。

第4章　国際社会に生きる日本人としての自覚
　　第1節　_a日本人の精神風土
　　第2節　_b仏教と日本人の思想形成
　　第3節　_c儒教と日本人の思想形成
　　第4節　国学の思想
　　第5節　庶民の思想
　　第6節　西洋思想と日本人の近代化
　　　1．近代化と啓蒙思想
　　　2．_dキリスト教の受容
　　　3．社会思想の展開
　　　4．_e近代的な自己の追求
　　　5．近代日本の創造的な思想
　　第7節　国際社会に生きる日本人の自覚

---

(1)　下線部aについて，古代日本人の考え方についての記述として最も適当なものを，次の選択肢から1つ選び，記号で答えなさい。

ア　和辻哲郎によると，日本の風土は牧場型に分類され，自然と融和し，受容的・忍従的態度が育まれるという。

イ　古来の日本で考えられた多くの神々を総称して八百万神とよび，自然の背後に神がいると考え自然物には霊力が宿ると考えられていた。

ウ　古来日本では，日常生活を「ハレ」，非日常を「ケ」といい，「ケ」が続くと作物を生産するエネルギーが衰退していくと考え

られ，安定した生活を求める「ハレ」を重視していた。

　エ　日本では，外来の文化に対して排他的であり，神道を中心に信仰され，明治時代まで仏教以外の外来宗教は国内には全く入ってこなかった。

(2)　下線部bについて，仏教の用語に関する次の記述の正誤の組合せとして最も適当なものを，以下の選択肢から1つ選び，記号で答えなさい。

　①　「絶対他力」とは，親鸞の教えの中に出てくるもので，阿弥陀仏のはからいにすべてを委ねる信仰のあり方で，念仏よりも信心を重視し，その信仰心を救済の端緒とする立場である。

　②　「専修念仏」とは，日蓮の教えの中に出てくるもので，阿弥陀仏の他力と本願をひたすら信じ，ひたすら「南無阿弥陀仏」と念仏を唱えることである。

　③　「只管打坐」とは，道元の教えの中に出てくるもので，坐禅を否定し，苦行の中にこそ悟りを見出す考え方である。

　④　「末法思想」とは，釈迦入滅後，正法，像法の世を経て，正しい教えだけが残り，正しい修行も正しい悟りも欠く末法の世に至るという考え方である。

　ア　①－正　　②－正　　③－誤　　④－誤
　イ　①－正　　②－誤　　③－正　　④－誤
　ウ　①－正　　②－誤　　③－誤　　④－正
　エ　①－誤　　②－正　　③－正　　④－誤
　オ　①－誤　　②－正　　③－誤　　④－正
　カ　①－誤　　②－誤　　③－正　　④－正

(3)　下線部cについて，江戸時代の思想と人物の組合せとして最も適当なものを，以下の選択肢から1つ選び，記号で答えなさい。

　①　「孝」を，親を愛し敬う心であるとともに，それをあらゆる人間関係に及ぼすことで人倫を成立させる原理であると考えた。晩年，陽明学の考えを取り入れ，時・処・位に即した道徳の実践を，人間の心に生まれつき備わる「良知」の働きによるものととらえ

た。

② 『論語』『孟子』のもともとの意味を究明しようとする立場を提唱した。人間どうしが互いに親しみ合い愛し合う関係を重視し，他者に対して偽りなく，ひたすらに自己をつくす「忠信」や，相手の心を察する「恕」の実践を求めた。

③ 中国古代の聖人が著した古典や文章を，当時の言葉の意味を通じて理解しようとする立場を提唱した。『論語』以前の「六経」に，中国古代の聖王が国を統治するために作った「安天下の道」を見出し，人々の多様な能力や資質を育て，それを十分に発揮させながら，世界全体を調和させ発展させていくと論じた。

ア ①－山鹿素行 ②－貝原益軒 ③－荻生徂徠

イ ①－山鹿素行 ②－貝原益軒 ③－藤原惺窩

ウ ①－山鹿素行 ②－伊藤仁斎 ③－荻生徂徠

エ ①－山鹿素行 ②－伊藤仁斎 ③－藤原惺窩

オ ①－中江藤樹 ②－貝原益軒 ③－荻生徂徠

カ ①－中江藤樹 ②－貝原益軒 ③－藤原惺窩

キ ①－中江藤樹 ②－伊藤仁斎 ③－荻生徂徠

ク ①－中江藤樹 ②－伊藤仁斎 ③－藤原惺窩

(4) 下線部dについて，日本でキリスト教思想を積極的に取り入れた人物についての記述として最も適当なものを，次の選択肢から1つ選び，記号で答えなさい。

ア 新島襄は，東京神学社を創立し，牧師の育成や聖書の翻訳，評論活動をおこなった。

イ 内村鑑三は，同志社英学校(のちの同志社大学)を創立してキリスト教精神にもとづく教育をおこなった。

ウ 植村正久は，『聖書之研究』を創刊し，聖書研究会を開くなどキリスト教布教に努めた。

エ 新渡戸稲造は，英文で『武士道』を著し，欧米における日本文化の理解に強い影響を与えた。

(5) 下線部eに関連して，1911年，女性だけの手による文芸雑誌『青

鞜』を創刊し，「元始，女性は実に太陽であった」と宣言し，婦人参政権の要求や母性保護を掲げて，女性の社会的解放につとめた人物を，次の選択肢から1つ選び，記号で答えなさい。

ア　津田梅子　　イ　平塚らいてう　　ウ　与謝野晶子
エ　樋口一葉

(☆☆◎◎◎)

【5】次は，ある「政治・経済」の教科用図書の目次の一部を表したものである。以下の各問いに答えなさい。

第1編　現代日本の政治
　第1章　民主政治の基本原理
　　1. 政治と法
　　2. 民主政治と人権保障の発展
　　3. 国民主権と民主主義の発展
　　4. a<u>世界の政治制度</u>
　第2章　日本国憲法の基本的性格
　　1. 日本国憲法の成立
　　2. b<u>平和主義</u>
　　3. 基本的人権の保障
　　4. 人権の広がり
　第3章　日本の政治機構
　　1. c<u>立法</u>
　　2. 行政
　　3. d<u>司法</u>
　　4. 地方自治
　第4章　現代日本の政治
　　1. 戦後政治の歩み
　　2. 選挙制度
　　3. 政治参加と世論

(1) 下線部aについて，世界の主な政治制度の記述として最も適当なものを次の選択肢から1つ選び，記号で答えなさい。

ア　イギリスでは，国王は君臨するのみで統治権を行使しないが，国王の信任を失えば，議会は総辞職するか，総選挙をおこなわなければならない。

イ　アメリカでは，議会は各州より人口比例で選出される上院と，各州より2名選出される下院で構成され，各州平等の原則により下院が優越する。

ウ　中国では，国政全体に対する共産党の強力な指導のもと，国家の重要な権限は，国民代表の議会である全国人民代表大会に集中されている。

エ　フランスでは，大統領は外交，首相は内政に責任を有するとされ，両者は対等の権力を持っており，互いの抑制と均衡の上に成り立っている。

(2) 下線部bについて，自衛隊の海外派遣等に関係する次のできごとを，年代の古い順に並べたものとして最も適当なものを，以下の選択肢から1つ選び，記号で答えなさい。

A　新たな「日米防衛協力のための指針」が策定され，それらを受けて集団的自衛権の行使や米軍などに対する後方支援の拡大などを盛り込んだ安全保障関連法が制定された。

B　アメリカのアフガニスタンに対する「対テロ戦争」に際し，日本はテロ対策特別措置法を制定して，参戦国の艦船への海上補給のために自衛隊をインド洋に出動させた。

C　PKO(国連平和維持活動)協力法が制定され，自衛隊はカンボジアをはじめとして世界各地に派遣されるようになった。

D　日本政府は，周辺事態法を制定し，周辺事態の際に自衛隊が米軍の後方支援をすることなどを定めた。

ア　C→D→A→B　　イ　C→D→B→A　　ウ　C→A→D→B
エ　D→A→B→C　　オ　D→C→A→B　　カ　D→C→B→A

(3) 下線部cについて，衆議院の優越が認められないものの組合せと

して最も適当なものを，以下の選択肢から1つ選び，記号で答えな
さい。

① 内閣総理大臣の指名 　② 憲法改正の発議
③ 法律案の議決 　④ 条約の承認
⑤ 弾劾裁判所の設置 　⑥ 予算の議決

ア ①と④　　イ ①と⑤　　ウ ②と⑤　　エ ②と⑥
オ ③と④　　カ ③と⑥

(4) 下線部dについて，司法制度改革に関する記述として最も適当な
ものを，次の選択肢から1つ選び，記号で答えなさい。

ア 裁判員制度は，殺人などの重大事件の刑事裁判の第一審のみで
おこなわれ，裁判官と裁判員の合議で有罪か無罪かの事実認定を
おこなう。しかし，量刑については過去の同様の事件との均衡を
図る観点から裁判官がおこなう。

イ 少年審判は非公開であるが，少年法の改正で被害者が一定程度
審判に参加できるようになった。また，成人年齢が18歳に引き下
げられるのにともない，18，19歳は「特定少年」とされ，厳罰化
されたが，起訴後の実名報道については，社会復帰の妨げになる
として禁止されたままである。

ウ 刑事事件で検察が判断した不起訴処分に納得できない場合は，
検察審査会に申し立てができる。検察審査会は未成年者を除く有
権者からくじで選出された検察審査員から構成され，審査会が2
度「起訴相当」と議決した場合は強制起訴となり，必ず検察官が
起訴しなければならない。

エ 犯罪被害者の意向を裁判に反映するために犯罪被害者参加制度
ができた。重大事件においては，被害者や遺族などが法廷に入り，
情状事項についての証人尋問や被告人質問をすることが可能とな
り，被害者がその悲しみや怒りを加害者に伝えることができるよ
うになった。

(☆☆☆◎◎◎)

【6】次は，ある「政治・経済」の教科用図書の目次の一部を表したものである。以下の各問いに答えなさい。

第2章　現代の経済

　第1節　経済活動の意義と経済体制

　　1．<u>資本主義経済の発展と変容</u>
　　　a

　　2．経済活動の主体

　第2節　現代経済のしくみ

　　1．<u>市場経済のしくみ</u>
　　　b

　　2．国民所得と経済成長

　　3．金融のしくみと働き

　　4．<u>財政のしくみと租税</u>
　　　c

　第3節　日本経済と福祉の向上

　　1．<u>戦後日本経済のあゆみ</u>
　　　d

　　2．中小企業と農業・食料

　　3．<u>公害防止と環境保全</u>
　　　e

　　4．消費者問題と消費者保護

　　5．労使関係と労働市場

　　6．少子高齢社会と社会保障

---

(1)　下線部aについて，次の経済思想を主張した人物の組合せとして最も適当なものを，以下の選択肢から1つ選び，記号で答えなさい。

【資料Ⅰ】

　生産過程での資本家の利潤は剰余価値であり，本来は労働者が生み出した価値である。しかし，労働者は剰余価値よりも低い賃金しか払われず，こうして，労働者は剰余価値分の労働を資本家から搾取されている。

【資料Ⅱ】

　不況下で失業が生じるのは，有効需要が不足しているためである。政府や中央銀行が積極的に財政政策や金融政策を行

って経済に介入し，有効需要を創出すべきである。

【資料Ⅲ】

人々の知識には完璧なものはなく，国家が知識を集約して合理的に経済を運営してもうまくいかない。政府は市場に介入すべきではなく，市場の持つ「自主的秩序」を重視すべきである。

【資料Ⅳ】

政府が裁量的に政策を行っても，逆効果になる可能性もある。政府の役割は原則としてあらかじめ定められた一定の割合で，貨幣供給量を増加させることにとどめるべきである。

	【資料Ⅰ】	【資料Ⅱ】	【資料Ⅲ】	【資料Ⅳ】
ア	ウェッブ夫妻	ケインズ	アダム=スミス	シュンペーター
イ	ウェッブ夫妻	ケインズ	ハイエク	シュンペーター
ウ	ウェッブ夫妻	スティグリッツ	アダム=スミス	フリードマン
エ	ウェッブ夫妻	スティグリッツ	ハイエク	フリードマン
オ	マルクス	ケインズ	アダム=スミス	シュンペーター
カ	マルクス	ケインズ	ハイエク	フリードマン
キ	マルクス	スティグリッツ	アダム=スミス	シュンペーター
ク	マルクス	スティグリッツ	ハイエク	フリードマン

(2)　下線部bについて，生徒Pは発展的に「需要曲線・供給曲線の変化」や「価格弾力性」について調べた結果をレポートにまとめた。レポートの〔　　〕に当てはまる語句の組合せとして最も適当なものを，あとの選択肢から1つ選び，記号で答えなさい。

生徒Pのレポート(一部抜粋)

○【資料Ⅰ】について

需要曲線や供給曲線は様々な要因によって，動きを見せることが分かる。例えば，原材料の価格が高騰した場合，最初に【資料Ⅰ】では〔　①　〕のような変化が起こる。その影響で均衡価格に影響を及ぼす。

○【資料Ⅱ】について

　一般に〔　②　〕の場合，価格が上昇しても，消費者はその価格で購入せざるを得ないため，需要曲線の傾きは〔　③　〕のようになり，価格の弾力性は小さいといえる。一方，〔　④　〕の場合，価格が上昇すると，消費者の購入意欲は低くなるため，需要曲線の傾きは〔　⑤　〕のようになり，価格の弾力性は大きいといえる。

【資料Ⅰ】需要曲線・供給曲線の変化

【資料Ⅱ】需要曲線と価格の弾力性

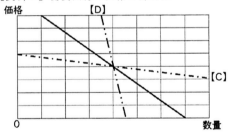

	①	②	③	④	⑤
ア	【A】	生活必需品	【C】	ぜいたく品	【D】
イ	【A】	生活必需品	【D】	ぜいたく品	【C】
ウ	【A】	ぜいたく品	【C】	生活必需品	【D】
エ	【A】	ぜいたく品	【D】	生活必需品	【C】
オ	【B】	生活必需品	【C】	ぜいたく品	【D】
カ	【B】	生活必需品	【D】	ぜいたく品	【C】
キ	【B】	ぜいたく品	【C】	生活必需品	【D】
ク	【B】	ぜいたく品	【D】	生活必需品	【C】

(3)　下線部cについて，2021年度の一般会計予算をもとに作成した次の表を見て，基礎的財政収支について言えることとして最も適当なものを，以下の選択肢から1つ選び，記号で答えなさい。

歳入総額	107兆円	歳出総額	107兆円
租税及び印紙収入	57兆円	一般歳出	67兆円
その他の収入	6兆円	地方交付税交付金など	16兆円
公債金	44兆円	国債費	24兆円

　ア　10兆円の赤字　　イ　10兆円の黒字　　ウ　20兆円の赤字
　エ　20兆円の黒字

(4)　下線部dについて，戦後の日本経済についての記述として最も適当なものを，次の選択肢から1つ選び，記号で答えなさい。

　ア　1960年代は，年率10％超の経済成長率を記録した高度経済成長の時期に当たる。1960年代半ばまでは，輸入が増加して経常収支が赤字化し，そのため景気を引き締めざるを得ない状況となり，国際収支が経済成長の限界を形成するという意味で「国際収支の天井」と呼ばれた。

　イ　1970年代前半は，ベトナム戦争に起因する石油危機の時期に当たる。この結果，日本では石油価格の上昇に伴う狂乱物価という激しいインフレーションと同時に，景気の低迷に見舞われる，いわゆるスタグフレーションという状況に陥った。

　ウ　1980年代は，日本とアメリカの貿易摩擦が問題となっていた時期に当たる。この対策として1985年にG5はプラザ合意を決めた。そのため円安ドル高が急激に進み，国内では産業の空洞化が進む一方，輸出に依存する日本経済は苦境に立たされた。

　エ　2000年代は，日本はバブル崩壊後の長引く不況下にある時期に当たる。自由民主党の中曽根康弘内閣は「改革なくして成長なし」をスローガンに市場原理を重視し，規制緩和を進めた。また，郵政民営化や特殊法人改革などの構造改革を行った。

(5)　下線部eについて，公害対策や環境保全に関する記述として最も適当なものを，次の選択肢から一つ選び，記号で答えなさい。

　ア　1970年の公害国会では，公害対策に関する14の法律が制定され，

汚染のひどい地域に対しては，汚染物質の排出量を定め，各工場に排出量の割当を行う総量規制だけではなく，汚染物質の含有割合を規制する濃度規制も認められるようになった。

イ　日本ではエネルギー安全保障の観点から，木くずや生ゴミ・動物の排泄物に由来するバイオマスなどの新エネルギーや水素を活用した燃料電池の研究が進められている。また，発電時の廃熱を冷暖房や給湯に利用するスマートグリッドシステムの導入も進められている。

ウ　1992年の国連環境開発会議では「持続可能な開発」を基本理念とした「ヨハネスブルク宣言」が採択された。その10年後には環境開発サミットにおいて「持続可能な開発」などに向けて具体的な実施計画となる「リオ宣言」が採択され，地球規模で環境対策が進んでいる。

エ　温室効果ガス排出削減については，2015年のCOP21では，2020年以降の枠組みとなるパリ協定が採択された。「共通だが差異のある責任」をいっそう共有することが重要という考えから，発展途上国を含むすべての国が自主的に削減目標を設定し，その達成に向けた対策が義務づけられた。

(☆☆◎◎◎)

【7】次は，ある「政治・経済」の教科用図書の目次の一部を表したものである。以下の各問いに答えなさい。

第2編　グローバル化する国際社会
　第1章　現代の国際政治
　　第1節　国際政治のしくみ
　　　1. 国際政治の特質
　　　2. 国際社会と国際法
　　　3. ₐ国際連合の役割と課題
　　第2節　複雑化する国際政治と日本

(1)　下線部aについて，国際連盟・国際連合に関する記述として最も適当なものを，次の選択肢から1つ選び，記号で答えなさい。

ア　国際連盟は第一次世界大戦後に発足しており，アメリカが常任理事国を務め，国際平和機構として設立された。

イ　国際連盟は，対立の火種になることを懸念して，軍事的，経済的に関わらず一切の制裁措置を禁止している。

ウ　国際連合は，安全保障理事会を，平和と安全に関する最高決定機関と定めており，その他の機関が安全保障理事会にかわって活動したことはない。

エ　国際連合には，国際連盟時代から設立された機関を引き継ぐものや，国際連合発足当時は機能していたが，2023年4月現在，活動を休止している機関が存在する。

(2) 下線部bについて，核兵器と軍縮に関する記述として最も適当な
ものを，次の選択肢から1つ選び，記号で答えなさい。

ア　部分的核実験禁止条約において，実験が禁止されていないのは
海中における実験である。

イ　核拡散防止条約において，非核保有国が核兵器を新たに保有す
ることを禁じ，国際原子力機関による原子力の軍事転用防止の査
察実施を定めている。

ウ　世界各地で非核地帯条約が成立しているが，アジアを含む条約
は成立していない。

エ　2021年に発効した，核兵器の使用，開発，実験，製造などを全
面的に禁止した核兵器禁止条約を，日本は批准している。

(3) 下線部cについて，日本のODAに関する記述として最も適当なも
のを，次の選択肢から1つ選び，記号で答えなさい。

ア　日本はさまざまな国にODAを供与しており，その額は2001年以
降現在まで世界1位である。

イ　日本のODAはアジア諸国に対するものが中心で，長期・短期の
無償援助の割合が高い。

ウ　国際連合では，ODAの先進国の対GNI比目標を0.7％としている
が，日本はアジアで唯一目標を達成している。

エ　日本のODAの基本方針は「ODA大綱」とよばれていたが，
2015年に「開発協力大綱」と改められている。

(4) 下線部dについて，次の図は，A国における，ある財の需要曲線と
供給曲線を表している。A国ではある財に対して高額の関税を課す
など，輸入制限の措置をとっていたため，海外からの輸入はなく，
価格はP_0で取引されていた。しかし，国内外からの批判を受けたこ
ともあり，関税を撤廃した。そのため，この財は国内においても国
際価格であるP_1で取引されるようになった。国内の供給体制と財の
国際価格は変わらず，需要の不足分はすべて海外からの輸入でまか
なうとすると，輸入量はいくらになるか。最も適当なものを，以下
の選択肢から1つ選び，記号で答えなさい。

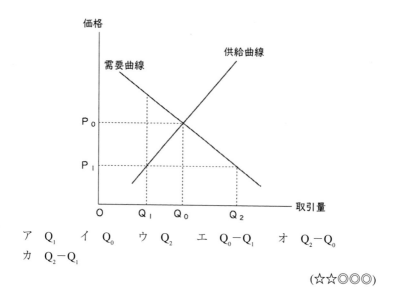

ア　Q_1　　イ　Q_0　　ウ　Q_2　　エ　$Q_0 - Q_1$　　オ　$Q_2 - Q_0$

カ　$Q_2 - Q_1$

(☆☆◯◯◯)

解答・解説

中 学 社 会

【1】ウ

〈解説〉現行の指導要領の改善点として，主体的な学びについて学習課題の解決への見通しを持つこと，学習内容・活動に応じた振り返りの場面を設定することが重視されている。

【2】イ

〈解説〉公民的分野の近代社会の見方・考え方が誤り。現代社会の見方・考え方である。

【3】ウ

〈解説〉地理学習全体を通して生徒が身に付ける国々の名称と位置の目安となるのは，世界の4分の1から3分の1である。頻出ではないが，覚えておきたい。

【4】エ

〈解説〉幕府の政治の展開としては，社会の変動や欧米諸国の接近，幕府の政治改革，新しい学問・思想の動きなどを基に，幕府の政治が次第に行き詰まりをみせたことを理解することとある。

【5】ア

〈解説〉公民的分野の私たちと経済においては，市場の動きに委ねることが難しい諸問題に関して，国や地方公共団体が果たす役割について多面的・多角的に考察，構想し，表現することとある。

【6】イ・エ・オ

〈解説〉障害のある生徒などについて，「社会的事象に興味・関心がもてない場合には，特別活動などとの関連付けなどを通して，実際的な体験を取り入れ，学習の順序を分かりやすく説明し，安心して学習できるようにすること」，「動機付けの場面において学習上の課題を見いだすことが難しい場合には，社会的事象等を読み取りやすくするために，写真などの資料や発問を工夫すること」，「情報収集や考察，まとめの場面において，どの観点で考えるのか難しい場合には，ヒントが記入されているワークシートを作成すること」があげられている。

【7】(1)　イ・オ　　(2)　イ

〈解説〉(1)　G7会合に参加するのはG7の構成国であるイギリス，フランス，ドイツ，イタリア，カナダ，アメリカ，日本とEUである。ジスカールデスタン仏大統領の提案により，1975年11月にパリ郊外のランブイエ城において，フランス，米国，英国，ドイツ，日本，イタリアの

6か国による第1回サミットが開催された。第一回サミットが成功したため，各国が持ち回りで議長国を務めつつ，毎年首脳会合を行うことになった。第二回からカナダが，第三回からEUが第25回からはロシアが参加するようになった。しかしロシアによるクリミア併合により2014年以後，ロシア抜きのG7に戻った。　(2)　イ　律令制の五畿七道での命名がもとになっており，太陽の日が当たる中国山地より南側が山陽，影となる北側が山陰となった。　ウ　本州と四国を結ぶ橋は兵庫県と徳島県を結ぶ明石海峡大橋と大鳴門橋，岡山県と香川県を結ぶ瀬戸大橋，広島県と愛媛県を結ぶしまなみ海道の3つあるが，この中で唯一瀬戸大橋のみ鉄道と自動車の共用橋である。

【8】(1)　エ　　(2)　ウ　　(3)　ア・オ

〈解説〉(1)　資料1の鉱物資源はアメリカが1位であり，中東諸国がランキングに多いため石油である。OPECは(Organization of the Petroleum Exporting Countries)石油輸出機構の略で欧米の石油メジャーに対抗して産油国の石油政策を一元化し，産油国の安定した利益を守るための組織である。OAPECは同様の組織であるが，AはArabの略でベネズエラやD.R.コンゴなど世界各地の産油国が加盟しているOPECとは異なりアラブ諸国のみが加盟している。APECはアジア太平洋経済協力会議のことでアジア太平洋地域の貿易，投資の円滑化や地域経済統合を推進する組織である。　(2)　7月が最寒月となっている③は南半球であることがわかり，気候がCfbであるためシドニーである。北半球で夏乾燥冬湿潤な温帯である④はCs気候であるためローマである。年中高温多雨な②はAf気候で赤道直下のシンガポールである。①は最暖月平均気温が22℃以上で年中湿潤であるためCfa気候より東京である。
(3)　ア　ルワンダの2000年の国民所得は資料3より約240ドルで，2017年が約720ドルと読み取れるため約3倍になっている。　エ　ルワンダの2017年の100人あたり携帯電話契約数は約76件で誤答。
オ　ルワンダは1994年にツチ族とフツ族の対立からルワンダの悲劇と呼ばれるジェノサイドが起きたが，そこから立ち直り，内陸国で鉱物

資源があまり採れないことからICT立国としてアフリカの奇跡と呼ばれる経済成長を遂げた。

【9】(1)　エ　　(2)　ウ　　(3)　ウ

〈解説〉(1)　防災はダムや防潮堤などで自然災害を未然に防いだり，災害による被害をなくしたりすることを目的としたものであり，減災は災害は起きるものとしてその時の被害を減らすことを目的にしたものである。ロードマップはプロジェクトの達成に向けて必要な項目をまとめた計画書のことで，ハザードマップはGISを用いて被害予測や避難場所を記したものである。　　(2)　SDGsは持続可能な開発目標の略で，2015年の国連サミットで2030年までの15年間で達成すべき17の目標が決められた。　　(3)　ア　資料はニワトリの誕生から鶏肉として出荷されるまでを図示した資料である。　　イ　石油が輸入されてからどのように使われるのかを図示した資料である。　　ウ　リサイクルがどのようにされているかを図示した資料である。　　エ　石垣島の伝統的な家屋を図示した資料である。

【10】(1)　イ　　(2)　イ→ウ→エ→ア

〈解説〉(1)　資料には敵を見張る役割を持つ物見櫓と考えられる建物が見える。これは弥生時代に出現した環濠集落で吉野ヶ里遺跡にみられる特徴である。　　ア　三内丸山遺跡は紀元前約3,900～2,200年の縄文時代前期～中期の集落跡。　　ウ　岩宿遺跡は約30,000年前～約20,000年前の旧石器時代の遺跡群で，関東ローム層の地層からは多数の石器が発見された。　　エ　登呂遺跡は1世紀頃の水田遺跡の代表である。(2)　ア　卑弥呼が魏に使いを送ったのは239年。　　イ　倭の奴国の王が後漢に使者を送ったのは57年。　　ウ　卑弥呼が邪馬台国の王となったのは2世紀の終わり頃。　　エ　220年に後漢が滅び，かわって魏・呉・蜀が並び立つ三国時代を迎えた。

【11】(1)　ウ　　(2)　エ　　(3)　ア

〈解説〉(1)　東北や蝦夷地の産物は，日本海沿岸の出羽酒田を起点に，下関経由で大坂に至る西廻り航路で運ばれた。また，琉球王国は1609年に薩摩藩に征服されその支配下に入り，薩摩藩は通商交易権も掌握していた。よって蝦夷地の昆布は大坂から薩摩を経て，琉球へもたらされたと考えられる。　(2)　アイヌは樺太・千島・北海道地方に住む人々で，松前氏は1604年に家康からアイヌとの独占交易権を認められた。　ア　松平氏は三河の豪族で，家康の時に徳川を称した。イ　伊達氏は，室町時代に陸奥国守護，奥州探題として勢力を伸ばした。江戸時代以降，仙台に居住を移した。　ウ　南部氏は南北朝時代に陸奥国八戸を拠点に所領を拡大し，のち盛岡藩主となった。　(3)　資料に「上米金」とあり，これは徳川吉宗(在職1716〜1745)が行った上げ米(大名から1万石につき100石の米を上納)からの収入である。イ　田沼意次は1772年に老中になり，十数年にわたって実権を握った。田沼は商業資本と結んで積極的に産業振興策をとった。　ウ　松平定信は1787〜1793年に寛政の改革を行った。　エ　水野忠邦は1841〜43年に天保の改革を行った。

【12】(1)　エ　　(2)　ア　　(3)　ウ

公布年	公布時の内閣	選挙人		
		直接国税	性別年齢(歳以上)	全人口比
1889	黒田	15円以上	男性25	1.1
1900	山県	10円以上	〃	2.2
1919	原	3円以上	〃	5.5
1925	加藤(高)	制限なし	〃	20.8
1945	幣原	〃	男女20	50.4

〈解説〉(1)　①　選挙権の年齢が満20歳以上となるのは，1945年12月の選挙法改正による。これにより満20歳以上の男女に選挙権が与えられ，女性参政権がはじめて認められた。　②　有権者が10％を超えるのは，1925年の普通選挙法で満25歳以上の男性が選挙権を持つようになって

からである。上記の表を参照。　(2)　日清戦争後の下関条約で日本は，遼東半島還付の代償を加えると，2億3000万両(当時の日本貨で約3億5600万円)の賠償金を獲得した。遼東半島の返還をめぐる三国干渉により，国内ではロシアへの敵意が増大し，軍備拡張につとめた。日清戦争後の朝鮮では，ロシアの支援で日本に対抗する動きが強まり，親露政権が成立した。台湾は下関条約により日本が獲得，台湾総督府を置いて植民地支配を行った。　(3)　C　社会主義陣営ではなく資本主義陣営が正しい。アメリカは1948年以降，日本を西側陣営(資本主義陣営)の東アジアにおける主要友好国とする政策に転換した。これにより，GHQは日本の経済復興に向けてさまざまな積極的な措置をとった。

【13】(1)　①　ア　　②　ウ　　(2)　エ　　(3)　ア，イ，エ
〈解説〉(1)　①　中学校社会科の公民的分野においては，現代社会を捉える見方，考え方の基礎として，対立と合意，効率と公正などを理解させることになっている。対立から合意に至る際には，効率と公正の見方，考え方を踏まえることが有用である。　②　一般的に，投入した資源に比して得られる結果が大きくなるほど，効率的とされる。だが，能力主義型の賃金制度を導入すれば従業員間で賃金格差が拡大するというように，効率性の追求は公正を損なう結果になる例が多い。(2)　A　電子マネーには，残高が不足するとクレジットカードなどをとおして自動的にチャージされるものがある。　B　拾ったカードを支払いに使われることなどがある。　C　カードに記録された購入履歴などの個人情報が流出する危険がある。　(3)　ア　株主総会では株主は発言権や議決権を持つ。　イ　株主は利潤から配当を得ることができる。　ウ　株主は有限責任であり，出資額を超える責任を負わない。　エ　上場企業の株式は市場で取引される。　オ　株主総会で解任できる。

【14】(1)　エ　　(2)　カ　　(3)　イ　　(4)　ウ
〈解説〉(1)　B　法テラスではなく，法科大学院が設置された。法テラス

とは通称で日本司法支援センターの通称で，市民のための法的トラブルに関する総合窓口として，全国各地に設置されている。　C　裁判員制度は重大な刑事裁判の第一審に導入されている。それに，現在は18歳以上の国民から選出されている。　(2)　A　微妙な記述だが，地方交付税交付金は地方公共団体の間にある財政力格差の解消のために交付されるもので，使途に制約はない。　B　これも微妙な記述だが，住民税や事業税などは地方税だが，地方税だけで38.8％となっている。(3)　憲法改正の発議とは，憲法改正を国民に提案すること。憲法改正の発議は国会各院の総議員の3分の2以上の賛成により，国会が行うことになっている。なお，天皇が国事行為として行うのは改正憲法の公布である。　(4)　PKOは国連平和維持活動の略称。わが国も，1992年制定のPKO協力法(国際平和協力法)に基づき，これまで世界の様々な地域に自衛隊を派遣した実績がある。アは非政府組織，イは非営利組織，エは政府開発援助のこと。

地 理 ・ 歴 史

【日本史】

【1】(1)　ア　　(2)　エ　　(3)　ウ　　(4)　ウ・エ

〈解説〉(1)　内的営力は内作用とも呼ばれ，地球内部の熱エネルギーによる地形生成作用である。土地の隆起や沈降などによる大地形を形成する働きのことである。一方で外的営力は地球外部からの太陽エネルギーなどによる地形形成作用である。風化や河川，波，氷河などによる浸食，運搬，堆積作用で三角州や扇状地河岸段丘といった小地形を形成する。　(2)　エ　園芸農業は以前は鮮度を重視して，大都市近郊で発展したが，輸送技術が発達した現代では，トラックファーミングと呼ばれる大都市から離れた遠隔地で抑制栽培や促成栽培を行って市場の端境期に出荷することでより高い収益を得られるようにシフトしていっている。　(3)　ア　チャーチルは第二次世界大戦時のイギリス

首相である。パリ講和会議時のイギリス首相はロイド＝ジョージである。　イ　レーニンはソ連邦の指導者である。ソ連邦はパリ講和会議には招待されなかった。　エ　ハワードに該当する大統領は存在しない。　(4)　ウ　ヤルタ会談が正しい。マルタ会談はアメリカ合衆国大統領ブッシュ(父)とソ連邦共産党書記長ゴルバチョフが1989年12月に行って冷戦終結で合意した。　エ　トルーマン大統領が正しい。フランクリン＝ローズヴェルト大統領は1945年4月に急死している。

【2】(1)　ア　　(2)　ウ　　(3)　エ　　(4)　エ
〈解説〉(1)　地理歴史の目標には，地理や歴史に関わる事象の意味や意義，特色や相互の関連を，概念などを活用して多面的・多角的に考察したり，社会に見られる課題の解決に向けて構想したりする力や，考察，構想したことを効果的に説明したり，それらを基に議論したりする力を養うとある。　(2)　歴史総合の目標として，近現代の歴史の変化に関わる事象について，よりよい社会の実現を視野に入れた上で，他国や他国の文化を尊重することの大切さについてなどの自覚を深めることなどが目標として定められている。　(3)　日本史探究の内容の歴史資料と原始・古代の展望における歴史資料について，適切な歴史資料という言及がある。　(4)　社会との関わりが正しい。

【3】(1)　エ　　(2)　エ　　(3)　イ　　(4)　ウ　　(5)　ウ
〈解説〉(1)　貝塚は土器・石器・骨角器などの人工遺物のほか，貝殻に含まれるカルシウム分によって保護された人骨や獣・魚などの骨も出土している。　(2)　青銅製祭器のうち銅鐸は近畿地方，平形銅剣は瀬戸内中部，銅矛・銅戈は九州北部を中心にそれぞれ分布していた。弥生時代中期までは銅鐸も九州北部でつくられたことから地図中のZは広範囲に及んでいる。　(3)　A　銅・鉄製品の加工を担ったのは韓鍛冶部である。　D　高級な錦織りを職務としたのは錦織部である。(4)　X　資料から小野妹子の位階は大礼と分かる。冠位十二階は徳・仁・礼・信・義・智の6つ位がそれぞれ大小と分かれる。よって小野

妹子の冠位は5番目にあたる。　(5)　孝謙天皇の在位は749〜758年である。アの長屋王の変は729年，イの藤原広嗣の乱は740年，ウの橘奈良麻呂の乱は757年，エの伊治呰麻呂の乱は780年の出来事。

【4】(1)　ウ　　(2)　問1　カ　　問2　イ　　(3)　ク　　(4)　エ
　　(5)　イ

〈解説〉(1)　陸奥北部で安倍氏の勢力が強大となり，国司と争っていたが，源頼義が陸奥守として任地にくだり，子の義家とともに東国の武士を率いて安倍氏と戦い，出羽の清原氏の助けを得て安倍氏を滅ぼした戦いを前九年合戦(1051〜1062)という。アは1156年の保元の乱，イは前九年合戦のあとに起きた後三年合戦(1083〜1087)，エは1107年の源義親の乱。　(2)　問1　Xは1190年，Yは1185年，Zは1183年のことである。　問2　X　和田義盛は御家人を組織し統制する侍所の初代長官(別当)に任じられた。　Y　鎌倉幕府における幕府支配の根本は，将軍と御家人との主従関係である。とくに東国武士団は御家人として幕府のもとに組織され，地頭に任命されて所領を支配することを将軍から保障された。　(3)　建長寺は南宋からの来日僧である蘭溪道隆によって開かれた。臨済宗は栄西が伝え，坐禅によって公案を解決して悟りに達することを主張した。『興禅護国論』は栄西が禅宗の本質を説いたもの。　A　只管打坐はひたすら坐禅をすることで曹洞宗の教え。　B　踊念仏は一遍によって広められた時宗の教え。　X　『歎異抄』は，浄土真宗の開祖である親鸞の弟子唯円によって書かれたもの。Z　『正法眼蔵』は曹洞宗の開祖である道元が教義をまとめたもの。(4)　後醍醐天皇が倒幕に失敗し，隠岐に流されたのち，皇子の護良親王は悪党などの反幕勢力を結集して蜂起し，幕府軍と粘り強く戦った。後醍醐天皇の皇子で征西大将軍となったのは懐良親王で，南北朝の動乱期のことである。　(5)　ア　足利持氏と上杉憲実の対立を契機に，足利義教は上杉氏を支援して鎌倉公方の足利持氏を討伐した(永享の乱)。　ウ　足利義教は，1441年有力御家人の赤松満祐によって殺害された(嘉吉の変)。　エ　1335年に北条時行が反乱を起こし，鎌倉を占

領した(中先代の乱)。このとき，足利尊氏は討伐のために関東にくだ
り，建武の新政に反旗を翻したことで，南北朝の動乱へと突入した。
「戦国の世に突入」は誤り。

【5】(1) ウ　　(2) ウ　　(3) ウ　　(4) ウ　　(5) ア
〈解説〉(1)　秀吉は1588年に後陽成天皇を聚楽第に招いた。

(2)　X　日本町は東南アジアに形成された日本人居住地で，資料から
はアユタヤ朝には日本町が見られるが，トゥングー朝には見られない。
Y　史料中に「斯の如く互に好を通ずる時に当て，国を鎖して，万国
と相親ざる国は，多数の国と敵視するに至るべし」とあり，世界情勢
を示しながら，他国との交流をしないことへの危惧が記されている。

(3)　Ⅰ　1715年に出された海舶互市新例で長崎貿易における制限令。
Ⅱ　1633年に出された鎖国令。史料中の「五ヶ所」は京都・堺・長
崎・江戸・大坂の糸割符商人のこと。　Ⅲ　1842年の天保の薪水給与
令。異国船打払令(1825)を否定し，文化の薪水給与令(1806)の方針に戻
したことが書かれている。　(4)　c　海外貿易を制限した理由は2つあ
る。キリスト教の禁教政策と幕府による貿易の利益独占である。した
がって，「西国大名に貿易を奨励し貿易額に課税する」は誤りである。
d　幕府は秀吉の朝鮮出兵で途絶えた明との国交を回復させようと努
力したが，実現しなかった。だが，明の民間船の往来は途絶えず，幕
府は中国船との民間貿易の窓口を長崎に限定，長崎の町では中国人と
日本人が雑居するようになった。　e　対馬の宗氏を通じて講和を実
現し，朝鮮からは前後12回の使節が来日，4回目からは朝鮮通信使と
呼ばれた。慶賀使は琉球王国から将軍の代がわりごとに送られた使節。

(5)　資料は1840年に起きたイギリスと清によるアヘン戦争の様子であ
る。清は敗れて南京条約を結んだ。清の劣勢が日本に伝わったことで，
幕府は1842年に異国船打払令を緩和して天保の薪水給与令を出した。
日本が通商条約を結んだのは，1858年で清がアロー戦争(1856〜1860)
に敗れたことが背景にある。

【6】(1)　イ　　(2)　イ　　(3)　ア　　(4)　オ　　(5)　イ　　(6)　エ

〈解説〉(1)　Y　地租改正が行われた1873(明治6)年の地租は地価の3％であった。資料Aには「明治十一年」の文字があり，これは1878年のこと。1877(明治10)年には各地で起こった地租改正反対一揆により，地租の税率は2.5％に引き下げられている。　　(2)　日清戦争は1894～1895年。　ア　福沢諭吉が「脱亜論」を発表したのは1885年のことで日清戦争以前。　ウ　明六社の結成は1873年で日清戦争以前。　エ　戊申詔書は1908年に発布され，日露戦争後，国民の間に芽生えた個人主義・享楽的傾向を思想・風紀の悪化として，その是正を諭した。

(3)　Xは1872年に開業，Yは1896年，Zは1915年に完成。　　(4)　d　柳条湖事件をきっかけに満州事変が始まり，第2次若槻礼次郎内閣は不拡大方針を声明した。　　e　盧溝橋事件では近衛内閣が当初の不拡大方針を変更し，戦線が拡大，日中戦争へと発展した。　　Y　1928年に起きた張作霖爆殺事件で，当時の首相は田中義一であった。

(5)　X　1946年5月に皇居前広場で行われた。　　Y　1943年11月に日本の勢力下にあった国を東京に集めて開いた会議。　　Z　1940年11月に神武天皇即位から2600年目にあたるとして皇居前で挙行された式典。

(6)　ア　ドッジ＝ラインによってインフレは収束したが，1949年後半から不況が深刻化した。グラフでも5％以下であることが分かる。イ　第1次石油危機は，1973年の第4次中東戦争勃発を機に発生した。イラン＝イスラーム革命を機に起こったのは第2次石油危機。ウ　1974年は戦後唯一ではなく戦後初のマイナス成長となった。2008年のリーマンショックの際にもマイナス成長となり，日本経済はかつてない景気後退に見舞われた。

公 民 科

【1】(1) ア　　(2) イ　　(3) ウ
〈解説〉(1)　公共について「内容」からの出題である。「主体的に社会に
参画し，他者と協働することに向けて，幸福，正義，公正などに着目」
することは，中学校社会科や高等学校で公共の学習を始めるまでに生
徒のなかに形成されたよりよい人生を送るためのよさや正しさを手掛
かりとして，幸福を実現できる公共的な空間がどうあるべきかを問う
ことなどの主体となることを目指すこととしている。分野を問わず
「内容」からの出題は頻出である為よく学習されたい。　　(2)　他者と
の協働的な活動を通して生徒がより深く学べるように努めることが求
められている。　　(3)　公民科において，国内外の社会的事象などを取
り扱う地球的な視野をもつことは重視されているものの，学習指導要
領上で「地球的課題の要因や動向」という文言は使用されていない。

【2】(1) エ　　(2) イ　　(3) ウ　　(4) ア
〈解説〉(1)　マズローは欲求階層説を唱え，成長欲求である自己実現の
欲求を最上位の欲求とした。　　ア　拡散ではなく，確立。　　イ　フラ
ンクルではなく，ホリングワース。　　ウ　欲求不満(フラストレーショ
ン)ではなく，葛藤(コンフリクト)。　　(2)　①　統治者が哲学を学ぶか，
哲学者が統治者になるべきとした。　　②　統治者は知恵，防衛者は勇
気，生産者は節制の徳を発揮すべきとした。　　③　哲人王を理想とし
た。　　④　アリストテレスの思想に関する記述。　　(3)　アウグスティ
ヌスは古代キリスト教の最大の教父で，正統信仰の確立に貢献した。
ア　パウロに関する記述。　　イ　トマス＝アクィナスに関する記述。
中世スコラ哲学の代表的哲学者である。　　エ　四元徳の上位に三元徳
を置いた。　　(4)　「惻隠の心」とすべきところが「辞譲の心」になっ
ているから，アは誤り。惻隠の心は仁の端緒で，辞譲の心は他者に譲
ったり遠慮したりする心のことで，礼の端緒とされる。　　イ　四端説
を唱えた。　　ウ　人が守るべき五つの道として五倫を唱えた。

エ　易姓革命を唱えた。

【3】(1)　ア　　(2)　オ　　(3)　エ　　(4)　ク　　(5)　エ
〈解説〉(1)　ルターは信仰義認説を唱え，ローマ・カトリック教会によ
る贖宥状(免罪符)の乱発を批判した。　イ　『痴愚神礼讃』を著したエ
ラスムスに関する記述。　ウ　ルターに関する記述。　エ　職業召命
説を唱え，世俗の労働に禁欲的に励むことを正当化した。
(2)　①　デカルトは物心二元論を唱え，精神と物体を分離したものと
した。また，延長を持つ実体であるのは身体などの物質だけとした。
②　スピノザは汎神論を唱え，神即自然とした。　③　ライプニッツ
はモナド論と予定調和を唱えた。　(3)　カントは動物のように自己の
欲望のままに動くのではなく，自律できることに人間の自由を求め，
自律ができる人間を人格と呼んだ。　ア　サルトルに関する記述。
イ　ヘーゲルに関する記述。　ウ　ミルに関する記述。他者危害の原
則を唱えた。　(4)　Ⅰ　ヤスパースは限界状況の中での包括者(神)と
の出会い，他者との実存的交わりによって人間は自己を確立するとし
た。　Ⅱ　ハイデッガーは人間を世界内存在とし，死への存在の自覚
によって実存に目覚めるとした。　Ⅲ　キルケゴールの実存の三段階
では，人間は最終的に単独者として神の前に立つ宗教的実存に至る。
Ⅳ　ニーチェは自己の運命を積極的に受け入れる運命愛と，積極的ニ
ヒリズムを唱えた。　(5)　ウェーバーは官僚制を合理的組織とした一
方で，その弊害も唱えた。　ア　『自由からの逃走』を著したフロムに
関する記述。フーコーは『狂気の歴史』などを著した思想家である。
イ　西洋人と東洋人が入れ替わっている。　ウ　内部指向型ではなく，
外部指向型。

【4】(1)　イ　　(2)　ウ　　(3)　キ　　(4)　エ　　(5)　イ
〈解説〉(1)　あらゆる事物に霊魂が宿るとする考え方をアニミズムとい
うが，古代日本人はアニミズム的な世界観を持っていた。　ア　牧場
型ではなく，モンスーン型。牧場型は欧州の風土である。　ウ　日常

がケで非日常がハレ。　エ　キリスト教が伝来しているし，神仏習合が進んでおり，信仰の中心は仏教だった。　(2)　①　親鸞は浄土真宗の開祖。　②　日蓮ではなく，法然に関する記述。日蓮は日蓮宗の開祖で，法華経を最高の経典とした。　③　道元は禅宗の一派である曹洞宗の開祖で，只管打坐(ひたすら坐禅に打ち込むこと)を唱えた。④　末法思想は平安末期に流行した。　(3)　①　中江藤樹はわが国における陽明学の祖。山鹿素行は古学派の祖で，平時の武士は道徳的模範たるべきとする士道を唱えた。　②　伊藤仁斎は古義学の祖。貝原益軒は本草学者である。　③　荻生徂徠は古文辞学の祖。藤原惺窩は朱子学者で，林羅山の師である。　(4)　新渡戸稲造は，国際連盟の事務局次長を務めた人物でもある。　ア　植村正久に関する記述。イ　新島襄に関する記述。　ウ　内村鑑三に関する記述。内村鑑三も武士道を高く評価し，無教会主義の立場から武士道に「接ぎ木された」キリスト教の布教を目指した。　(5)　ア　現在の津田塾大学の創設者。ウ　『みだれ髪』などの作品がある歌人であり，母性保護をめぐって平塚らいてうと論争を行った。　エ　『たけくらべ』などの作品がある小説家。

【5】(1)　ウ　　(2)　イ　　(3)　ウ　　(4)　エ
〈解説〉(1)　中国では権力集中制が導入されている。　ア　議院内閣制により，下院の信任を失えば，内閣は総辞職するか下院を解散しなければならない。　イ　各州から人口比例で選出されるのが下院議員で，各州から2名ずつ選出されるのが上院議員。　エ　大統領の権力の方が強い。　(2)　C　PKO協力法の制定は1992年の出来事。　D　周辺事態法の制定は，1999年の出来事。周辺事態法は，安全保障関連法の制定の一環で改正され，重要影響事態法に改称されている。　B　テロ対策特措法の制定は2001年の出来事。　A　新たなガイドラインの策定と安全保障関連法の制定は，2015年の出来事。　(3)　憲法改正の発議については，どちらの院に先に提出しても良いし，必ず各院の総議員の3分の2以上による賛成を要する。また，裁判官の弾劾裁判所で

は，衆参各院から7名ずつの議員が選ばれ，裁判員を務めることになっている。　(4)　犯罪被害者参加制度は2008年から導入されている。ア　量刑に関しても，裁判員と裁判官の合議体によって行われる。イ　特定少年に関し，起訴後の実名報道が可能となった。　ウ　強制起訴となった事件については，裁判所によって指定された弁護士が，検察に代わって起訴を行う。

【6】(1)　カ　　(2)　イ　　(3)　ウ　　(4)　ア　　(5)　エ
〈解説〉(1)　Ⅰ　マルクスは社会主義経済学を確立した。ウェッブ夫妻はナショナルミニマムの提唱者。　Ⅱ　ケインズは修正資本主義の経済理論を唱えた。スティグリッツは情報の非対称性の研究などで知られる。　Ⅲ　ハイエクは新自由主義の提唱者の一人。アダム＝スミスは「見えざる手」を唱えた。　Ⅳ　フリードマンはマネタリズムの提唱者。シュンペーターは企業家のイノベーションを経済発展の原動力とした。　(2)　①　供給力が減退するので，供給曲線は左にシフトする。　②　生活必需品は，価格が上昇しても購入量を減らしにくい。③　価格変化に伴う需要量の変化が乏しいほど，需要曲線の傾きは急になる。　④　ぜいたく品は生活に必要ない。　⑤　価格変化に伴う需要量の変化が大きいほど，需要曲線の傾きは緩やかになる。
(3)　基礎的財政収支(プライマリーバランス)とは，歳入総額から公債金(新規の国債発行による収入)を除いた収入と，歳出総額から国債費(国債の償還費)を除いた支出を比較したもの。収入は63兆円，支出は83兆円であり，支出が20兆円上回っている。　(4)　1960年代後半には，輸出が経済成長を牽引するようになり，「国際収支の天井」は解消された。　イ　ベトナム戦争ではなく，第四次中東戦争。　ウ　円安ドル高ではなく，円高ドル安。　エ　中曽根康弘内閣ではなく，小泉純一郎内閣。　(5)　京都議定書の後継として，パリ協定が締結されている。　ア　濃度規制だけでなく，総量規制も導入された。　イ　スマートグリッドではなく，コジェネレーション。スマートグリッドとはITを活用した次世代型の電力網のこと。　ウ　環境開発サミットでヨ

ハネスブルク宣言，国連環境開発会議でリオ宣言が採択された。

【7】 (1) エ　　(2) イ　　(3) エ　　(4) カ

〈解説〉(1)　国連の国際司法裁判所は，国際連盟の常設国際司法裁判所を引き継ぐ機関。それに，信託統治理事会は，信託統治領がなくなったため，現在は活動を休止中。　ア　アメリカは不参加だった。イ　経済制裁は可能だった。　ウ　「平和のための結集」決議に基づき，総会がその代替的機能を果たした例はある。　(2)　核拡散防止条約は，米ロ英仏中以外の国による核兵器の開発や保有などを禁じている。ア　海中ではなく地下核実験を禁止していない。　ウ　バンコク条約(東南アジア非核兵器地帯条約)がある。　エ　核兵器保有国のほか，日本など「核の傘」の下にある国々は批准していない。

(3)　ODAとは開発途上国に対する政府開発援助のことだが，現在は開発協力大綱に基づいて実施されている。　ア　世界1位はアメリカ。わが国の2022年の順位はドイツに次ぐ3位である。　イ　無償援助の割合は低い。　ウ　目標を達成していない。　(4)　価格がP_1の場合，需要量はQ_2となる。また，国内企業による供給量はQ_1である。ゆえに，その差である$(Q_2 - Q_1)$が不足することになり，この不足分は海外からの輸入によって調達されることになる。

2023年度 実施問題

中 学 社 会

【１】次の文は，「中学校学習指導要領(平成29年告示)第2章　第2節　社会　第1　目標」である。以下の各問いに答えなさい。

　　社会的な見方・考え方を働かせ，課題を追究したり解決したりする活動を通して，広い視野に立ち，グローバル化する国際社会に主体的に生きる平和で民主的な国家及び社会の形成者に必要な公民としての資質・能力の基礎を次のとおり育成することを目指す。

(1)　我が国の国土と歴史，現代の政治，経済，国際関係等に関して理解するとともに，調査や諸資料から様々な情報を効果的に調べまとめる(①)を身に付けるようにする。

(2)　社会的事象の意味や意義，特色や相互の関連を多面的・多角的に考察したり，社会に見られる課題の解決に向けて選択・判断したりする力，思考・判断したことを説明したり，それらを基に議論したりする力を養う。

(3)　社会的事象について，よりよい社会の実現を視野に課題を主体的に解決しようとする態度を養うとともに，多面的・多角的な考察や深い理解を通して涵養される我が国の国土や歴史に対する愛情，国民主権を担う(②)として，自国を愛し，その平和と繁栄を図ることや，他国や他国の文化を尊重することの大切さについての自覚などを深める。

---

(1)　下線部についての説明として正しいものを，次の選択肢から1つ選び，記号で答えなさい。

　ア　社会的事象の特色や意味などを理解したり，社会への関心を高

めたりする学習などを指している。

イ　生徒が自らの学びを振り返ったり，新たな問いを見いだしたりすることは求めていない。

ウ　従前の趣旨と違い，今回の学習指導要領から新たに設定された活動である。

エ　社会的事象等から学習課題を見いだし，課題解決の見通しをもって他者と協働的に追究するが，追究結果をまとめることは求めていない。

(2)　(　　)に当てはまる語句の組み合わせとして適するものを，次の選択肢から1つ選び，記号で答えなさい。

ア　①　資質　　②　市民　　イ　①　資質　　②　公民
ウ　①　技能　　②　公民　　エ　①　技能　　②　市民

(☆◎◎◎◎◎)

【2】次の文は，「中学校学習指導要領(平成29年告示)解説　社会編　第2章　社会科の目標及び内容　第2節　各分野の目標及び内容　1　地理的分野の目標，内容及び内容の取扱い　(3)　内容の取扱い」の一部である。以下の各問いに答えなさい。

> (2)　内容の取扱いについては，次の事項に配慮するものとする。
>
> ア　世界や日本の場所や地域の特色には，一般的共通性と地方的特殊性があり，また，地域に見られる諸事象は，その地域の規模の違いによって現れ方が異なることに留意すること。
>
> イ　地図の読図や作図，景観写真の読み取り，地域に関する情報の収集や処理などの地理的技能を身に付けるに当たっては，(　　)に留意して計画的に指導すること。その際，教科用図書「地図」を十分に活用すること。

(1)　下線部について，注意する必要があることについての説明として適するものを，次の選択肢から1つ選び，記号で答えなさい。

ア　一般的共通性とは，各地域のもつ独特の性質のことを指す。

イ　一般的共通性と地方的特殊性は相互に関係し合っていることから，関連付けて扱うことが大切である。

ウ　「特色」として示しているから，地方的特殊性のみを対象にしている。

エ　地域の規模については，身近な地域のように小さな地域のみが対象である。

(2)　(　　)に当てはまる語句を，次の選択肢から1つ選び，記号で答えなさい。

ア　系統性　　イ　計画性　　ウ　関連性　　エ　多様性

(☆☆☆◎◎◎)

【3】次の文は，「中学校学習指導要領(平成29年告示)解説　社会編　第2章　社会科の目標及び内容　第2節　各分野の目標及び内容　2　歴史的分野の目標，内容及び内容の取扱い　(2)　内容　C　近現代の日本と世界　(2)　現代の日本と世界」の一部である。以下の各問いに答えなさい。

> (イ)　日本の経済の発展とグローバル化する世界
> 高度経済成長，国際社会との関わり，冷戦の終結などを基に，我が国の経済や科学技術の発展によって国民の生活が向上し，<u>国際社会において我が国の役割が大きくなってきたことを理解する</u>こと。

(内容の取扱い)

> (2)のアの(イ)については，沖縄返還，日中国交正常化，石油危機などの節目となる歴史に関わる事象を取り扱うようにすること。また，民族や宗教をめぐる(　①　)や地球環境問題への(　②　)などを取り扱い，これまでの学習と関わらせて考察，構想させるようにすること。

(1) 下線部の学習を行う上で適さないものを，次の選択肢から1つ選び，記号で答えなさい。

ア　国際協調の平和外交の推進，開発途上国への援助等を踏まえる。

イ　現在の私たちの生活との深いつながりや，現代の日本と世界の動きに関心をもつ。

ウ　様々な課題を解決するための人々の努力が重ねられていることまでは扱わない。

エ　主権や人権，平和など様々な課題が存在していることに気付くことで，公民的分野の学習に向けた課題意識をもつことができるようにする。

(2) （　）に当てはまる語句の組み合わせとして正しいものを，次の選択肢から1つ選び，記号で答えなさい。

ア　①　合意　　②　対応　　イ　①　対立　　②　対応
ウ　①　対立　　②　交渉　　エ　①　合意　　②　交渉

(☆☆☆◎◎◎◎)

【4】次の文は，「中学校学習指導要領(平成29年告示)解説　社会編　第2章　社会科の目標及び内容　第2節　各分野の目標及び内容　3　公民的分野の目標，内容及び内容の取扱い　(1)　目標」の一部である。次の文中の(　)に当てはまる語句を，以下の選択肢から1つ選び，記号で答えなさい。

---

(2) 社会的事象の意味や意義，特色や相互の関連を現代の社会生活と関連付けて多面的・多角的に考察したり，現代社会に見られる課題について(　)に判断したりする力，思考・判断したことを説明したり，それらを基に議論したりする力を養う。

ア　公正　　イ　民主的　　ウ　総合的　　エ　効率的

(☆◎◎◎◎◎)

【5】次の文は，「中学校学習指導要領(平成29年告示)解説　社会編　第3
　　章　指導計画の作成と内容の取扱い　1　指導計画の作成上の配慮事
　　項」の一部である。(　　)に当てはまる数字の組み合わせとして正し
　　いものを，以下の選択肢から1つ選び，記号で答えなさい。

> (3)　各分野の履修については，第1, 2学年を通じて地理的分野
> 　　及び歴史的分野を並行して学習させることを原則とし，第3学
> 　　年において歴史的分野及び公民的分野を学習させること。各
> 　　分野に配当する授業時数は，地理的分野(　①　)単位時間，歴
> 　　史的分野(　②　)単位時間，公民的分野(　③　)単位時間とす
> 　　ること。これらの点に留意し，各学校で創意工夫して適切な
> 　　指導計画を作成すること。

ア　①　115　　②　115　　③　115
イ　①　135　　②　135　　③　115
ウ　①　135　　②　115　　③　100
エ　①　115　　②　135　　③　100

(☆☆☆◎◎◎)

【6】「世界と日本の地域構成」について，次の各問いに答えなさい。
　(1)　資料1のAの線の名称を何というか。またロンドンを通るBの線が
　　通る世界の州はいくつか。適する組み合わせとして当てはまるもの
　　を次の選択肢から1つ選び，記号で答えなさい。

102

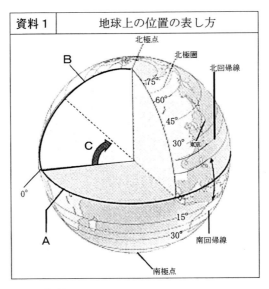

資料1	地球上の位置の表し方

ア　A　本初子午線　　B　2つ

イ　A　本初子午線　　B　3つ

ウ　A　赤道　　　　　B　2つ

エ　A　赤道　　　　　B　3つ

(2)　資料1のCの緯度は何度か，次の選択肢から1つ選び，記号で答え
なさい。

ア　北緯45度　　イ　北緯60度　　ウ　南緯45度

エ　南緯60度

(☆☆◎◎◎)

【7】「世界の様々な地域」について，次の各問いに答えなさい。

(1)　世界の諸地域について，北アメリカ州に関する次の各問いに答え
なさい。

①　アメリカの工業について，次の(　　)に当てはまる語句を，以
下の選択肢から選び，記号で答えなさい。

> 　経済の中心が情報技術に基づいたサービス産業へと変化するにつれて，工業の中心地も移動しました。北緯37度付近から南に位置する温暖な地域は（　　）と呼ばれ，コンピュータやインターネットに関連した情報技術産業が発達しています。

ア　サンベルト　　　　　　イ　バイオテクノロジー
ウ　センターピボット　　　エ　フィードロット

②　資料1の(A)に当てはまる数字を求めるために，どのような計算をすればよいか。次の選択肢から1つ選び，記号で答えなさい。

資料1	アメリカと日本の農業比較		
		アメリカ	日本
穀物生産高(2018年)		46,795万t	1,070万t
農業従事者(2017年)		225万人	226万人
農業従事者1人当たりの穀物生産量		約(A)t／人	約4.73t／人
耕地面積(2017年)		15,784万ha	416万ha

ア　耕地面積　　　÷　農業従事者
イ　穀物生産高　　÷　農業従事者
ウ　農業従事者　　÷　耕地面積
エ　農業従事者　　÷　穀物生産高

(2)　世界の諸地域について，オセアニア州に関する次の各問いに答えなさい。

①　次の文の（　　）に当てはまる語句の組み合わせとして適するものを，以下の選択肢から1つ選び，記号で答えなさい。

> 　オーストラリアやニュージーランドでは，ヨーロッパ系の人々の子孫が多く，（　A　）が信仰され，英語が話されています。オーストラリアには，（　B　）と呼ばれる先住民が生活していて，社会全体に先住民の文化を尊重する動きが広がっています。

ア　A　イスラム教　　B　アボリジニ

イ　A　キリスト教　　B　アボリジニ

ウ　A　イスラム教　　B　マオリ

エ　A　キリスト教　　B　マオリ

②　資料2から読み取ることができる内容として当てはまるものを，以下の選択肢から1つ選び，記号で答えなさい。

資料2　オーストラリアの貿易相手国の変化

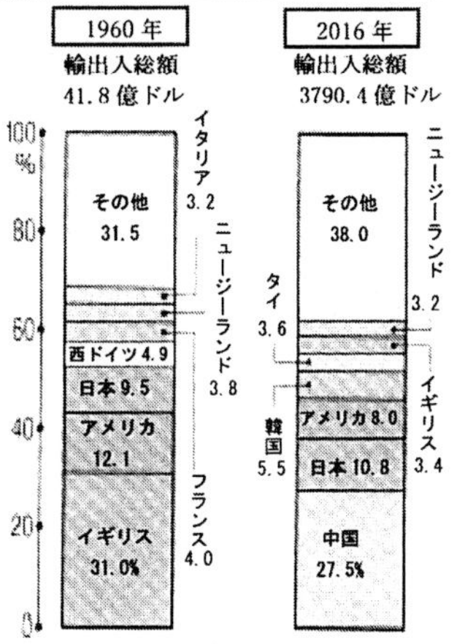

ア　輸出入は，ほとんど航空機で運搬されている。

イ　アメリカとの輸出入総額は，1960年と比べ2016年は減っている。

ウ　近年では，アジアの国々との関係が強くなっている。

エ　オーストラリアの貿易相手国に，アフリカ州の国がある。

(☆☆◎◎◎)

【8】「日本の様々な地域」について，次の各問いに答えなさい。

(1)　資料1の地形を何というか。また，その地形が見られるのは資料2のA・Bのどちらか。この組み合わせとして適するものを，以下の

選択肢から1つ選び，記号で答えなさい。

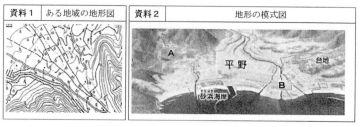

| 資料1 | ある地域の地形図 | 資料2 | 地形の模式図 |

ア　資料1　三角州　　　資料2　A

イ　資料1　三角州　　　資料2　B

ウ　資料1　扇状地　　　資料2　B

エ　資料1　扇状地　　　資料2　A

(2)　日本で発生するさまざまな災害について説明した次の文の(　　)
　　に当てはまる語句を，以下の選択肢からそれぞれ選び，記号で答え
　　なさい。

> 　　日本は，国土が山がちで，海岸部の平野に多くの人が住ん
> でいるため，大雨や強風などの気象による自然災害がひんぱ
> んに発生します。西日本では，夏から秋にかけて，(　C　)や
> 台風による風水害が多く発生します。その一方で，少雨によ
> る(　D　)もしばしば発生します。

ア　雪害　　イ　やませ　　ウ　干害　　エ　黄砂　　オ　梅雨

(3)　日本の諸地域について，近畿地方に関する次の各問いに答えなさ
　　い。

①　資料3から読み取ることができる内容として当てはまるものを，
　　以下の選択肢から1つ選び，記号で答えなさい。

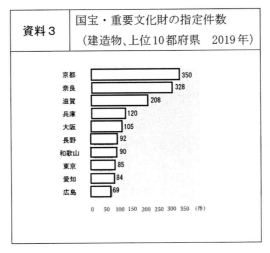

ア　京都府と奈良県とを合わせた数は，それ以外の近畿地方の県を合わせた数の合計よりも多い。

イ　近畿地方より西には，国宝・重要文化財のある都府県がない。

ウ　中部地方の県が3つ入っている。

エ　建造物上位10都府県の中に，近畿地方のすべての府県が入っている。

② 次の文の(　)に当てはまる語句を，以下の選択肢から1つ選び，記号で答えなさい。

> 京都や奈良には，古くから続く寺院や神社も多く，その一部は(　)に登録されています。京都の特徴の一つとして，長い歴史のなかで日本の伝統文化がはぐくまれてきたこともあります。茶道や華道には，京都に本部をおく流派が多くみられます。

ア　ユネスコ無形文化遺産　　イ　世界文化遺産
ウ　世界自然遺産　　　　　　エ　世界農業遺産

(4)　日本の諸地域について，関東地方に関する次の各問いに答えなさい。

①　資料4から，経済や人口等から見た東京の特色として最も適するものを，以下の選択肢から1つ選び，記号で答えなさい。

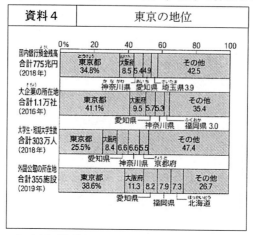

（日本銀行「都道府県別預金・現金・貸出金」2018年ほか）

ア　人口流失　　イ　過疎化　　ウ　限界集落　　エ　一極集中

②　東京大都市圏では，防災の観点からまちづくりの見直しが進められている。その取組や課題として適さないものを，次の選択肢から1つ選び，記号で答えなさい。

ア　地下に巨大な調整池を建設して，雨水を一時的に貯めることで浸水を防ぐ取り組みが進められている。

イ　火災や地震に強い構造の建築物を建設してオフィスや住宅を確保しながら災害に強い市街地をつくる。

ウ　環境保全を意識した観光をめざして，エコツーリズムに取り組み，大規模な植林を行っている。

エ　低層の住宅などの建物が密集する地区では，道路がせまくて公園などの空き地も少ないという課題がある。

（☆☆☆◎◎）

【9】「古代・中世までの日本と世界」について，次の各問いに答えなさい。

(1) 紀元前334年は，アレクサンドロス大王による東方遠征が開始された年であるが，これは何世紀か，次の選択肢から1つ選び，記号で答えなさい。

　ア　B.C.3世紀　　イ　B.C.4世紀　　ウ　A.D.3世紀

　エ　A.D.4世紀

(2) 672年，天智天皇の跡継ぎをめぐる戦いが起こった。この戦いに勝って，後に天武天皇になった人物を，次の選択肢から1つ選び，記号で答えなさい。

　ア　中大兄皇子　　イ　中臣鎌足　　ウ　大海人皇子

　エ　大友皇子

(3) 日本の主な海外との貿易における輸出入品をまとめた次の資料のうち，15世紀の勘合貿易に当てはまるものを，次の選択肢から1つ選び，記号で答えなさい。

	ア		イ		ウ		エ
輸出	金銀、蒔絵、刀	輸出	銀	輸出	生糸、茶	輸出	銅、硫黄、刀剣、扇
輸入	陶磁器、絹織物、宋銭	輸入	鉄砲、火薬、ガラス製品	輸入	毛織物、綿織物	輸入	銅銭、生糸、高級絹、書画

(4) 豊臣秀吉が行った刀狩や資料1の政策に関する説明として適さないものを，以下の選択肢から1つ選び，記号で答えなさい。

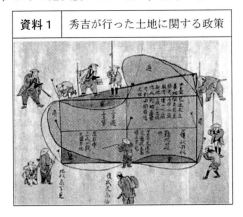

資料1	秀吉が行った土地に関する政策

ア　武士は自分の領地の石高に対して，戦いに必要な人や馬を確保した。

イ　ものさしやますが統一され，全国の土地が統一した基準で表された。

ウ　農民は，石高に応じた年貢を納めることが義務づけられた。

エ　公家や寺社は，それまで荘園領主として持っていた土地の権利を認められ，荘園の制度が栄えた。

(☆☆☆◎◎)

【10】「近世の日本と世界」について，次の各問いに答えなさい。

(1) 次の文の(　　)に当てはまる語句を，以下の選択肢からそれぞれ選び，記号で答えなさい。

> 江戸幕府は，藩を取りつぶしたり，領地を変えたりする力を持っており，大名の配置にも工夫をした。幕府の政治は，将軍が任命した老中が行い，(　①　)が補佐した。ほかにも，寺社奉行・町奉行など多くの役職が置かれ，(　②　)や旗本が任命された。

ア　守護大名　　イ　外様大名　　ウ　譜代大名　　エ　若年寄
オ　大目付　　　カ　大老

(2) 幕府の鎖国への歩みについて，次の出来事を年代の古い順に記号で並べなさい。

ア　キリシタンへの厳しい弾圧に抵抗して，島原と天草で人々が一揆を起こした。

イ　ポルトガル船の来航を禁止した。

ウ　中国船以外の外国船の入港地を平戸・長崎に限定した。

エ　日本人の海外渡航と海外からの帰国を禁じた。

(3) 江戸時代に行われた諸改革のうち，享保の改革に当てはまるものを，次の選択肢から2つ選び，記号で答えなさい。

ア　江戸などの都市に出稼ぎに来ていた者を村に帰し，飢きんに備

えて米を蓄えさせた。

イ　それまでの法を整理し，裁判や刑の基準を定めた公事方御定書を制定した。

ウ　江戸では旗本や御家人の生活難を救うため，町人からの借金を帳消しにした。

エ　商品の流通を江戸へと集め，商工業者たちの株仲間の営業権を認めて税を納めさせた。

オ　大名からの参勤交代を軽減する代わりに米を献上させる，上米の制を行った。

カ　物価の上昇は株仲間が商品の流通を独占しているためと考え，株仲間を解散させた。

(4)　江戸幕府は異国船打払令を出して外国船を追い払う方針を示し，この方針を批判した蘭学者たちを処罰した。この出来事を次の選択肢から1つ選び，記号で答えなさい。

ア　生麦事件　　イ　蛮社の獄　　ウ　桜田門外の変

エ　安政の大獄

(☆☆☆◎◎◎)

【11】「近現代の日本と世界」について，次の各問いに答えなさい。

(1)　ロシアの南下を警戒するイギリスと交渉し，領事裁判権の撤廃に成功した当時の外務大臣を，次の選択肢から1つ選び，記号で答えなさい。

ア　陸奥宗光　　イ　小村寿太郎　　ウ　伊藤博文

エ　大久保利通

(2)　大正から昭和初期にかけて近代都市に現れた大衆文化について，正しく述べているものを次の選択肢から1つ選び，記号で答えなさい。

ア　学制が発布され，学校では教科書が使われ，「標準語」が教えられた。

イ　ガス・水道・電気が家庭にも普及し，ラジオ放送が始まった。

ウ　断髪し，洋服を着て靴を履くなどの変化が見られ，牛鍋などの

西洋料理が流行した。

エ　「読み・書き・そろばん」が学ばれ，文字を読める人の割合が世界的にも高い水準になった。

(3)　資料1は，戦後日本における輸出先の大陸別割合の推移である。この資料から読み取ることができる内容として適さないものを，以下の選択肢から全て選び，記号で答えなさい。

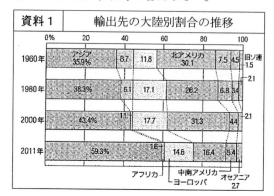

資料1　輸出先の大陸別割合の推移

ア　2011年におけるアジアへの輸出の割合は，ヨーロッパの約4倍である。

イ　1960年の輸出の割合と比べて，2011年に割合が増加しているのは，アジアとヨーロッパである。

ウ　留学や仕事，観光で日本にやってくるアジア系外国人が増加した。

エ　アフリカへの輸出の割合は，減少し続けている。

オ　2011年の北アメリカへの輸出の割合は，最も割合の高い年に比べて，約半数に減少している。

(4)　日本の復興の歩みについて，次のカードを年代の古い順に記号で並べなさい。

ア	イ
沖縄の日本復帰 日中共同声明	日ソ共同宣言 国際連合加盟

ウ	エ
日本国憲法の公布	サンフランシスコ平和条約 日米安全保障条約

(☆☆☆○○○)

【12】「私たちと現代社会」「私たちと政治」について，以下の各問いに答えなさい。

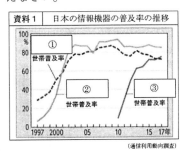

(通信利用動向調査)　　　　　　　　　(総務省資料)

(1) 資料1の　①　～　③　に当てはまる語句の組み合わせとして適するものを，次の選択肢から1つ選び，記号で答えなさい。

　ア　① インターネット　　② パソコン
　　　③ FAX
　イ　① インターネット　　② パソコン
　　　③ スマートフォン
　ウ　① パソコン　　　　　② インターネット
　　　③ FAX
　エ　① パソコン　　　　　② インターネット
　　　③ スマートフォン

(2) 資料2に関する説明として当てはまるものを，次の選択肢から1つ選び，記号で答えなさい。

　ア　夫婦のみの世帯数は，どの年も核家族世帯の中で最も多い。
　イ　夫婦と子の世帯数は，どの年も核家族世帯の中で最も少ない。
　ウ　ひとり親と子の世帯数は年々増加し，2015年には全世帯数の約

113

30％にのぼっている。

エ　単独世帯数は年々増加し，2015年には約2,000万世帯にのぼっている。

(3)　社会権について説明した次の文の(　　)に当てはまる内容として適するものを，以下の選択肢から1つ選び，記号で答えなさい。

> 　国に対して人間らしい生活を求める権利を社会権というが，これに関して，日本国憲法第25条第1項には，「すべて国民は，(　　)最低限度の生活を営む権利を有する」と規定されている。

ア　健康で文化的な　　　　イ　不断の努力によって

ウ　法の下に平等であって　エ　その能力に応じて，ひとしく

(4)　資料3は，三権の抑制と均衡の関係を表したものである。以下の各問いに答えなさい。

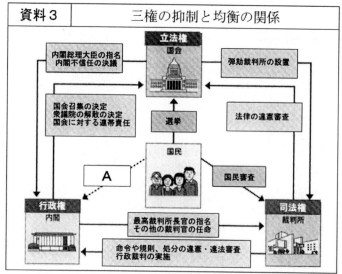

①　資料3の　Ａ　に当てはまる語句を，次の選択肢から1つ選び，記号で答えなさい。

ア　上告　　イ　世論　　ウ　監査　　エ　住民投票

②　資料3のしくみが採用されている理由として適するものを，次の選択肢から全て選び，記号で答えなさい。

ア　三権が互いに行き過ぎを抑制し合い，均衡を保つため。

イ　内閣の機能をより強化し，与党中心の政治を行うため。

ウ　国会は国権の最高機関であり，憲法の番人とよばれているため。

エ　少数の人の意見や利益を優先した政治を行うため。

オ　国の権力が一つの機関に集中することを防ぎ，国民の人権を守るため。

(☆☆☆○○○)

【13】「私たちと経済」について，次の各問いに答えなさい。

(1)　資料1は，アメリカのケネディ大統領が唱えた消費者の四つの権利である。

　　　　A　に当てはまる語句，また，この四つの権利をモデルとして制定され，その後，2004年に改正された法律名の組み合わせとして適するものを，以下の選択肢から1つ選び，記号で答えなさい。

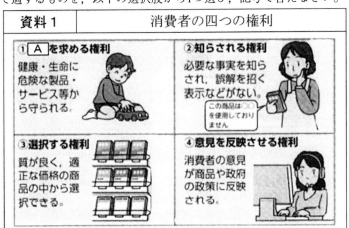

資料1	消費者の四つの権利

①　A　を求める権利
健康・生命に危険な製品・サービス等から守られる。

②知らされる権利
必要な事実を知らされ，誤解を招く表示などがない。
この商品は○○を使用しておりません

③選択する権利
質が良く，適正な価格の商品の中から選択できる。

④意見を反映させる権利
消費者の意見が商品や政府の政策に反映される。

ア　A　安全　　　　法律名　製造物責任法

イ　A　自己決定　　法律名　製造物責任法

　　ウ　Ａ　安全　　　　法律名　消費者基本法
　　エ　Ａ　自己決定　　法律名　消費者基本法

(2)　資料2は，生産の集中を表したものである。このように生産が集中することによる国民生活への弊害として適する内容を，以下の選択肢から1つ選び，記号で答えなさい。

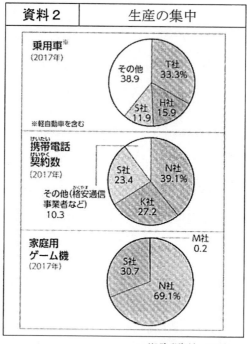

（総務省資料，ほか）

　　ア　少数の企業が示し合わせて価格を引き上げる。
　　イ　少数の企業が示し合わせて価格を引き下げる。
　　ウ　消費者は，より多くの企業の製品から商品を選択して購入する。
　　エ　消費者は，国や地方公共団体が決めた価格で商品を購入する。

(3)　資料3は，景気変動における金融政策と財政政策をまとめたものである。①から③に当てはまる内容の組み合わせとして適するものを，以下の選択肢から1つ選び，記号で答えなさい。

資料3	景気変動における金融政策と財政政策	
	金融政策	財政政策
好景気のとき	銀行の資金量を減らし、貸し出しを減らす。	①
不景気のとき	②	③

ア ① 増税を行い，公共事業を増やす。

　 ② 銀行の資金量を増やし，貸し出しを減らす。

　 ③ 減税を行い，公共事業を減らす。

イ ① 増税を行い，公共事業を減らす。

　 ② 銀行の資金量を増やし，貸し出しを増やす。

　 ③ 減税を行い，公共事業を増やす。

ウ ① 減税を行い，公共事業を増やす。

　 ② 銀行の資金量を減らし，貸し出しを増やす。

　 ③ 増税を行い，公共事業を減らす。

エ ① 減税を行い，公共事業を減らす。

　 ② 銀行の資金量を増やし，貸し出しを増やす。

　 ③ 増税を行い，公共事業を増やす。

(☆☆☆◎◎◎)

【14】「私たちと国際社会の諸課題」について，次の各問いに答えなさい。

(1)　資料1は，主な地域主義と日本との比較である。以下の各問いに答えなさい。

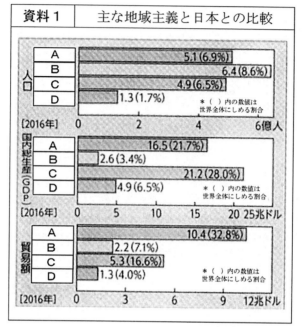

（世界銀行資料ほか）

①　空欄のA，B，C，Dは，日本，EU，ASEAN，NAFTAのいずれかである。

　　Bに共通して当てはまる名称を，次の選択肢から1つ選び，記号で答えなさい。

　　ア　日本　　イ　EU　　ウ　ASEAN　　エ　NAFTA

②　地域主義におけるEUの現状や課題として適さないものを，次の選択肢から1つ選び，記号で答えなさい。

　　ア　経済の統合が進んでいるが，その一方で，ある国で発生した債務危機がEU全体に大きな打撃を与えている。

　　イ　中央銀行をつくるとともに，全加盟国で共通通貨(ユーロ)を

導入している。

　ウ　加盟国は年々増えたが，加盟国間での経済格差が拡大している。

　エ　自国の問題をEUに決められたくないという意見から，国民投票の結果，EUを離脱する国が現れている。

(2)　資料2は，国際的な環境保全に関する主な出来事についてまとめたカードである。このカードを年代の古い順に正しく並べたものを，以下の選択肢から1つ選び，記号で答えなさい。

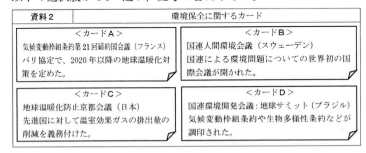

資料2	環境保全に関するカード

＜カードA＞
気候変動枠組条約第21回締約国会議（フランス）
パリ協定で，2020年以降の地球温暖化対策を定めた。

＜カードB＞
国連人間環境会議（スウェーデン）
国連による環境問題についての世界初の国際会議が開かれた。

＜カードC＞
地球温暖化防止京都会議（日本）
先進国に対して温室効果ガスの排出量の削減を義務付けた。

＜カードD＞
国連環境開発会議：地球サミット（ブラジル）
気候変動枠組条約や生物多様性条約などが調印された。

ア　カードB　→　カードD　→　カードC　→　カードA

イ　カードB　→　カードD　→　カードA　→　カードC

ウ　カードD　→　カードB　→　カードC　→　カードA

エ　カードD　→　カードA　→　カードB　→　カードC

(3)　国連における難民救済について説明した次の文の（　　）に当てはまる語句の組み合わせとして適するものを，以下の選択肢から1つ選び，記号で答えなさい。

　　緒方貞子さんは，1991年から2000年まで，難民救済事業に携わり，（　①　）という考え方を提唱し，難民状態になる人々を支援した。この考え方は，その後，世界でも注目されるようになり，日本は，（　②　）を行う際の理念の1つとして掲げている。

ア　①　フェアトレード　　②　ODA

イ　①　人間の安全保障　　②　PKO

ウ　①　フェアトレード　　②　PKO

　　エ　①　人間の安全保障　　②　ＯＤＡ

　　　　　　　　　　　　　　　　　（☆☆☆◎◎◎）

【15】「中学校学習指導要領(平成29年告示)解説　特別の教科　道徳編」
　について，次の各問いに答えなさい。
　(1)　「第2章　道徳教育の目標　第2節　道徳科の目標」には，次のよ
　　うに述べられている。(　　)に当てはまる語句を以下の選択肢から1
　　つ選び記号で答えなさい。

> 　　第1章総則の第1の2の(2)に示す道徳教育の目標に基づき，よ
> りよく生きるための基盤となる道徳性を養うため，道徳的諸価
> 値についての理解を基に，自己を見つめ，物事を広い視野から
> 多面的・多角的に考え，人間としての生き方についての考えを
> 深める学習を通して，道徳的な判断力，(　　)，実践意欲と態
> 度を育てる。

　[選択肢]　ア　心情　　イ　表現力　　ウ　思考力　　エ　理解
　(2)　「第3章　道徳科の内容　第1節　内容の基本的性格　1　(1)」には，
　　道徳科における内容の捉え方について，次のように述べられている。
　　(　　)に当てはまる語句を以下の選択肢から1つ選び記号で答えなさ
　　い。

> 　　学習指導要領第3章の「第2　内容」は，教師と生徒が人間と
> してのよりよい生き方を求め，共に考え，共に語り合い，その
> 実行に努めるための共通の課題である。学校の教育活動全体の
> 中で，様々な場や機会を捉え，多様な方法によって進められる
> 学習を通して，生徒自らが(　　)な道徳性を養うためのもので
> ある。

　[選択肢]　ア　社会的　　イ　調和的　　ウ　独創的　　エ　安定的
　(3)　「第4章　指導計画の作成と内容の取扱い　第3節　指導の配慮事
　　項　3　(2)」には，生徒が自ら考え理解し，主体的に学習に取り組

む工夫について，次のように述べられている。（　　　）に当てはまる
語句を以下の選択肢から1つ選び記号で答えなさい。

> 　道徳科の目標や指導のねらいを明らかにして，生徒一人一人
> が（　　）をもって主体的に考え，学ぶことができるようにする
> 必要がある。また，道徳科の目標と指導内容との関係を明確に
> して取り組み，道徳的な内容を学ぶことの意義を理解させたり，
> 学んだことを振り返らせたりする指導が重要である。

[選択肢]　ア　目的意識　　イ　問題意識　　ウ　見通し
　　　　　エ　意欲

(4)　「第5章　道徳科の評価　第2節　道徳科における生徒の学習状況
及び成長の様子についての評価　1」には，評価の基本的態度につ
いて，次のように述べられている。（　　　）に当てはまる語句を以下
の選択肢から1つ選び記号で答えなさい。

> 　道徳性の評価の基盤には，教師と生徒との（　　）な触れ合い
> による共感的な理解が存在することが重要である。その上で，
> 生徒の成長を見守り，努力を認めたり，励ましたりすることに
> よって，生徒が自らの成長を実感し，更に意欲的に取り組もう
> とするきっかけとなるような評価を目指すことが求められる。

[選択肢]　ア　本質的　　イ　誠実的　　ウ　対話的　　エ　人格的

（☆☆☆◎◎◎）

地　理・歴　史

【共通問題】

【1】次の各問いに答えなさい。

(1)　次の地図記号は何を表しているか，以下の選択肢から1つ選び，
記号で答えなさい。

ア　墓地　　イ　煙突　　ウ　記念碑　　エ　自然災害伝承碑

(2)　次の表は，地形図の等高線についてまとめたものである。表中の
　　空欄に適する語句の組み合わせとして正しいものを，以下の選択肢
　　から1つ選び，記号で答えなさい。

種類＼縮尺	５万分の１	２万５千分の１
（　A　）	100mごと	50mごと
（　B　）	20mごと	10mごと
（　C　）	10mごと	5mか2.5mごと
	5mごと	

　　ア　A－補助曲線　　　B－主曲線　　　C－計曲線
　　イ　A－補助曲線　　　B－計曲線　　　C－主曲線
　　ウ　A－主曲線　　　　B－補助曲線　　C－計曲線
　　エ　A－主曲線　　　　B－計曲線　　　C－補助曲線
　　オ　A－計曲線　　　　B－主曲線　　　C－補助曲線
　　カ　A－計曲線　　　　B－補助曲線　　C－主曲線

(3)　国際的な農業研究機関で導入された高収量品種の導入を中心に，
　　発展途上国の稲や小麦などの収穫量を飛躍的に増大させた農業技術
　　革新を何と呼ぶか。次の選択肢から1つ選び，記号で答えなさい。
　　ア　白い革命　　　イ　ピンクの革命　　　ウ　赤い革命
　　エ　緑の革命

(4)　日本と周辺諸国との歴史についての説明として適するものを，次
　　の選択肢から1つ選び，記号で答えなさい。

　　ア　倭人の使者が前漢の武帝から「漢委奴国王」の金印をうけた。

　　イ　日本は新羅復興のための援軍を送ったが，663年白村江の戦い
　　　　で大敗した。

　　ウ　大祚栄が中国東北地方に建国した渤海は，日本とも通交した。

　　エ　遣唐使の派遣が894年に停止されると，大陸と日本の間の私貿
　　　　易もとだえた。

(5)　称徳天皇が宇佐神宮の神託によって皇位をゆずろうとしたが，和
　　気清麻呂らの行動により即位を挫折させられた人物は誰か，次の選
　　択肢から1つ選び，記号で答えなさい。

　　ア　道鏡　　イ　玄昉　　ウ　行基　　エ　鑑真

(6)　西ヨーロッパにおいてあらわれた文化運動であるルネサンスにお
　　いて，『神曲』をラテン語でなく口語で書いた詩人は誰か，次の選
　　択肢から1つ選び，記号で答えなさい。

　　ア　エラスムス　　イ　ミケランジェロ　　ウ　シェークスピア
　　エ　ダンテ

(7)　17世紀～19世紀の日本を含めた東アジアの状況についての説明と
　　して適するものを，次の選択肢から1つ選び，記号で答えなさい。

　　ア　琉球王国は，17世紀の初めに薩摩の島津氏の攻撃をうけて服属
　　　　した。

　　イ　ロシアのピョートル1世は使節ラクスマンを北海道の根室に派
　　　　遣した。

　　ウ　樺太・千島交換条約では，全樺太を日本領，全千島をロシア領
　　　　と定められた。

　　エ　日清戦争に勝利した日本は，江華島事件をおこして日朝修好条
　　　　規を結んだ。

(8)　明治政府が伝統美術育成の態度に転じ，東京美術学校を設立する
　　にいたる政策の変更に影響を与えたアメリカ人は誰か，次の選択肢
　　から1つ選び，記号で答えなさい。

　　ア　クラーク　　イ　モース　　ウ　フェノロサ　　エ　ヘボン

(9)　第二次世界大戦後ほどなく発生した「冷戦」と呼ばれる緊張状態

についての説明として適さないものを，次の選択肢から1つ選び，記号で答えなさい。

ア　ベトナム(パリ)和平協定が成立し，アメリカ軍は南ベトナムから撤退した。

イ　アメリカに次ぎ，ソ連が原子爆弾の製造に成功した。

ウ　日本はサンフランシスコ講和会議で平和条約に調印し，独立を回復した。

エ　1950年頃からのアメリカ合衆国での左翼運動はマッカーシズムとも呼ばれる。

(☆☆☆◎◎◎◎)

【2】「高等学校学習指導要領(平成30年告示)」について，次の各問いに答えなさい。

(1)　次の文は，「第2章　各学科に共通する各教科　第2節　地理歴史　第1款　目標」の一部である。空欄に当てはまるものを，以下の選択肢から1つ選び，記号で答えなさい。

> (3)　地理や歴史に関わる諸事象について，よりよい社会の実現を視野に課題を主体的に解決しようとする態度を養うとともに，多面的・多角的な考察や深い理解を通して涵養される日本国民としての自覚，我が国の国土や歴史に対する愛情，(　　)の大切さについての自覚などを深める。

ア　公民としての資質・能力

イ　社会的な見方・考え方

ウ　他国や他国の文化を尊重すること

エ　グローバル化する国際社会

(2)　次の文は，「第2章　各学科に共通する各教科　第2節　地理歴史　第2款　各科目　第1　地理総合　1　目標」の一部である。空欄に当てはまるものを，以下の選択肢から1つ選び，記号で答えなさい。

(1) 　地理に関わる諸事象に関して，世界の生活文化の(　　)や，防災，地域や地球的課題への取組などを理解するとともに，地図や地理情報システムなどを用いて，調査や諸資料から地理に関する様々な情報を適切かつ効果的に調べまとめる技能を身に付けるようにする。

　ア　多様性　　イ　課題　　ウ　特色　　エ　相互依存関係

(3)　次の文は，「第2章　各学科に共通する各教科　第2節　地理歴史　第2款　各科目　第2　地理探究　3　内容の取扱い」の一部である。空欄に当てはまるものを，以下の選択肢から1つ選び，記号で答えなさい。

(1) 　内容の全体にわたって，次の事項に配慮するものとする。
　　　　　　　　　　　(中略)
　　オ　調査の実施や諸資料の収集に当たっては，専門家や関係諸機関などと円滑に連携・協働するなどして，(　　)を意識した活動を重視すること。

　ア　歴史的背景　　イ　社会との関わり　　ウ　自然環境
　エ　持続可能な開発

(4)　次の文は，「第2章　各学科に共通する各教科　第2節　地理歴史　第2款　各科目　第3　歴史総合　1　目標」の一部である。空欄に当てはまるものを，以下の選択肢から1つ選び，記号で答えなさい。

(2) 　近現代の歴史の変化に関わる事象の意味や意義，特色などを，時期や年代，推移，比較，相互の関連や現在とのつながりなどに着目して，概念などを活用して多面的・多角的に考察したり，歴史に見られる課題を把握し解決を視野に入れて構想したりする力や，考察，構想したことを効果的に説明したり，それらを基に(　　)したりする力を養う。

　ア　追究　　イ　理解　　ウ　活動　　エ　議論

(5)　次の文は,「第2章　各学科に共通する各教科　第2節　地理歴史　第2款　各科目　第4　日本史探究　3　内容の取扱い」の一部である。空欄に当てはまるものを,以下の選択肢から1つ選び,記号で答えなさい。

> (1)　内容の全体にわたって,次の事項に配慮するものとする。
> (中略)
> 　オ　近現代史の指導に当たっては,(　　)かつ公正な資料に基づいて,事実の正確な理解に導くとともに,多面的・多角的に考察し公正に判断する能力を育成すること。その際,核兵器などの脅威に着目させ,戦争や紛争などを防止し,平和で民主的な国際社会を実現することが重要な課題であることを認識するよう指導を工夫すること。

ア　客観的　　イ　具体的　　ウ　総合的　　エ　国際的

(6)　次の文は,「第2章　各学科に共通する各教科　第2節　地理歴史　第2款　各科目　第5　世界史探究　3　内容の取扱い」の一部である。空欄に当てはまるものを,以下の選択肢から1つ選び,記号で答えなさい。

> (1)　内容の全体にわたって,次の事項に配慮するものとする。
> (中略)
> 　カ　近現代史の指導に当たっては,(　　)を踏まえ,より発展的に学習できるよう留意すること。

ア　地球世界の課題

イ　時間的・空間的な比較

ウ　世界の歴史の大きな枠組みと展開

エ　「歴史総合」の学習の成果

(☆○○○○○)

【日本史】

【1】 各文に関する以下の各問いに答えなさい。

> I　およそ2500年前と想定される_a縄文時代の終わり頃，九州北部で水田による米づくりが開始され，紀元前4世紀頃には水稲農耕を基礎とする弥生文化が成立した。
>
> 　　農耕社会が成立すると，余剰生産物をめぐって戦いが始まり，_b各地に「クニ」と呼ばれる政治的なまとまりが分立していった。やがて，3世紀の後半頃には，古墳が営まれるようになるが，その規模や分布の様子から，各地の「クニ」が_c大和地方を中心とする政治連合に組み込まれていったと考えられている。

(1)　下線部aに関して，各地の遺跡で当時の人々の生活の様子が考察できる。次の説明文X・Yは，以下の地図中のどの遺跡を説明したものか。説明文と地図の場所の組み合わせとして適するものを，後の選択肢から1つ選び，記号で答えなさい。

　　X　この遺跡からは，精巧な文様や漆などで飾られた縄文晩期の多様な土器が大量に出土した。この遺跡の名は，主に東日本に分布する精巧な土器の名称の由来となった。

　　Y　この遺跡では，358本の銅剣がまとまって出土している。周辺の遺跡からも大量の青銅器が出土しており，青銅器の性格や埋納の意味を考える上で重要な遺跡である。

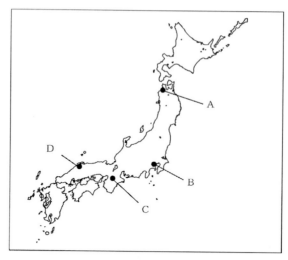

<table>
<tr><td>ア</td><td>X－A</td><td>Y－B</td><td>イ</td><td>X－A</td><td>Y－D</td></tr>
<tr><td>ウ</td><td>X－B</td><td>Y－C</td><td>エ</td><td>X－B</td><td>Y－A</td></tr>
<tr><td>オ</td><td>X－C</td><td>Y－D</td><td>カ</td><td>X－C</td><td>Y－B</td></tr>
<tr><td>キ</td><td>X－D</td><td>Y－A</td><td>ク</td><td>X－D</td><td>Y－C</td></tr>
</table>

(2)　下線部bについて，これらのクニは，東アジア諸国と様々な交流をしていた。次の表は，弥生時代から古墳時代にかけての東アジアとの交流をまとめたものである。[　　]の時期に該当する内容が記されている文字史料として適するものを，以下の選択肢から1つ選び，記号で答えなさい。

世紀	主なできごと
2世紀	倭の国王帥升等が、倭国内での立場を高めようとして、中国に使者を送った。
3世紀	邪馬台国を中心とする小国連合が成立し、中国に使者を送った。
4世紀	[　　　　　]
5世紀	朝鮮半島南部をめぐる外交・軍事上の立場を有利にするため、倭の五王があいついで中国南朝に朝貢した。

エ
自ら使持節都督倭・百済・新羅・任那・加羅・秦韓・慕韓七国諸軍事　安東大将軍　倭国王と称す。

ウ
百残・新羅は、旧より是れ属民にして、由来朝貢す。而るに倭は、辛卯の年よりこのかた、海を渡りて百残を破り、新羅を□□し、以て臣民と為す。

イ
志癸嶋の天皇の御世、戊午の年十月十二日、百斉国主明王、始めて仏像経教弁びに僧等を度し奉る。

ア
其の児名は加差披余。其の児名は乎□居の臣。（中略）ワ加多支鹵の大王の寺、斯鬼の宮に在る時、吾、天下を佐治し、此の百練の利刀を作らしめ、吾が奉事の根源を記す也。

(『詳説日本史』別冊資料　浜島書店)

(3) 下線部cについて，この時代の人々の信仰や風習について述べた文として適するものを，次の選択肢から1つ選び，記号で答えなさい。

ア　この時代の人々は，あらゆる自然物や自然現象に霊威が存在すると考えたらしく，呪術で災いを避けようとした。こうした呪術的風習を示す遺物に土偶や石棒などがある。

イ　この時代は，死者の手足を折り曲げて葬ることが一般的で，死者の霊が生者に災いをおよぼすことを恐れたためと考えられている。

ウ　この時代の人々にとって，農耕儀礼はもっとも大切なものであり，なかでも豊作を祈る祈年の祭や収穫を感謝する新嘗の祭は重要なものであった。

エ　この時代の人々は，高い樹木や巨大な岩などに神がやどると考え，祭祀の対象とした。穢れを神に祈って祓う太占や熱湯を使用した神判である盟神探湯などがおこなわれた。

Ⅱ　6世紀末から，飛鳥の地に大王の王宮がつぎつぎに営まれ，_d飛鳥はしだいに都としての姿を示すようになった。しかし，権力の集中をはかった蘇我氏が645年に滅ぼされると新政権が成立し，大王宮を飛鳥から難波に移して政治改革を進めた。

やがて701年に大宝律令が完成し，_e律令制度による政治や税制の仕組みもほぼ整った。この後，律令の制定に関わった_f藤原氏が実権をにぎっていく。

(4)　下線部dについて，飛鳥の地を中心に仏教文化が広まり，多くの寺院が建立された。次の飛鳥文化から白鳳文化の頃の伽藍配置の変遷を順番に並べ替えたときに3番目にくるものを，以下の選択肢から1つ選び，記号で答えなさい。

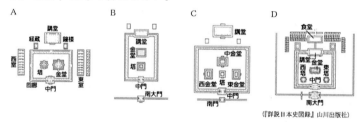

『詳説日本史図録』山川出版社）

ア　A　　イ　B　　ウ　C　　エ　D

(5)　下線部eについて，律令体制における農民の負担とその影響や政府の対策について述べた文のうち，正しいものの組み合わせとして適するものを，以下の選択肢から1つ選び，記号で答えなさい。

A　租は田地にかかる税で，口分田を与えられた男女が，収穫の約3％にあたる1段につき2束2把の稲を諸国に納入した。

B　都の警備である衛士や九州北部の警備である防人などの兵役は，武器は支給されたが食料は自弁とされ負担が重かった。また，防人はおもに東国の兵士があてられた。

C　桓武天皇は，農民の負担を少なくするため，辺境を除いて軍団と兵士を廃止し，雑徭の日数も半減した。

D　貧窮化した農民たちが，様々な手段で負担を逃れようとしたた

め，政府が税収確保のために直営田としての官田を設置すると，大宰府もそれに続いて独自に公営田を設置した。

ア　A・C　　イ　A・D　　ウ　B・C　　エ　B・D

(6)　下線部fについて，奈良時代後半から平安時代初期に活躍した藤原氏の人物とその業績の組み合わせとして適するものを，後の選択肢から1つ選び，記号で答えなさい。

X　藤原百川　　Y　藤原緒嗣

A　妹と協力して政権掌握をはかり，新都の造営責任者を暗殺した。これが二所朝廷といわれる政治的混乱を招き，対立が深まる中で，自らも射殺された。

B　天武天皇系の皇統にかわって天智天皇系の天皇を擁立した。また，唐風化政策をとり，太政大臣を大師とするなど，官職名を唐風に改めた。

C　軍事と造作の二大政策を批判して，菅野真道と論争を繰り広げ，中止を建議した。意見は取り入れられ，二大政策は打ち切りになった。

ア　X－A　　イ　X－B　　ウ　X－C　　エ　Y－A
オ　Y－B　　カ　Y－C

Ⅲ　平安京遷都から9世紀末頃までの文化を g弘仁・貞観文化と呼ぶ。この時代は，漢文学が発展し，仏教では密教がさかんになった。大学での学問も重んじられ，貴族は一族の子弟の教育のために大学別曹を設けた。橘氏の（　X　）などが知られる。 h10世紀になると，文化が国風化するとともに，浄土教が流行してきた。この信仰は，末法思想によっていっそう強められ，（　Y　）の『日本往生極楽記』をはじめ，多くの往生伝がつくられた。また，浄土教に関係した建築・美術作品も数多くつくられた。藤原道長が建立した（　Z　）は阿弥陀堂を中心とした大寺である。

(7)　Ⅲの空欄に当てはまる語句の組み合わせとして適するものを，次

の選択肢から1つ選び，記号で答えなさい。

ア　X－奨学院　　　Y－恵心僧都　　　Z－法勝寺

イ　X－奨学院　　　Y－恵心僧都　　　Z－法成寺

ウ　X－奨学院　　　Y－慶滋保胤　　　Z－法勝寺

エ　X－奨学院　　　Y－慶滋保胤　　　Z－法成寺

オ　X－学館院　　　Y－恵心僧都　　　Z－法勝寺

カ　X－学館院　　　Y－恵心僧都　　　Z－法成寺

キ　X－学館院　　　Y－慶滋保胤　　　Z－法勝寺

ク　X－学館院　　　Y－慶滋保胤　　　Z－法成寺

(8)　下線部gについて，この時期の文化の内容として適するものを，次の選択肢から1つ選び，記号で答えなさい。

ア　文章経国思想が広まったことから漢文学が発展した。菅原道真は三筆の一人としても活躍したが，のちに藤原氏によって左遷に追い込まれた。

イ　奈良時代からすでにはじまっていた神仏習合の風潮がさらに広まり，仏は神が仮に形をかえてこの世に現れたもの(権現)とする本地垂迹説が生まれた。

ウ　天台宗には，円仁と円珍によって本格的に密教が取り入れられた。円仁は，唐にわたって密教を学び帰国するまでの苦労を『入唐求法巡礼行記』として残した。

エ　仏師の定朝は，一木造の手法と翻波式による美しい衣文の表現法を併せて，神秘的な仏像を大量生産し，密教の広まりによる仏像の大量需要にこたえた。

(9)　下線部hについて，10世紀の国際情勢を説明するために3枚のカードを作成した。カード1とカード3に入る文の組み合わせとして適するものを，後の選択肢から1つ選び，記号で答えなさい。

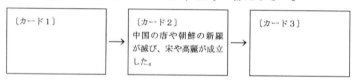

〔カード1〕　→　〔カード2〕　中国の唐や朝鮮の新羅が滅び，宋や高麗が成立した。　→　〔カード3〕

A　8世紀末になると遣新羅使の派遣はまばらとなり，新羅からの使節の来日もなくなったため，9世紀には民間商人たちの往来もなくなった。

B　9世紀後半には唐の商人が頻繁に来航するようになり，貿易の仕組みが整ったため，危険をおかしてまで公的な交渉をする必要はないとして，遣唐使は派遣されなくなった。

C　日本は，高麗とは国交を開いて貿易をおこなったが，11世紀に女真族が高麗沿岸を下って九州に攻め込んできた出来事をきっかけに，貿易関係は衰退した。

D　日本は，宋とは国交を開かなかったが，宋の商人は頻繁に九州に来航した。日本人の渡航は禁止していたが，巡礼を目的とした渡航が僧に認められることがあった。

ア　カード1－A　カード3－C　　イ　カード1－A　カード3－D
ウ　カード1－B　カード3－C　　エ　カード1－B　カード3－D

(☆☆☆○○○○)

【2】各資料に関する以下の各問いに答えなさい。

I　鎌倉時代	
1192年	源頼朝，征夷大将軍に就任…①
1221年	承久の乱…②
1274・81年	蒙古襲来…③
1333年	鎌倉幕府滅亡

(1)　①と②の間に，北条氏によって滅ぼされた御家人について述べた文として適さないものを，次の選択肢から1つ選び，記号で答えなさい。

ア　2代将軍頼家の乳母の一族である比企能員は，頼家専制のもとで重用されたが，他の御家人との対立を深め，北条氏に謀殺された。

イ　頼家の親裁停止後，合議制の13人に選ばれた三浦泰村は，権力

133

を集中しつつある北条氏を警戒して反対勢力の中心となったが，挑発にのり，鎌倉で戦って敗れた。

ウ　御家人の統率に尽力し，平家討伐にも従軍した梶原景時は，頼朝の死後，御家人たちとの対立を深め，謀反に失敗して討ち死にした。

エ　侍所の初代別当となった和田義盛は，一族が関係した反乱をきっかけに北条氏と対立し，北条氏に討たれた。

(2)　②について，承久の乱の背景と乱後の影響について述べた文の正しい組み合わせとして適するものを，以下の選択肢から1つ選び，記号で答えなさい。

A　後鳥羽上皇は，分散していた皇室領の荘園を手中におさめるとともに，西面の武士をおいて軍事力の増強をはかるなど院政を強化し，幕府と対決する動きを強めた。

B　道理による歴史の解釈を試みた慈円は，『愚管抄』を著して，幕府に対する後鳥羽上皇側の姿勢に反対したが，その後，3代将軍が暗殺されると，朝廷と幕府の対立は決定的となった。

C　乱後，幕府は，畿内・西国の荘園・公領にも力を及ぼすようになり，院政も停止され，朝廷と幕府との二元的支配の状況はくずれた。

D　乱後，幕府は政治体制や法典を整備してますます発展していった。一方，朝廷の支配下では律令の系統を引く公家法が，荘園領主のもとでは本所法が効力を残した。

ア　A・C　　イ　A・D　　ウ　B・C　　エ　B・D

(3)　③について，蒙古襲来が与えた影響について述べた文の正誤の組み合わせとして適するものを，以下の選択肢から1つ選び，記号で答えなさい。

X　北条氏の権力はさらに拡大し，なかでも得宗の勢力が強大となった。得宗の専制化がすすむと，重要政務は得宗の私邸で開催される寄合で決定されるようになった。

Y　畿内周辺では，幕府や荘園領主などに従わない新興武士が，武

力に訴えて年貢の納入を拒否するようになった。彼らは悪党と呼ばれ，その動きは各地に広がっていった。

ア　X－正　Y－正　　イ　X－正　Y－誤
ウ　X－誤　Y－正　　エ　X－誤　Y－誤

(4) 年表Ⅰの時期の絵画資料とその説明文の正しい組み合わせとして適するものを，以下の選択肢から1つ選び，記号で答えなさい。

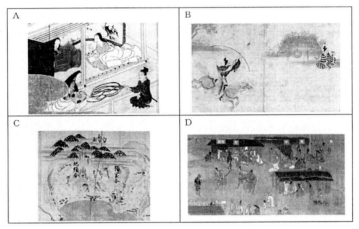

ア　A：売買の手段として貨幣が用いられるようになり，中国から輸入される銭が利用された。このように貨幣経済が発達すると，金融機関として高利貸を営むものも現れた。

イ　B：武士の生活は簡素で，みずからの地位を守るためにも武芸を身につけることが重視され，資料に示された流鏑馬などの訓練が行われた。

ウ　C：分割相続が一般化したことで所領が細分化され，御家人は窮乏化した。そのため，庶子は，本人一代限りで所領を惣領に返す相続が多くなった。

エ　D：荘園・公領の中心地や交通の要地，寺社の門前などには，生産された物資を売買する定期市が開かれており，この時代は六斎市が一般的であった。

Ⅱ　室町時代	
1338年	足利尊氏，征夷大将軍に就任…④
1392年	南北朝の合一…⑤
1467年	応仁の乱…⑥
1573年	足利義昭，京から追放

(5)　④前後の時期の文化について述べた文の正誤の組み合わせとして適するものを，以下の選択肢から1つ選び，記号で答えなさい。

X　時代の転換期に高まった緊張感を背景に，歴史書や軍記物語がつくられた。伊勢神道の理論を背景に南朝の立場から皇位継承の道理を説いた北畠親房の『神皇正統記』などがある。

Y　「二条河原の落書」に見られるように，武家・公家を問わず広く連歌が流行した。また，茶寄合も各地で行われ，茶の異同を飲み分けて勝負する闘茶が流行した。

ア　X－正　Y－正　　イ　X－正　Y－誤
ウ　X－誤　Y－正　　エ　X－誤　Y－誤

(6)　⑤と⑥の間で頻繁に発生した徳政一揆について述べた文として適さないものを，次の選択肢から1つ選び，記号で答えなさい。

ア　正長の徳政一揆は，『大乗院日記目録』において，「日本開闢以来，土民蜂起是れ初めなり」と表現された。

イ　この時代，支配者の交代によって社会の様々な関係が改められるという観念があり，嘉吉の徳政一揆は，8代将軍義政の代始めにおきた。

ウ　奈良市柳生街道には，徳政一揆の成果を記した碑文が残っており，神戸四箇郷では，負債がすべて破棄されたことを示している。

エ　幕府は，債権額・債務額の10分の1などの手数料を納入することを条件に債権の保護または債務の破棄を認める徳政令を出すことがあった。

(7) ⑥について，応仁の乱の背景と乱後の影響について述べた文の正しい組み合わせとして適するものを，以下の選択肢から1つ選び，記号で答えなさい。

A 6代将軍が暗殺されたことで将軍権力が弱体化したことに加えて，分割相続が一般化していたため，有力守護家や将軍家にあいついで内紛がおこった。

B 管領家や将軍家の家督争いに，幕府の実権を握ろうと争っていた管領家の細川勝元と四職家の山名持豊が介入したため，対立が激化した。

C 有力守護が在京して幕政に参加する幕府の体制は崩壊し，同時に荘園制の解体も進んだ。

D 南山城地方では，一揆勢が畠山氏の軍を国外に退去させ，住民の支持を得て，約1世紀にわたり，一揆の自治的支配を実現した。

　　ア A・C　　イ A・D　　ウ B・C　　エ B・D

(8) 室町時代の産業流通について，洛中洛外図屏風(部分)を読み取らせ，室町時代の京都の様子について話し合わせた。先生と生徒の会話の内容を読み，後の設問に答えなさい。

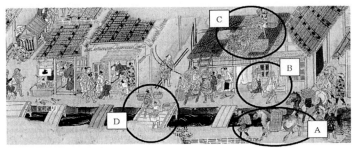

《『新詳日本史』浜島書店》

先　生：これは，安土桃山時代の作品ですが，室町時代の京の様子が詳細に描かれています。○で囲んだ人物に着目して，みなさんが授業で学習した知識で説明してください。

結　衣：一人一人が細かいけれど，生き生きと描かれていて面白いね。

はるか：Aは簡単！馬がいるから，運送業者の馬借だね。

結　衣：そうだね。_ア馬借は交通の要地にいて，京や奈良に物資を運んだんだよね。職業柄，機動力があるから，土一揆の先鋒になることが多かったって先生が言ってたね。

はるか：Bは，女性が頭に何か乗せてる。これは桂女だね。

結　衣：そうかな。この絵だけじゃそう決めつけられないよ。だって，この時代の行商人として活躍した女性は他にもいたよね。

はるか：そうだった。桂女だけじゃなく，大原女もいた。_イ桂女は鵜飼集団の女性で鮎売りの商人で，大原女は炭や薪を売る女性の商人として活躍したんだよね。確かに，この絵だけじゃ，判断できないね。

結　衣：Cは，屋根の上で何してるんだろう？

はるか：これは，_ウ萱葺屋根のふき替え作業してると思う。この時期，京都などの都市部では萱葺屋根の平屋が一般的になったって習ったよ。

結　衣：次が最後，Dは振売だね。

はるか：そうだね。_エ天秤棒の両端に商品を提げて売り歩いた商人で，近世には棒手振ともいわれるようになるんだよね。

結　衣：こういう絵を見ること自体も面白いけれど，覚えた知識を使うことも面白いね。

はるか：そうだね。面白いね。

先　生：二人とも，よくできました。この時期の商品流通についてもう一つ，面白い資料が2点あります。これらを読みとって，後のX・Yの問いについて考えてみましょう。

はるか：何か難しそう。

結　衣：でも，覚えた知識を使うって面白いから，やってみよう。

はるか：よし，がんばろう。

① 会話文中の下線部について，資料から読み取れる内容として適さないものを1つ選び，記号で答えなさい。

② 生徒に示した2つの資料と，X・Yの問いは次のとおりである。このX・Yの問いに対する答えの組み合わせとして適するものを，後の選択肢から1つ選び，記号で答えなさい。

【資料】

『兵庫北関入船納帳』
　　①島　　②塩二百五十石　　③六百弐拾文　三月七日
　　④左衛門三郎　　⑤道念
　　注)　①船籍地　　②積荷品目　　③関銭と納入日
　　　　④船主　　　⑤荷受先

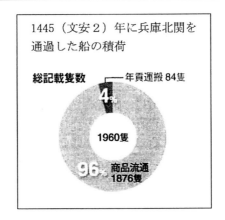

1445（文安2）年に兵庫北関を通過した船の積荷

総記載隻数 ── 年貢運搬84隻
1960隻
商品流通 1876隻

【問い】

X　『兵庫北関入船納帳』は何のためにつくられたのだろうか。

Y　商品が大量に流通した背景は何だろうか。

a　中世の関所は，陸上・海上を問わず多く設けられており，円滑な流通の阻害につながったため，関銭収入が少ない関所を把握し，撤廃する必要があった。

b　中世の関所は，関銭の徴収という経済的機能をもっていたため，関銭収入を正確に把握する必要があった。

c　宋銭とともに新たに流人した明銭が使用されたが，粗悪な私

鋳銭も流通したことで撰銭がおこなわれて，商業活動が活発化した。

d　多くの荘園で，年貢が現物納から銭納に転換したことにともない，それまで年貢として領主に納められていた物資が換金・商品化された。

　ア　X－a　Y－c　　イ　X－a　Y－d　　ウ　X－b　Y－c
　エ　X－b　Y－d

(☆☆◎◎◎◎)

【3】各資料に関する以下の各問いに答えなさい。

I　文治政治の展開	
転換期 a 4代将軍　家綱 保科正之 ↓ 大老　酒井忠清	〈幕政の転換〉 ・末期養子の禁止の緩和 ・大名の証人（人質）の廃止 ・殉死の禁止
進展期 b 5代将軍　綱吉	〈学問の奨励〉 ・□X□を天文方に登用、□Y□実施 ・湯島聖堂建設 〈綱吉の独断政治〉（1684年以降） ・生類憐みの令
刷新期 6代将軍　家宣 7代将軍　家継 c 新井白石 側用人　間部詮房	〈d 正徳の政治〉

（『図説日本史通覧』帝国書院）

(1)　Iの空欄に当てはまる語句の組み合わせとして適するものを，次の選択肢から1つ選び，記号で答えなさい。
　ア　X－高橋至時　　Y－寛政暦
　イ　X－高橋至時　　Y－貞享暦

　ウ　X－渋川春海　　　Y－寛政暦

　エ　X－渋川春海　　　Y－貞享暦

(2)　下線部aに関して，この将軍が在職中の出来事として適さないもの
　を，次の選択肢から1つ選び，記号で答えなさい。

　ア　全国ほぼすべての大名に対して領知を安堵する領知宛行状を発
　　給し，将軍の権威を確認した。

　イ　諸宗寺院法度や諸社禰宜神主法度が制定され，仏教寺院や神
　　社・神職が統制された。

　ウ　死や血を忌みきらう風潮がより強くなり，服忌令が出された。

　エ　江戸城天守閣が焼けるなど，ほぼ江戸全域を焼いた明暦の大火
　　が発生した。

(3)　次の文章は，下線部bの在職中に起きた赤穂事件の概要である。
　この事件後，幕府は旧浅野家牢人47名に切腹を命じたが，幕府内で
　は助命を主張する者もいた。助命を主張した人物の説明と，その根
　拠となった法令の組み合わせとして適するものを，後の選択肢から
　1つ選び，記号で答えなさい。

> 赤穂事件
> 　1701(元禄14)年，江戸城で赤穂藩主浅野長矩が，朝廷との儀
> 礼担当の高家吉良義央(旗本)を傷つけた。長矩は切腹，浅野家
> は断絶となった。翌年，元家老大石内蔵助良雄ら旧浅野家牢
> 人47名が吉良邸にて義央を殺害した。

(『新詳日本史』浜島書店)

【助命を主張した人物の説明】

X　柳沢吉保に仕え，5代将軍綱吉にも進講した。古文辞学を始め，
　江戸茅場町に蘐園塾を開く。聖人の道を明らかにした『弁道』な
　どの著書で経世論を説くと共に，詩文の革新にも努めた。

Y　加賀藩主前田綱紀に仕え，木下順庵に学んだ。のち吉宗に仕え
　た。著書『六諭衍義大意』は寺子屋などで使用された。

Z　『経済録』で武士の土着など，幕藩体制への多くの改善策を示し

た。特に経済学の分野を研究し，その後の経世論の発展に寄与した。

【根拠となった法令】

> A
> 一 文武忠孝を励し，礼儀を正すべき事。
> 一 養子は同姓相応の者を撰び，若之無きにおゐては，由緒を正し，存生の内言上致すべし。五拾以上十七以下の輩，末期に及び養子致すと雖も，吟味の上之を立つべし。(以下略)

(『御触書寛保集成』)

> B
> 一 文武弓馬の道専ら相嗜むべき事。(中略)
> 一 新儀を企て，徒党を結び，誓約を成すの儀，制禁の事。(以下略)

(『御触書寛保集成』)

ア X－A　　イ X－B　　ウ Y－A　　エ Y－B
オ Z－A　　カ Z－B

(4) 下線部cの人物は貨幣の改鋳を行っているが，江戸時代を通して貨幣の改鋳は何度も行われている。貨幣に関する次の2つの資料についての説明の組み合わせとして適するものを，後の選択肢から1つ選び，記号で答えなさい。

【資料1】

三貨（17世紀中頃までに全国に普及）		
金貨	銀貨	銭貨
金座	銀座	銭座
小判・一分金・一朱金	丁銀・豆板銀など	寛永通宝
単位は両・分・朱	貫・匁・分・厘・毛	貫・文

【資料2】

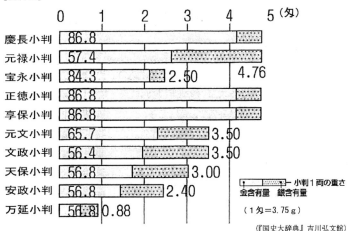

（『国史大辞典』吉川弘文館）

A　資料1に関して，おもに金貨は東日本，銀貨は西日本，銭貨は全国で流通した。このように貨幣が流通したことで，両替商が発達し，豪商は両替商に預金することで利息を得ていた。

B　資料1に関して，金座は江戸と京都におかれ，後藤庄三郎のもとで，計数貨幣を鋳造した。また，銀座は伏見・駿府におかれ，秤量貨幣を鋳造した。金座・銀座はその後，江戸に一本化された。

C　資料2に関して，元禄小判は5代将軍綱吉の時代に改鋳された小判である。これにより幕府は多大な収益を上げたが，貨幣価値が下がり物価が下落したことで，人びとの生活は混乱した。

D　資料2に関して，宝永小判は元禄小判より金の含有率を高めることで，貨幣価値が上がり，経済が安定した。

E　資料2に関して，万延小判は，金の海外流出を防ぐため，重量・金含有量を極端に少なくしたが，その結果，国内では物価が騰貴した。

ア　A・C　　イ　A・D　　ウ　A・E　　エ　B・C

オ　B・D　　カ　B・E

(5)　下線部dを含む空欄に入る一文として適さないものを，次の選択
肢からすべて選び，記号で答えなさい。

ア　東大寺大仏殿の再建を命じた

イ　海舶互市新例(長崎新令)を発した

ウ　閑院宮家を創設した

エ　7代将軍家継と皇女との婚約が成立した

オ　生類憐みの令を廃止した

カ　朝鮮からの国書に「日本国大君殿下」と記させた

Ⅱ　列強の日本接近と幕府の対応		
年代	列強の日本接近	幕府の対応
1792	ロシア使節ラクスマン、根室に来航	老中松平定信、諸藩に江戸湾・蝦夷地の防備命ず
1804	ロシア使節レザノフ、長崎に来航	
1808	フェートン号事件	
1810		白河・会津両藩に江戸湾防備を命ず
1811	eゴローウニン事件（～13）	
1825		異国船打払令（無二念打払令）
1828	fシーボルト事件	
1837	アメリカ船モリソン号、浦賀と山川で撃退される	
1842		g薪水給与令

(6)　下線部eに関して，この事件について述べた文の正誤の組み合わ
せとして適するものを，以下の選択肢から1つ選び，記号で答えな
さい。

X　ロシアに抑留された高田屋嘉兵衛が，事件の解決に尽力し，翌
年両者とも釈放された。

Y　この事件後，ゴローウニンに交付した長崎入港許可書を持って，
長崎に来航し通商を要求したロシア人がいた。

ア　X－正　Y－正　　　イ　X－正　Y－誤

ウ　X－誤　Y－正　　　エ　X－誤　Y－誤

(7)　下線部fに関して，この人物は長崎郊外の鳴滝に診療所兼私塾を
開き，優秀な人材を輩出した。江戸時代の教育機関とその説明の組
み合わせとして適するものを，後の選択肢から1つ選び，記号で答
えなさい。

X　大坂の豪商らの協力によって，儒学者中井甃庵によって創立。

『出定後語』を著した富永仲基や，無鬼論を唱えて『夢の代』を
著した山片蟠桃らが出た。

Y　杉田玄白・前野良沢に学んだ，大槻玄沢が開いた蘭学塾で，江
戸における蘭学研究の中心的役割をはたした。

A　懐徳堂　　B　芝蘭堂　　C　古義堂

ア　X－A　Y－B　　イ　X－A　Y－C　　ウ　X－B　Y－A

エ　X－B　Y－C　　オ　X－C　Y－A　　カ　X－C　Y－B

(8)　下線部gが出された頃の幕府の政策についての記述として適さな
いものを，次の選択肢から1つ選び，記号で答えなさい。

ア　相模の海岸防備を担わせていた川越藩の財政を援助する目的か
ら，川越・長岡・庄内3藩の領知をたがいに入れ換えることを命
じたが，長岡藩領民は大規模な反対一揆を起こし，幕府は翌年に
撤回した。

イ　物価騰貴の原因を，株仲間が上方市場からの商品流通を独占し
ているためと判断し，株仲間の解散を命じたが，かえって江戸へ
の商品輸送量を乏しくし，逆効果となった。

ウ　江戸に流入した貧民の帰郷を強制し，天保の飢饉で荒廃した農
村の再建をはかったが，無宿人や浪人らも江戸を追われたことで，
江戸周辺の農村の治安をますます悪化させた。

エ　江戸・大坂周辺の約50万石の大名・旗本の知行地を幕府直轄領
にし，財政の安定や対外防備の強化をはかろうとしたが，譜代大
名や旗本に反対されて実施できず，老中水野忠邦の失脚の原因と
なった。

(☆☆☆◎◎◎◎)

【４】各文と各資料に関する以下の各問いに答えなさい。

年代	民権運動	政府の動き
I　自由民権運動と立憲体制の成立		
1875	２月　[X]	１月～２月　大阪会議 ４月　漸次立憲政体樹立の詔
1876	（農民一揆激しくなる）	９月　元老院、憲法草案起草
1877	６月　立志社建白で国会開設要求	
1878		７月　[Y]
1880	４月　国会期成同盟の請願（不受理）	４月　集会条例
1881	４月～８月　a 私擬憲法が発表される	10月　明治十四年の政変
1882	３月　立憲改進党結成	３月　立憲帝政党結成
1884	b 自由党員や農民による直接行動が、各地で相次ぐ	７月　華族令
1885	11月　大阪事件	12月　内閣制度発足
1887	９月～12月　三大事件建白運動	12月　保安条例
1888		４月　枢密院設置
1889	５月　大同団結運動分裂	２月　大日本帝国憲法発布

(1) Ⅰの空欄に関して，それぞれに入る文の組み合わせとして適する
ものを，以下の選択肢から1つ選び，記号で答えなさい。

[X]
A　民撰議院設立の建白書
B　愛国社が設立

[Y]
C　制度取調局設置
D　地方制度に関する三新法制定
E　伊藤博文，憲法調査のため欧州へ出発

ア　X－A　Y－C　　イ　X－A　Y－D　　ウ　X－A　Y－E

エ　X－B　Y－C　　オ　X－B　Y－D　　カ　X－B　Y－E

(2) 下線部aに関して，次の説明に当てはまる憲法案の名称と，その
条文との組み合わせとして適するものを，後の選択肢から1つ選び，
記号で答えなさい。

> 仙台藩士の千葉卓三郎を中心に，東京近郊の農村青年の学
> 習グループが作成。三権分立主義や人権と自由を重視した内
> 容となっている。

X　私擬憲法案　　　Y　五日市憲法草案

<table>
A

第一条　天皇ハ宰相並ニ元老院国会院ノ立法両院ニ依テ統治ス。

第二条　天皇ハ聖神ニシテ犯ス可ラサルモノトス。(以下略)
</table>

B

（抜粋）

第五条　日本ノ国家ハ日本各人ノ自由権利ヲ殺滅スル規則ヲ作リテ之ヲ行フヲ得ズ。

第四十九条　日本人民ハ思想ノ自由ヲ有ス。

第七十条　政府国憲ニ違背スルトキハ日本人民之ニ従ハサルコトヲ得。

C

（抜粋）

第四十五条　日本国民ハ、各自ノ権利自由ヲ達ス可シ。他ヨリ妨害ス可ラズ。且国法之ヲ保護ス可シ。

第一九四条　国事犯ノ為ニ死刑ヲ宣告ス可ラズ。又其罪ノ事実ハ陪審官之ヲ定ムベシ。

ア　X－A　　イ　X－B　　ウ　X－C　　エ　Y－A　　オ　Y－B
カ　Y－C

(3)　下線部bに関して，1882年～1884年にかけて様々な騒擾事件(激化事件)が発生している。これらの事件を西暦の早い方から並べたものとして適するものを，以下の選択肢から1つ選び，記号で答えなさい。

X　群馬県自由党員が負債と租税の重圧に苦しむ農民を，妙義山のふもとに結集させ，蜂起したが失敗に終わった。

Y　薩摩出身の県令三島通庸は農民の労役による道路(三方道路)建設を計画した。これに反対する農民を支援した，福島自由党の河野広中らを検挙し弾圧した。

Z　埼玉県秩父の農民が労農党を組織し，自由党左派の指導で借金延納や減税などを求めて武装蜂起したが，鎮台兵により鎮圧された。

ア　X→Y→Z　　イ　X→Z→Y　　ウ　Y→X→Z
エ　Y→Z→X　　オ　Z→X→Y　　カ　Z→Y→X

Ⅱ　大衆文化の誕生

　義務教育が6年間に延長された1907(明治40)年には小学校の就学率が97％をこえ，ほとんどの国民が文字を読めるようになった。c大正時代には中学校(旧制)の生徒数が急増し，高等教育機

関も拡充された。そうした中で，新聞・雑誌・ラジオ・映画などのマス＝メディアが急速に発達し，労働者やサラリーマンなどの一般勤労者(大衆)を担い手とする大衆文化が誕生した。

特にラジオ放送は，1925(大正14)年に東京・大阪・名古屋で開始され，翌年にはこれらの放送局を統合して日本放送協会(NHK)が設立された。ラジオ劇や_dスポーツの実況放送などが人気を呼び，放送網が全国に拡大した。

(4)　下線部cに関して，大正時代の出来事についての記述として適するものを，次の選択肢から1つ選び，記号で答えなさい。

ア　明治憲法下において唯一，選挙結果によって首相となった原敬は，いわゆる普通選挙法を成立させ，これにより全人口の20.8％が選挙人資格を持つこととなった。

イ　大正期に2度首相となった山本権兵衛が，「軍部大臣現役武官制」を改正し，予備・後備役の大・中将にまで資格を広げたことで，官僚・軍部に対する政党の影響力が弱まった。

ウ　『東洋経済新報』の記者であった石橋湛山は，朝鮮・台湾の植民地放棄，シベリア出兵反対など「自由主義」の立場を貫き，日本は通商国家として繁栄すべきとする「小日本主義」を主張した。

エ　徳富蘇峰は，民友社を創立し『国民之友』や『中央公論』を創刊した。平民による生産的社会の建設と近代化を達成しようとする「平民的欧化主義」を提唱した。

(5)　下線部dに関して，1915(大正4)年には全国中等学校優勝野球大会が開催され，1924(大正13)年の第10回大会より，現在と同じ阪神甲子園球場で開催された。この全国中等学校優勝野球大会の開催を提唱した人物と，その人物が関わった事業の組み合わせとして適するものを，後の選択肢から1つ選び，記号で答えなさい。

【人物】

X　鮎川義介　　Y　小林一三

【関わった事業】

A	B	C

経営に失敗した屋内プールを改造した劇場で，少女による歌劇を上演し，人気を集めた。	地上8階・地下2階の本格的ターミナルデパート阪急百貨店を開業した。	上野－浅草間(2.2km) に日本初の地下鉄を開通させた。

（『新詳日本史』浜島書店）

ア　X－A・B　　イ　X－A・C　　ウ　X－B・C

エ　Y－A・B　　オ　Y－A・C　　カ　Y－B・C

Ⅲ　1970年代までの戦後の内閣		
	代	内閣
e <u>1940年代</u>	43	東久邇宮稔彦
	44	幣原喜重郎
	45	吉田茂（第1次）
	46	片山哲
	47	芦田均
	48	吉田茂（第2次〜第5次）
1950年代	52	鳩山一郎（第1次〜第3次）
	55	石橋湛山
	56	岸信介（第1次・第2次）…①
1960年代	58	池田勇人（第1次〜第3次）
	61	f <u>佐藤栄作</u>（第1次〜第3次）…②
1970年代	64	田中角栄（第1次・第2次）…③
	66	三木武夫
	67	福田赳夫
	68	大平正芳（第1次・第2次）

（『新詳日本史』浜島書店）

(6)　下線部eの時期に起きた出来事について述べた文の正誤の組み合

わせとして適するものを，以下の選択肢から1つ選び，記号で答え
なさい。

X　1945年12月に衆議院議員選挙法が改正され，20歳以上の男女に
選挙権が与えられ女性参政権が実現した。この，戦後初の総選挙
では，日本自由党が第1党となり，公職追放の鳩山一郎にかわっ
て吉田茂が，日本社会党の協力を得て組閣を行った。

Y　インフレの進行を抑制する為，デトロイト銀行頭取のドッジが
特別公使として派遣され，赤字を許さない均衡予算の編成や，1
ドル＝360円の単一為替レートの設定，直接税中心主義などのド
ッジ＝ラインと呼ばれる一連の施策を指示した。

Z　GHQが財閥解体を指令した後も，独占禁止法や，過度経済力集
中排除法などの法律が制定され，巨大独占企業の分割がおこなわ
れた。1948年2月には，金融機関を除く325社が集中排除法の指定
を受け，そのほとんどの企業が分割された。

ア　X－正　　　Y－正　　　Z－正
イ　X－正　　　Y－正　　　Z－誤
ウ　X－正　　　Y－誤　　　Z－正
エ　X－正　　　Y－誤　　　Z－誤
オ　X－誤　　　Y－正　　　Z－正
カ　X－誤　　　Y－正　　　Z－誤
キ　X－誤　　　Y－誤　　　Z－正
ク　X－誤　　　Y－誤　　　Z－誤

(7)　下線部fの首相が在任中の出来事の内容として適するものを，次
の選択肢から1つ選び，記号で答えなさい。

ア　約4年間の長期にわたるいざなぎ景気の時期に，GNP(国民総生
産)が西ドイツを抜いて，アメリカについで資本主義国のなかで
第2位となった。

イ　高度成長期は産業公害をもたらし，公害病に苦しむ多くの人々
を生んだ。政府は公害対策を始め，「環境基本法」を制定して公
害を定義し，環境基準などを定めた。また，その4年後には環境

庁が発足した。

ウ　OECD(経済協力開発機構)に加盟し，株式取得や海外進出など資本取引を自由化した。また，第18回オリンピック東京大会が開催され，その直前に，東海道新幹線(東京－新大阪間)が開通した。

エ　ニクソン米大統領がドル防衛策として，金・ドル交換の停止を発表し，日本や西ドイツなどに為替レートの切り上げを要求した。その結果，日本も，ブレトン＝ウッズ体制と呼ばれる，変動相場制に移行した。

(8)　表中の①～③の内閣と，その内閣の時に締結された条約の組み合わせとして適するものを，以下の選択肢から1つ選び，記号で答えなさい。

X

第1条　両締約国間に外交及び領事関係が開設される。両締約国は，大使の資格を有する外交使節を遅滞なく交換するものとする。また，両締約国は両国政府により合意される場所に領事館を設置する。

第2条　1910年8月22日以前に大日本帝国と大韓帝国との間で締結されたすべての条約及び協定は，もはや無効であることが確認される。

Y

第3条　締約国は，個別的に及び相互に協力して，継続的かつ効果的な自助及び相互援助により，武力攻撃に抵抗するそれぞれの能力を，憲法上の規定に従うことを条件として，維持し発展させる。

第6条　日本国の安全に寄与し，並びに極東における国際の平和及び安全の維持に寄与するため，アメリカ合衆国は，その陸軍，空軍及び海軍が日本国において施設及び区域を使用することを許される。

> Z
>
> 　　日本側は，過去において日本国が戦争を通じて中国国民
> に重大な損害を与えたことについての責任を痛感し，深く
> 反省する。…中国側は，これを歓迎するものである。…
> 　2，日本国政府は，中華人民共和国政府が中国の唯一の合法
> 　　政府であることを承認する。
> 　3，中華人民共和国政府は，台湾が中華人民共和国の領土の
> 　　不可分の一部であることを重ねて表明する。日本国政府
> 　　は，この中華人民共和国の立場を十分理解し，尊重し，
> 　　ポツダム宣言第8項に基づく立場を堅持する。

（『日本外交主要文書』）

ア　①−X　②−Y　③−Z　　イ　①−X　②−Z　③−Y

ウ　①−Y　②−X　③−Z　　エ　①−Y　②−Z　③−X

オ　①−Z　②−X　③−Y　　カ　①−Z　②−Y　③−X

(9)　1950年代〜70年代を象徴する出来事のカードを作成した。カード
1とカード3に入る組み合わせとして適するものを，後の選択肢から
1つ選び，記号で答えなさい。

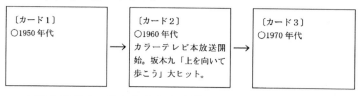

〔カード1〕
○1950年代

〔カード2〕
○1960年代
カラーテレビ本放送開
始。坂本九「上を向いて
歩こう」大ヒット。

〔カード3〕
○1970年代

A　力道山が痛めつけられながらも外国人レスラーを倒す姿に熱狂
し，プロレス人気が高まった。

B　世界で圧倒的な人気を誇った，ザ＝ビートルズが来日し，日本
武道館でコンサートを行った。

C　漫画週刊誌「少年マガジン」や「少年サンデー」が創刊し，漫
画雑誌は月刊から週刊となった。

D　世界初のヘッドホンステレオが発売された。

ア	カード1－A	カード3－C
イ	カード1－A	カード3－D
ウ	カード1－B	カード3－C
エ	カード1－B	カード3－D

(☆☆☆◎◎◎)

【世界史】

【1】世界史における交易に関する次の各文を読んで，以下の各問いに答えなさい。

> I　宝石の取引
> 　貴重な宝石は，古代から奢侈品・装飾品として取り引きされた。_aウルのスタンダードやエジプトのツタンカーメンの黄金のマスクにも使用されているラピスラズリは，_b中央アジアから交易によってもたらされた。

(1)　下線部aについて，この都市国家を形成した民族の説明として適するものを，次の選択肢から1つ選び，記号で答えなさい。

ア　線状文字をつくり，これをギリシア人に伝えて，アルファベットの起源をつくった。

イ　パピルスに記した楔形文字を使用した。

ウ　王や神官はジッグラトの祭壇で都市の神をまつった。

エ　インド＝ヨーロッパ語系に属し，はやくから鉄製の武器を使用した。

(2)　下線部bについて，この地域における歴史上の民族・国家に関する次の文の正誤の組み合わせとして適するものを，以下の選択肢から1つ選び，記号で答えなさい。

①　ソグド人は隋・唐の領内にも進出して，ユーラシアの東西を結ぶ交易ネットワークを構築した。

②　サーマーン朝が西トルキスタンに建国されると，シク教が国教となった。

ア　①　正　　②　正　　イ　①　正　　②　誤
ウ　①　誤　　②　正　　エ　①　誤　　②　誤

Ⅱ　海の交易

　交易品の輸送は，ウマ，ロバ，ラクダなどによる陸上輸送より，_c船による水上輸送の方がはるかに安上がりで効率がよい。東西貿易における交易品は，10世紀ごろより_d絹や宝石などの奢侈品から，陶磁器，胡椒など重量消費財に変わっていくと，海上交易の重要性が増していった。

---

(3)　下線部cについて，インド洋交易圏に関する説明として適さないものを，次の選択肢から1つ選び，記号で答えなさい。

ア　ムスリム商人はジャンク船をもちいてインドや東南アジアに進出した。

イ　南インドのチョーラ朝は中国の北宋に商人使節を派遣した。

ウ　南インドはインド洋をつうじてローマ帝国とも交易関係があった。

エ　マラッカ王国は，明の鄭和の遠征をきっかけに国際貿易都市として発展した。

(4)　下線部dについて，絹織物産業が発展したことで知られるビザンツ帝国の説明として適するものを，次の選択肢から1つ選び，記号で答えなさい。

ア　首都クテシフォンは，ヨーロッパ世界最大の貿易都市として栄えた。

イ　軍管区制(テマ制)により，コロヌスを使った大土地所有制が拡大した。

ウ　ユスティニアヌス大帝はヴァンダル王国や西ゴート王国を滅ぼした。

エ　公用語は7世紀以降ギリシア語がもちいられ，ギリシアの古典が研究された。

> Ⅲ　塩と金の交易
>
> 　　サハラ砂漠に産する岩塩とニジェール川流域に産する金を用いた交易を背景として，_eガーナ王国，マリ王国，ソンガイ王国が繁栄し，イスラーム世界に大量の金を供給した。14世紀マリ王国最盛期の王マンサ＝ムーサは，メッカ巡礼の途上，大量に金を使って，_fマムルーク朝の都の金相場を大暴落させた。

(5)　下線部eを攻撃して衰退させ，西アフリカのイスラーム化をうながした王朝を，次の選択肢から1つ選び，記号で答えなさい。

　　ア　ナスル朝　　イ　ムワッヒド朝　　ウ　ムラービト朝

　　エ　奴隷王朝

(6)　下線部fについての説明として適するものを，次の選択肢から1つ選び，記号で答えなさい。

　　ア　クシュ王国が都をおいた時代は製鉄と商業によって栄えた。

　　イ　ファーティマ朝の新都として造営され，アズハル学院も建設された。

　　ウ　アラビア語の影響を受けたスワヒリ語が共通語としてもちいられた。

　　エ　この都の周辺地域の繁栄ぶりはジンバブエの遺跡によく示されている。

> Ⅳ　交易と貨幣
>
> 　　前7世紀頃に西アジアで栄えた（　A　）の金属貨幣が世界最古のものとして知られている。希少性のある金や_g銀は，広域な取引においても使用され，_hローマ帝国で鋳造された金貨や銀貨は世界各地に流通した。また，大航海時代の到来とともに流入した大量の銀は，ヨーロッパの物価を2～3倍に上昇させ，（　B　）と呼ばれる物価騰貴を引き起こした。

(7)　Ⅳの文中の空欄に当てはまる語句の組み合わせとして適するもの

を，次の選択肢から1つ選び，記号で答えなさい。

ア　A－アケメネス朝　　　B－商業革命

イ　A－アケメネス朝　　　B－価格革命

ウ　A－リディア　　　　　B－商業革命

エ　A－リディア　　　　　B－価格革命

(8)　下線部gについて，各種の税や徭役を銀に一本化して納入する税制を導入した中国王朝での出来事に関する説明として適するものを，次の選択肢から1つ選び，記号で答えなさい。

ア　豊臣秀吉による朝鮮出兵に際し，朝鮮に援軍を送った。

イ　色目人と総称される人々が，財務官僚として重用された。

ウ　周敦頤に始まり，朱熹によって大成された朱子学がおこった。

エ　乾隆帝はヨーロッパ船の来航を広州1港に制限し，公行に貿易を管理させた。

(9)　下線部hについて，帝国に関する出来事を年代順に示した次の資料の中で，初めて帝国内の全自由人にローマ市民権が与えられた時期として適するものを，資料中の選択肢から1つ選び，記号で答えなさい。

【資料】

　フェニキア人植民市カルタゴとのポエニ戦争がおこった。

〔　ア　〕

　ポンペイウス・カエサル・クラッススによる第1回三頭政治が行われた。

〔　イ　〕

　帝国を東西にわけ，それぞれを正帝と副帝の2人が統治する四帝分治制がしかれた。

〔　ウ　〕

　ニケーア公会議において，アタナシウス派が正統教義とされた。

〔　エ　〕

> ゲルマン人の大移動によって帝国内部は混乱した。

(☆☆☆◎◎◎)

【2】 日本の歴史に関する次の各文を読んで，それに関する世界史の出来
事について，以下の各問いに答えなさい。

> Ⅰ 710(和銅3)年，元明天皇は藤原京から奈良盆地北部の平城京
> へと_a遷都した。こののち，山背国の長岡京・平安京に遷都す
> るまでの時代を_b奈良時代という。平城京は_c唐の都長安にな
> らい，碁盤の目状に東西・南北に走る道路で区画される条坊
> 制をもつ都市であった。

(1) 下線部aについて，オスマン帝国は首都をアドリアノープルから
別の都市に遷都した。その原因に関する説明として適するものを，
次の選択肢から1つ選び，記号で答えなさい。
ア セリム1世がサファヴィー朝を破ったのち，マムルーク朝を滅
ぼした。
イ スレイマン1世がプレヴェザの海戦でスペイン・ヴェネツィア
連合艦隊を破った。
ウ バヤジット1世がアナトリアに進出したティムールと衝突し大
敗を喫した。
エ メフメト2世がイェニチェリ軍団をしたがえ，ビザンツ帝国を
滅ぼした。

(2) 下線部bと同じ8世紀の出来事として適さないものを，次の選択肢
から1つ選び，記号で答えなさい。
ア ピピンの寄進
イ トゥール・ポワティエ間の戦い
ウ 西ゴート王国の滅亡
エ カタラウヌムの戦い

(3) 下線部cについて，次の図は唐の都長安の市街図である。図中の

157

寺院に関して，中国における宗教の歴史の説明として適するものを，以下の選択肢から1つ選び，記号で答えなさい。

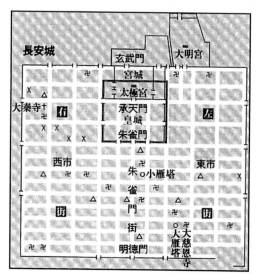

ア　浄土宗や禅宗など中国独特の特色ある宗派が形成された。

イ　太宗(李世民)に信任された寇謙之によって道教が勢力をのばした。

ウ　祆教と呼ばれたゾロアスター教の経典として「マヌ法典」が編集された。

エ　エフェソス公会議で異端となったアリウス派は唐代の中国で景教と呼ばれた。

Ⅱ　d858(天安2)年に幼少の清和天皇を即位させた藤原良房は，天皇の外祖父として臣下ではじめてe摂政になった。摂政は天皇が幼少の期間にその政務を代行し，関白は天皇の成人後に，その後見役として政治を補佐する地位である。摂政，関白が引き続いて任命され，政権の最高の座にあったf10世紀後半から11世紀頃の政治を摂関政治と呼ぶ。

(4)　下線部dについて，この時期のイギリスではノルマン人の侵入が

盛んであった。9世紀末に一時これを撃退したアングロ＝サクソン王国の君主を次の選択肢から1つ選び，記号で答えなさい。

ア　ロロ　　イ　クヌート　　ウ　アルフレッド大王

エ　ノルマンディー公ウィリアム

(5)　下線部eについて，フランスではシャルル9世とその母親で摂政でもあった人物のもとでユグノー戦争が勃発している。この戦争に関する次の文の正誤の組み合わせとして適するものを，以下の選択肢から1つ選び，記号で答えなさい。

①　パリでは多数の旧教徒が殺害されたサンバルテルミの虐殺がおこった。

②　アウクスブルクの和議でユグノーにも大幅な信教の自由が与えられた。

ア　①－正　　②－正　　イ　①－正　　②－誤

ウ　①－誤　　②－正　　エ　①－誤　　②－誤

(6)　下線部fについて，この時期のヨーロッパの説明として適するものを，次の選択肢から1つ選び，記号で答えなさい。

ア　リトアニア人はベーメン王国を統一したが，後に神聖ローマ帝国に編入された。

イ　キエフ公国のウラディミル1世は，ギリシア正教を国教とした。

ウ　マジャール人はハンガリー王国を建国し，ギリシア正教を受け入れた。

エ　バトゥの率いるモンゴル人が侵入し，南ロシアにキプチャク＝ハン国がたてられた。

Ⅲ　g強力に国政の改革に取り組んだ父の後三条天皇にならって親政をおこなった白河天皇(位1072〜1086)は，1086(応徳3)年，幼少の堀河天皇に位をゆずると，みずからh上皇(院)として院庁を開き，天皇を後見しながら政治の実権を握る院政の道を開いた。この院政はi白河上皇・鳥羽上皇・後白河上皇と100年余りも続いた。

(7)　下線部gについて，西ヨーロッパ世界における政治や宗教の変革に関する説明として適するものを，次の選択肢から1つ選び，記号で答えなさい。

ア　教皇グレゴリウス1世は聖像禁止令を発布した。

イ　教皇グレゴリウス7世は聖職売買や聖職者の妻帯を推奨した。

ウ　フランス王フィリップ4世は1302年に三部会を開き，その支持を得た。

エ　イギリスではジョン王によっていわゆる模範議会が招集された。

(8)　下線部hについて，次の絵画は金にとらえられた宋の上皇の作品である。この作品とこの上皇に関する以下の各文の正誤の組み合わせとして適するものを，後の選択肢から1つ選び，記号で答えなさい。

①　この絵画は写実や装飾性を重んずる文人画の作品である。

②　都の開封が陥落し，上皇と皇帝の欽宗がとらえられた事件を靖康の変という。

ア　①－正　　②－正　　イ　①－正　　②－誤

ウ　①－誤　　②－正　　エ　①－誤　　②－誤

(9)　下線部iの時期にヨーロッパでは十字軍が開始された。十字軍についての説明として適さないものを，次の選択肢から1つ選び，記号で答えなさい。

　ア　教皇ウルバヌス2世はクレルモン宗教会議を招集し，聖地回復
　　の聖戦を提唱した。

　イ　第3回十字軍はイギリス王エドワード3世らが参加した。

　ウ　第4回十字軍はヴェネツィア商人の要求で聖地回復の目的を放
　　棄した。

　エ　十字軍を通じ，教皇の権威はゆらぎはじめ，逆に国王の権威は
　　高まった。

(☆☆☆◎◎◎)

【3】近現代史に大きな影響を与えた戦争に関する次の各文を読んで，以
　下の各問いに答えなさい。

　Ⅰ　ヨーロッパでは，15世紀後半から近現代の世界に直接つな
　がる新しい動きがめだつようになった。ヨーロッパ人が遠く
　アジアやアメリカ大陸への航海に乗り出し，世界の一体化も
　始まった。これを_a大航海時代と呼ぶこともある。ヨーロッパ
　の国々は強固なまとまりをもつようになり，独立した主権国
　家としてたがいに対立と妥協をくりかえしながら，一つの国
　際秩序を形成していった。18世紀後半の_bアメリカ独立革命，
　フランス革命は，近代国家と近代市民社会の重要な原理を提
　起するものであり，フランス革命が広めた国民国家の理念は，
　_cナポレオン支配下のヨーロッパ大陸の各地で改革をうながし
　た。

---

(1)　下線部aについて，大航海時代に関する説明として適するものを，
　次の選択肢から1つ選び，記号で答えなさい。

　ア　バルトロメウ＝ディアスがインド西岸のカリカットに到達し
　　た。

　イ　ポルトガル王室の命令でマゼランは，西回りの大航海に出発し
　　た。

　ウ　コロンブスは，天文学者ガリレイの説を信じ，大西洋を横断し

た。

エ　ポルトガル人カブラルがブラジルに漂着した。

(2)　下線部bについて，アメリカ合衆国の形成過程に関する説明として適するものを，次の選択肢から1つ選び，記号で答えなさい。

ア　1776年，植民地側はワシントンで独立宣言を発表した。

イ　トマス＝ジェファソンの『コモン＝センス』は，独立の気運を高めた。

ウ　1783年のパリ条約でイギリスは，ミシシッピ川以東の広大な領地をゆずった。

エ　合衆国憲法では，行政権は連邦議会にあると定められた。

(3)　下線部cについて，ナポレオンに関する出来事について年代の古い順に並べたものとして適するものを，選択肢から1つ選び，記号で答えなさい。

ア　ナポレオン法典の制定　→　大陸封鎖令　→　ロシア遠征の開始

イ　ライン同盟結成　→　第一帝政の開始　→　ブリュメール18日のクーデタ

ウ　アウステルリッツの戦い　→　アミアンの和約　→　スペイン反乱

エ　セントヘレナ島配流　→　ワーテルローの戦い　→　エルバ島配流

Ⅱ　19世紀になるとナショナリズムや自由主義的改革への動きが活発化した。ヨーロッパの干渉を排除したアメリカ合衆国は，d南北戦争後，産業の急速な成長と太平洋岸までの開拓をはたした。19世紀後半には列強が植民地獲得をめざす帝国主義政策を追求するようになり，同時に，e近代産業や科学の発達に支えられて，市民文化が成熟の段階に達した。f近世から近代にかけての成果に自信をもった欧米社会には，アジア・アフリカ地域に対する優越感が広がった。

(4) 下線部dについて，南北戦争が行われていた期間と同時期の出来事として適するものを，次の選択肢から1つ選び，記号で答えなさい。

　ア　ヴィルヘルム1世がヴェルサイユ宮殿で位につき，ドイツ帝国が成立した。

　イ　日本では，天皇親政の明治政府が成立した。

　ウ　フランスでは，ナポレオン3世による第二帝政が展開されていた。

　エ　インドで，イギリス東インド会社の支配に対するシパーヒーによる大反乱が起きた。

(5) 下線部eについて，この時期の科学者とその功績の組み合わせとして適するものを，次の選択肢から1つ選び，記号で答えなさい。

　ア　ファラデー　　　―　エネルギー保存の法則

　イ　キュリー夫妻　　―　ラジウムの発見

　ウ　マルコーニ　　　―　狂犬病予防接種の開発

　エ　レントゲン　　　―　ダイナマイトの発明

(6) 下線部fについて，強力な経済力を有し，政治的・軍事的にも国際社会の動向の中心となった覇権国家(ヘゲモニー国家)に関する説明として適するものを，次の選択肢から1つ選び，記号で答えなさい。

　ア　16世紀のスペインは，インド航路を開拓して香辛料貿易を独占した。

　イ　17世紀のオランダでは，アムステルダムが国際金融の中心となった。

　ウ　19世紀のイギリスは，エリザベス1世治下で「世界の工場」として繁栄した。

　エ　20世紀後半のアメリカ合衆国はキューバ革命政府を支援した。

Ⅲ　18世紀後半に広州の対外貿易の大半を占めていたイギリスでは，中国茶の輸入が急速に増加していた。しかし，g産業革命で生産をのばした綿製品は中国ではなかなか売れず，大量の銀が年々流出していた。これを打開するために，h三角貿易を展開したが，清は銀の流出とアヘンの密貿易に危機を感じ

アヘン貿易を禁止した。アヘン貿易についてはイギリス国内でも批判が強かったが，イギリス政府は自由貿易の実現を目指してアヘン戦争をおこした。清はすぐれた兵器を備えたイギリス海軍に敗北し，南京条約を締結した。翌年には不平等条約も結び，欧米諸国の中国進出の足がかりとなった。

(7)　下線部gについて，産業革命に関する説明として適するものを，次の選択肢から1つ選び，記号で答えなさい。

ア　アークライトはミュール紡績機を発明した。

イ　毛織物業の分野で，バーミンガムを中心に始まった。

ウ　蒸気機関車が実用化され，ロンドン・リヴァプール間に初の旅客鉄道が開通した。

エ　アメリカ人フルトンが蒸気船を試作した。

(8)　下線部hについて，この貿易について示した次の図の①〜③に当てはまる主な貿易品の組み合わせとして適するものを，以下の選択肢から1つ選び，記号で答えなさい。

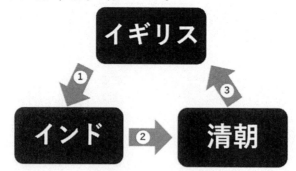

ア　①－茶　　　　②－綿製品　　③－アヘン

イ　①－綿製品　　②－茶　　　　③－アヘン

ウ　①－アヘン　　②－綿製品　　③－茶

エ　①－茶　　　　②－アヘン　　③－綿製品

オ　①－綿製品　　②－アヘン　　③－茶

カ　①－アヘン　　②－茶　　　　③－綿製品

(9) 下線部iについて，南京条約及び翌年の不平等条約の内容につい
ての説明として適さないものを次の選択肢から1つ選び，記号で答
えなさい。

ア　イギリスに香港島を割譲した。

イ　天津や上海など5港を開港した。

ウ　領事裁判権(治外法権)を認めた。

エ　公行を廃止した。

(☆☆☆◎◎◎)

【4】帝国主義時代から現代にいたる課題に関する次の各文を読んで，以
下の各問いに答えなさい。

> I　近世・近代で実現した「世界の一体化」にもかかわらず，
> a19世紀前半までは世界各地の地域社会内部の生活環境そのも
> のは，基本的には維持されていた。しかしb帝国主義時代以降，
> 諸地域の政治・経済体制はもとより，人々の日常生活の場も
> 世界の動向の圧力にさらされるようになった。こうした中，
> ヨーロッパ近代が発展させてきた政治・経済制度の矛盾や問
> 題点を明らかにしたのがc第一次世界大戦である。この大戦で
> は両陣営とも結束を固め，中立国を味方に引き入れるために
> d秘密条約を結んだ。大戦の結果，19世紀の欧米世界の自由主
> 義的なe政治・経済・社会のしくみは修正をせまられることに
> なった。

(1) 下線部aについて，19世紀前半の出来事の説明として適するもの
を，次の選択肢から1つ選び，記号で答えなさい。

ア　オスマン帝国でミドハト憲法が発布された。

イ　韓国では，日本に対する義兵闘争が展開された。

ウ　カージャール朝でタバコ＝ボイコット運動が展開された。

エ　ムハンマド＝アリーがエジプト総督となり，近代化に努めた。

(2) 下線部bについて，帝国主義時代には欧米列強がアジア・アフリ

カに進出して諸地域を支配した。欧米列強と支配した地域の組み合わせとして適さないものを次の選択肢から1つ選び，記号で答えなさい。

ア　オランダ　－　ベトナム

イ　フランス　－　カンボジア

ウ　アメリカ　－　フィリピン

エ　イギリス　－　ミャンマー

(3)　下線部cについて，第一次世界大戦の説明として適するものを，次の選択肢から1つ選び，記号で答えなさい。

ア　ロシア革命が発生したため，ロシアは戦争に参加できなかった。

イ　アメリカは，開戦当初より連合国の一員として参戦した。

ウ　航空機や毒ガスなどの新兵器が投入された。

エ　ヴィルヘルム2世がキール軍港で蜂起し，戦争は終結した。

(4)　下線部dについて，第一次世界大戦中に展開されたイギリスの秘密外交に関する次の文の空欄に当てはまる語句の組み合わせとして適するものを，以下の選択肢から1つ選び，記号で答えなさい。

> オスマン帝国支配下のアラブ地域でイギリスは，1915年の（　①　）によってアラブ人に独立を約束したが，1917年の（　②　）ではユダヤ人からの資金援助を条件にシオニズム運動を援助する姿勢を示した。一方，1916年の（　③　）では連合国間でオスマン帝国領を分割し，パレスチナ地方を国際管理地にする旨が決められた。また，ロンドン秘密条約により，領土譲渡を条件に（　④　）を連合国側で参戦させた。

ア　①　バルフォア宣言　　　　　②　サイクス＝ピコ協定
　　③　フサイン＝マクマホン協定　④　イタリア

イ　①　フサイン＝マクマホン協定　②　バルフォア宣言
　　③　サイクス＝ピコ協定　　　　④　イタリア

ウ　①　バルフォア宣言　　　　　②　フサイン＝マクマホン協定
　　③　サイクス＝ピコ協定　　　　④　オーストリア

エ　① サイクス＝ピコ協定　　② フサイン＝マクマホン協定
　　③ バルフォア宣言　　　　④ オーストリア

(5)　下線部eについて，近代以降の政治・経済・社会の仕組みについ
　ての説明として適するものを，次の選択肢から1つ選び，記号で答
　えなさい。

　ア　メキシコでは，革命後の1917年に土地改革等をうたった民主的
　　な憲法が制定された。

　イ　フランスでは第三共和政に対する批判から，パリ＝コミューン
　　が樹立された。

　ウ　ソ連は新経済政策の実施により世界恐慌の影響を回避し，社会
　　主義の基礎を築いた。

　エ　ドイツでは，エーベルトがレンテンマルクを発行してインフレ
　　ーションを克服した。

Ⅱ　国民国家の原理はフランス革命によってうみだされたが，
19世紀以降の欧米においても実際に国民国家のタイプの国は
多くなかった。第一次世界大戦後になると，民族自決権に基
づく国民国家として_f新規の独立国が成立し，_g第二次世界大
戦後はさらに増加している。しかし，今も民族的自覚を強め
て国民の国家への統合を強め，政治的・経済的な安定をはか
るために，排他的なナショナリズムを掲げたり，国内の少数
民族を迫害したりして内戦を引きおこす国家が少なくない。
_h紛争や摩擦を調停して国際社会の安定を目指す国際連合の行
動は，非常に重要である。

---

(6)　下線部fについて，第一次世界大戦後にヨーロッパに誕生した独
　立国として適さない国を，次の選択肢から2つ選び，記号で答えな
　さい。

　ア　フィンランド　イ　ブルガリア　　ウ　ハンガリー
　エ　ポーランド　　オ　リトアニア　　カ　ギリシア

(7)　下線部gについて，第二次世界大戦中の連合国による戦争処理会

談についての説明として適するものを，次の選択肢から1つ選び，記号で答えなさい。

ア　カイロ会談には，ソ連のスターリンも参加して対日参戦を協議した。

イ　テヘラン会談で，中国の蔣介石が支援を要請した。

ウ　ヤルタ会談で，ソ連の対日参戦とドイツ処理の大綱が協議された。

エ　ポツダム会談には，アメリカのフランクリン＝ローズヴェルト大統領も参加した。

(8)　下線部hについて，ウクライナ政府がEUやNATO加盟の意向を示すと，クリミアやウクライナ東部のロシア系住民が分離運動をおこし，2014年にロシアはクリミアの併合を強行して，国際的な対立をまねいた。このクリミアの場所として適するものを，次の地図中の選択肢から1つ選び，記号で答えなさい。

〔ヨーロッパ周辺の地図〕

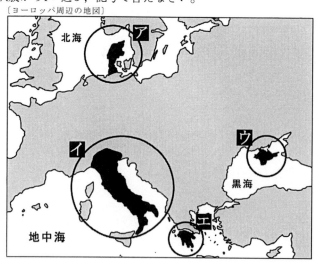

(☆☆☆○○○)

【地理】

【1】地図と地図情報について，次の各問いに答えなさい。

(1) 次の文は，さまざまな時代の地図について述べたものである。内容として適するものを1つ選び，記号で答えなさい。

ア　プトレマイオスの世界地図は，世界最古の地図といわれ，粘土板に描かれている。

イ　円盤状のTOマップは，アフリカ，ヨーロッパ，北アメリカの三大陸とそれを区分するT字形を描いたものである。

ウ　メルカトルの世界地図を用いると，等角航路が直線で表されるので，地図上ではかった舵角で羅針盤を見ながら進めば，確実に目的地に到達できる。

エ　伊能忠敬の『大日本沿海輿地全図』は，南が上になっており，まるみを帯びた形の国が並べられている。

(2) 次の文は，主題図について述べたものである。文と主題図の組み合わせとして適するものを以下の表中の選択肢から1つ選び，記号で答えなさい。

A　家畜頭数，穀物栽培量などを表現するのに適している。

B　桜の開花日など連続的に分布・変化する事象を表現するのに適している。

C　石油や石炭の貿易，人口移動などを表現するのに適している。

(表)

	A	B	C
ア	ドットマップ	等値線図	流線図
イ	ドットマップ	流線図	等値線図
ウ	等値線図	ドットマップ	流線図
エ	等値線図	流線図	ドットマップ
オ	流線図	ドットマップ	等値線図
カ	流線図	等値線図	ドットマップ

(3) 次の各文のうち，地理情報システム(GIS)の説明として適さないものを1つ選び，記号で答えなさい。

ア　業務上必要な最新の地図の作成や表示ができるため，住民から

の区画の閲覧や確認の問い合わせにも素早く対応できる。

　イ　全国約1,300か所に設置され，データを連続して取得するため，地殻変動を連続的に捉えることが可能である。

　ウ　交通量調査と道路ネットワークの情報から，交通渋滞の発生を予測する。

　エ　国勢調査の人口データを用いて，人口分布図を作成する。

(4)　図1の図法について説明したものとして適するものを，以下の選択肢から1つ選び，記号で答えなさい。

　図1

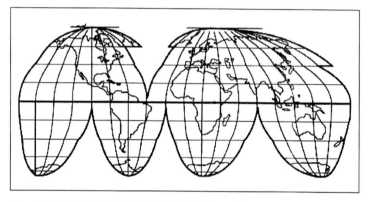

　ア　陸地の形のひずみが小さく陸地重点の世界地図に利用される。

　イ　経線は等間隔の平行線，緯線は高緯度にいくほど間隔が広い平行線となる。

　ウ　図の周辺ほど面積や形のひずみが大きく描かれる。

　エ　世界図には適さないが，中縮尺の地方図に適する。

(5)　図2は，セネガルの首都ダカール付近を中心にして描いた正距方位図法の一部である。図2に関する以下の各問いに答えなさい。

図2

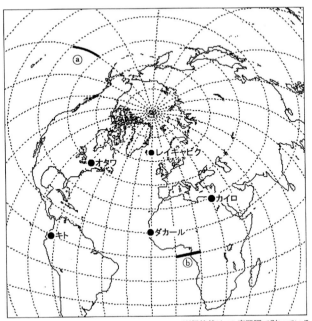

※経緯線は15度間隔で引いている。

① 図2の太線ⓐとⓑの距離の関係について述べたものとして内容が適するものを，次の文から1つ選び，記号で答えなさい。なお，太線ⓐとⓑはすべて経線あるいは緯線上に引かれているものとする。

ア ⓐとⓑはほぼ同じ距離である。

イ ⓐはⓑの約半分の距離である。

ウ ⓐはⓑの約2倍の距離がある。

エ ⓐはⓑの約4倍の距離がある。

② 図2の中に示された都市の関係について述べたものとして内容が適するものを，次の文から1つ選び，記号で答えなさい。

ア ダカールからみて，オタワはほぼ北東の方角にある。

イ レイキャビクとカイロを結んだ直線は，大圏航路を示す。

ウ　ダカールとレイキャビクを結ぶ最短距離は，約3,000kmである。

エ　キトの対蹠点にあたる緯度は，ほぼ赤道上に位置する。

③　オタワの現地時間で，2月3日午後9時に開始されるスポーツ中継を，東京で視聴するときの試合開始時刻はいつになるか。次の選択肢のうち適するものを1つ選び，記号で答えなさい。

ア　2月3日午前11時　　イ　2月3日午後11時

ウ　2月4日午前11時　　エ　2月4日午後11時

(☆☆☆◎◎◎)

【2】産業と生活文化，民族・宗教について，次の各問いに答えなさい。

(1)　高校生のマイさんたちは，地理の授業で，世界の農業の成立と発展について学んだ。その成果を発表することになり他の生徒たちに伝えるため，プレゼンテーション資料を作成することにした。プレゼンテーション資料に関する以下の各問いに答えなさい。

プレゼンテーション資料

「　a世界の農業の成立と発展　」　～　農業における三つの変革　～

Ⅰ　農業の成立(約1万年前)

○　自給的農業[　自給のための農耕・牧畜　]

…集約的稲作(畑作)農業・焼畑農業・遊牧　など

Ⅱ　自給から市場指向へ(18世紀以降)

○　商業的農業[　市場出荷を目的とした農業　]

…混合農業・酪農・園芸農業・bプランテーション農業　など

Ⅲ　c産業化(20世紀初頭～現在)

○　企業的農業[　機械化・大規模化などで生産性が大幅に向上　]

…企業的穀物(牧畜)農業　など

農産物貿易の拡大

(東京書籍　地理Bより作成)

①　下線部aに関して，表1はいくつかの農産物の輸出量の上位5か国とその世界に占める割合を示したものであり，Ⅰ～Ⅲは大豆，

小麦，トウモロコシのいずれか，X～Zはカナダ，アルゼンチン，ウクライナのいずれかである。大豆とアルゼンチンの組み合わせとして適するものを以下の選択肢から1つ選び，記号で答えなさい。

表1　輸出量上位5か国（2017年）

	I		II		III	
1位	ロシア	15.3%	ブラジル	44.9%	アメリカ合衆国	32.9%
2位	アメリカ合衆国	12.7%	アメリカ合衆国	36.5%	ブラジル	18.1%
3位	X	10.3%	Z	4.9%	Z	14.7%
4位	オーストラリア	10.1%	パラグアイ	4.0%	Y	12.0%
5位	Y	8.2%	X	3.1%	ロシア	3.2%

（帝国書院　地理統計2021年版）

	ア	イ	ウ	エ	オ	カ	キ	ク	ケ
大豆	I	I	I	II	II	II	III	III	III
アルゼンチン	X	Y	Z	X	Y	Z	X	Y	Z

② 　下線部bに関して，写真1はホワイトハイランドでのある農産物Aの収穫時の様子をあらわしたものである。また，資料1はホワイトハイランドの名前の由来について述べたものである。写真1の農産物Aについての説明と，資料1の（　　）に適する輸出国の組み合わせとして適するものを，後の選択肢から1つ選び，記号で答えなさい。

写真1

資料1

> 　1901年，ウガンダ鉄道が完成し，ケニアの内陸高原への白色人種の入植が進んだ。1906年には，（　　　）は高原地域を白人のみに譲渡することを決定し，白人入植者プランテーション農業が行われるようになった。それらの地域を白人の高原という意味で「ホワイトハイランド」とよぶようになった。

(東京法令出版　新編地理資料2022)

〈農産物Aの説明〉

S　気候条件は生育期では高温多雨。栽培適地は強い直射日光をきらう性質である。排水良好な肥沃土が適する。原産地はエチオピア高原，コンゴ盆地。

T　気候条件は年中高温多雨，栽培適地は排水良好な丘陵地。原産地は中国南西部，アッサム地方。

U　気候条件は夏季高温で，生育期22〜27℃，年降水量1,000mm程度がよい。腐植に富んだプレーリー土ないし褐色森林土が最も適している。原産地はアメリカ大陸(メキシコ高原)。

	ア	イ	ウ	エ	オ	カ	キ	ク	ケ
説明	S	S	S	T	T	T	U	U	U
輸出国	イギリス	フランス	ドイツ	イギリス	フランス	ドイツ	イギリス	フランス	ドイツ

③　下線部cに関して，農業の産業化が進む一方で，アグロフォレストリーという取り組みも熱帯林で始まっている。アグロフォレストリーについて述べた文として適するものを次の選択肢から1つ選び，記号で答えなさい。

ア　農山漁村では，過疎化や高齢化が進む一方で，豊かな自然を観光資源としたリゾートが注目されるようになっている。

イ　樹木を育てながら樹間で農作物の栽培や家畜の飼育を複合的に行い，林業と農業・牧畜の融合として捉えることができる。

ウ　発展途上国と先進国の間で手工芸品や農産物を公正な価格で

取引し，発展途上国の人々の経済的・社会的な自立を支援する。

エ　その地域で生産された農産物を，その地域内で消費すること。生産物を市場へ輸送するエネルギーの削減など，環境への負荷低下を期待したものである。

(2)　次の文章は，世界の工業の現況について述べたものである。内容が適さないものを，次の選択肢から1つ選び，記号で答えなさい。

ア　多国籍企業は巨大市場に，工場だけでなく，地域統括本部(本社)や研究・開発(R＆D)機能を配置し，地域ごとに管理・開発・生産・販売の体制を整備している。

イ　先進国・新興工業国のいずれでも，工業立地は世界的には分散する傾向にある。この動きに対して，先進国では産業の知識集約化が進み，多品種少量生産の分野が拡大している。

ウ　エネルギー資源の生産の高い伸びによって成長するロシアでも，多国籍企業の進出が盛んであり，ウラル山脈より西のヨーロッパロシアとよばれる地域では新たな工業地域が生まれている。

エ　ブラジルやロシア，インド，南アフリカ共和国は，第二次世界大戦後に主に輸出指向型の工業化を目指した。比較的早く始まった工業化が伸び悩む中で，1990年代に輸入代替型の工業化政策を取り入れて，21世紀に入って発展している。

(3)　図1中のA〜Dの地域・海域で発生した資源・エネルギーをめぐる問題について，内容が最も適するものを以下の選択肢から1つ選び，記号で答えなさい。

図1

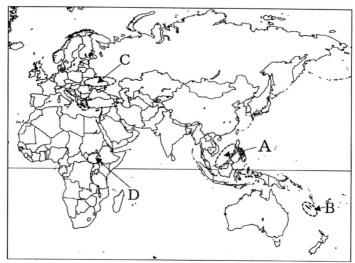

　　ア　A地域では，海底油田やガス田が確認されている。中国，日本，
　　　フィリピン，ベトナムなどの複数の国が島の領有権をめぐって争
　　　っている。
　　イ　B地域では，メラネシア系住民がコバルト鉱山の利権をめぐり，
　　　フランスからの分離独立運動が行われた。
　　ウ　C地域では，ロシアとウクライナを結ぶ天然ガスのパイプライ
　　　ンが整備されているが，供給量や料金設定などをめぐり，しばし
　　　ば紛争がおきている。
　　エ　D地域では，銅などの利権争いとともに政府と反体制派との間
　　　で武力衝突，民族抗争にもつながっており，社会は混乱を極めた。
　(4)　次のA〜Cの文中の下線部は，世界各国の公用語について述べた
　　ものである。下線部の内容の正誤の組み合わせとして適するものを，
　　以下の選択肢から1つ選び，記号で答えなさい。
　　A　マレーシアでは，マレー語以外に，インド系住民が使用するタ
　　　ミル語が公用語に指定されている。
　　B　アルジェリアでは，旧宗主国の言語であるフランス語が公用語

に指定されている。

C　スイスでは，<u>フランス語人口が最も多く</u>，その他，ドイツ語，イタリア語，ロマンシュ語の4言語が公用語である。

	ア	イ	ウ	エ	オ	カ	キ	ク
A	正	正	正	正	誤	誤	誤	誤
B	正	正	誤	誤	正	正	誤	誤
C	正	誤	正	誤	正	誤	正	誤

(5)　次の各文は，世界各地で発生してきた国家の独立や自治権拡大を求める運動について述べたものである。内容が最も適するものを，次の選択肢から1つ選び，記号で答えなさい。

ア　ロシア連邦のチェチェン共和国では，独立を求める民族運動に東方正教会復興運動が重なり，激しい抗争が続いた。

イ　北アイルランドは同じ連合王国(イギリス)であっても，イングランドとは異なる独自の民族意識をもつ人々が多く，2014年に独立を問う国民投票が実施されたが，わずかな票差で独立が否決された。

ウ　スリランカでは，北部に少数派の仏教徒が居住し，多数派でヒンドゥー教徒のシンハラ人と対立している。

エ　フランスとスペインの国境地帯に居住し，カトリックを信仰する両国のバスク人は統一をめざし，独立運動を展開している。

(6)　世界各地にみられる宗教について，次の各問いに答えなさい。

①　次の文は，いくつかの宗教の食に関する禁忌の特徴を述べたものである。ユダヤ教の説明として適するものを，次の選択肢から1つ選び，記号で答えなさい。

ア　牛肉，牛脂などを含む製品(人によっては肉類全般，卵など)を食することが禁じられている。

イ　豚肉，馬肉，ウロコのない魚介類(いか，たこ，貝類，甲殻類など)，処理の作法が守られなかった獣肉を食することが禁じられている。

ウ　豚肉，豚脂などを含む製品，血，酒，処理の作法が守られなかった肉を食することを禁じられている。

エ　僧侶が自分のために動物を殺すことが禁忌。一般の人々は許される。

② 図2中のA〜Cは，いくつかの宗教の最大の聖地を示したものである。さらに，写真S〜Uはそれらの宗教に関する写真である。イスラム教に関する組み合わせとして適するものを，後の選択肢から1つ選び，記号で答えなさい。

図2
〈　宗教の最大の聖地　〉

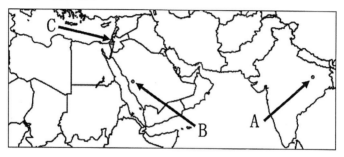

〈　宗教に関する写真　〉

| S | T | U |

(東京法令出版　新編地理資料 2022)

	ア	イ	ウ	エ	オ	カ	キ	ク	ケ
聖地	A	B	C	A	B	C	A	B	C
写真	S	S	S	T	T	T	U	U	U

(☆☆☆◎◎◎)

178

【3】 ヨーロッパ周辺諸国について，以下の各問いに答えなさい。

図1

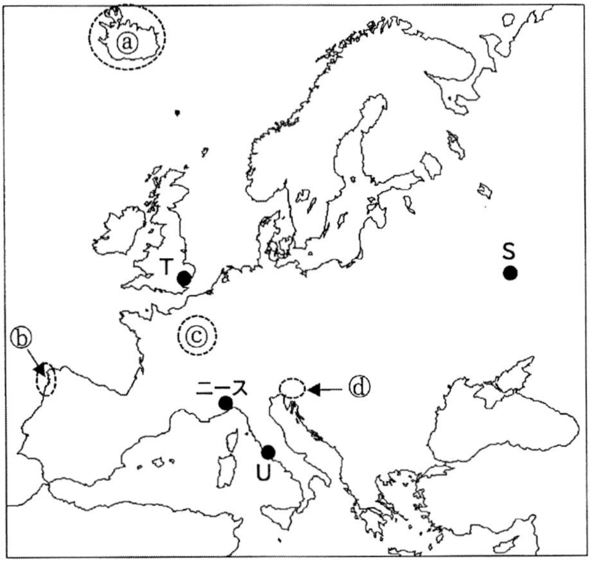

(1) 次の文は，図1中ⓐ～ⓓの地域における地形の特色を述べたものである。内容が適するものを，次の選択肢から1つ選び，記号で答えなさい。

ア ⓐの島には，プレートがせばまることでできた大地の裂け目がみられる。

イ ⓑの海岸には，氷河が形成したU字谷に海水が浸入してできた海岸地形がみられる。

ウ ⓒの地域には，硬軟互層が緩傾斜している平野が広がる。

エ ⓓの地域には，玄武岩が二酸化炭素を含む雨水や地下水に溶食されて形成された地形が広がる。

(2) 図2は，図1中のニースにおける雨温図を示したものである。この雨温図が示す気候区の説明として適するものを，以下の選択肢から1つ選び，記号で答えなさい。

図２

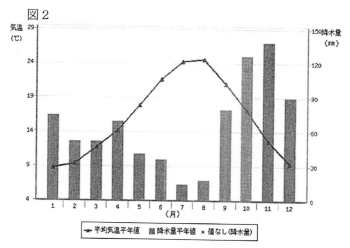

（出典：気象庁ＨＰ）

ア　降水の大半は冬の亜寒帯低圧帯に発生する温帯低気圧によって
もたらされる。

イ　大陸の東岸で，ステップ気候の高緯度に分布する。

ウ　緯度や山脈の影響により北アメリカ西岸やオーストラリア北
部，南アフリカ共和国南東部，チリ中部などにも分布する。

エ　緩やかな丘陵斜面には，乾燥に弱いオリーブの栽培が盛んであ
る。

(3)　次のハイサーグラフⅠ～Ⅲは，図1中のS～Uの都市のいずれかの
ものである。ハイサーグラフと都市の組み合わせとして適するもの
を以下の選択肢から1つ選び，記号で答えなさい。

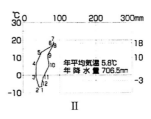

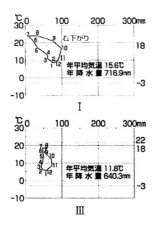

（東京法令出版 新編地理資料 2022）

	ア	イ	ウ	エ	オ	カ
S	Ⅰ	Ⅰ	Ⅱ	Ⅱ	Ⅲ	Ⅲ
T	Ⅱ	Ⅲ	Ⅰ	Ⅲ	Ⅰ	Ⅱ
U	Ⅲ	Ⅱ	Ⅲ	Ⅰ	Ⅱ	Ⅰ

(4) 表1は，ノルウェー・スウェーデン・フィンランドにおける発電量の内訳(2015年)を示したものである。表1中のA〜Cに該当する国の組み合わせとして適するものを，以下の選択肢から1つ選び，記号で答えなさい。

表1

	総発電量 (億 kWh)	火力(%)	水力(%)	原子力(%)
A	686	38.3	24.4	33.9
B	1,621	8.6	46.5	34.7
C	1,450	2.2	95.9	—

	ア	イ	ウ	エ	オ	カ
A	ノルウェー	ノルウェー	スウェーデン	スウェーデン	フィンランド	フィンランド
B	スウェーデン	フィンランド	ノルウェー	フィンランド	スウェーデン	ノルウェー
C	フィンランド	スウェーデン	フィンランド	ノルウェー	ノルウェー	スウェーデン

(5) 表2は，イタリア・ドイツ・フランス・スイスにおける農業指標

と地域性を示したものである。表2中のA〜Cに該当する国の組み合わせとして適するものを，以下の選択肢から1つ選び，記号で答えなさい。

表2

	国土面積に対する割合(%) (2017)		農林水産業就業人口率(%) (2018)	食料自給率(%) (2018)					
	耕地・樹園地	牧場・牧草地		穀類	いも類	野菜類	果実類	肉類	牛乳・乳製品
A	33.4	13.2	1.2	101	134	42	39	130	118
B	30.5	11.9	3.8	62	54	149	109	75	81
C	35.3	16.7	2.5	176	130	72	66	104	118
スイス	10.3	26.6	3.0	46	94	52	44	90	103

(出典：FAOSTAT、『世界の統計』2021、令和元年度『食糧需給表』など)

	A	B	C
ア	イタリア	フランス	ドイツ
イ	イタリア	ドイツ	フランス
ウ	フランス	イタリア	ドイツ
エ	フランス	ドイツ	イタリア
オ	ドイツ	イタリア	フランス
カ	ドイツ	フランス	イタリア

(6) 次の文は，ヨーロッパ各国における鉱工業の特色を述べたものである。内容が適さないものを，次の選択肢から1つ選び，記号で答えなさい。

ア　イギリスのランカシャー地域は，炭田・水運・水資源に恵まれ，綿工業を中心に発展した。産業革命発祥の地である。

イ　フランスのパリ地域では，かつてはロレーヌの鉄鉱石を中心に鉄鋼などが発展した。近年，臨海製鉄所が建設されている。

ウ　オランダのロッテルダムは，造船・鉄鋼・機械・石油化学に特色があり，新マース川河口のユーロポートからはドイツにパイプラインが延びている。

エ　イタリアの第三のイタリアとよばれるヴェネツィア，フィレンツェなどで，皮革，繊維，家具製造などのデザイン性を追求した高級品がうみだされている。

(7) 表3は，日本とヨーロッパのいくつかの国を対象とした人口高齢

化のスピード比較を示したもので，以下の文章は表3から読み取れる内容を述べたものである。以下の文中の下線部⒜〜ⓒの正誤の組み合わせとして適するものを，後の選択肢から1つ選び，記号で答えなさい。

表3

国名	65歳以上人口割合（到達年次）			
	7％	10％	14％	21％
フランス	1864	1943	1979	2021
スウェーデン	1887	1948	1972	2025
デンマーク	1925	1957	1978	2024
イギリス	1929	1946	1975	2028
スペイン	1947	1973	1992	2022
日本	1970	1985	1994	2007

（出典：国立社会保障・人口問題研究所資料）

> 　表3に示された国のなかでは，65歳以上人口割合が最も早く14％に達した国は⒜フランスである。また，65歳以上人口割合が7％から14％に達するまでの年数をみると，デンマークはスウェーデンの⒝約2倍の年数がかかっていることがわかる。日本は，表3中のヨーロッパのどの国よりも，65歳以上人口割合が7％から21％に達するまでの年数がⓒ短いという特徴が読み取れる。

	ア	イ	ウ	エ	オ	カ
⒜	正	正	正	誤	誤	誤
⒝	正	誤	誤	正	誤	誤
ⓒ	誤	正	誤	誤	正	誤

(8) 図4は，ヨーロッパのいくつかの国を含む1人あたり貿易額と貿易依存度を示したものである。図4中の(ア)〜(エ)は，日本，中国，オランダ，ドイツのいずれかが当てはまる。ドイツに当てはまるものを1つ選び，記号で答えなさい。

図４

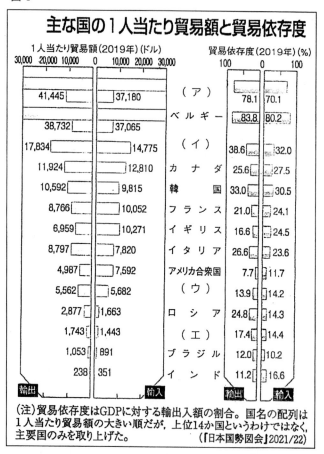

(東京法令出版　新編地理資料2022)

(9)　表4は，ヨーロッパの民族・宗教の関係について述べたものである。表4中の(A)〜(D)は，それぞれベルギー，イギリス，ハンガリー，ポーランドのいずれかの国が当てはまる。このうち，ベルギーとハンガリーの組み合わせとして適するものを，以下の選択肢から1つ選び，記号で答えなさい。

表4

		ヨーロッパ系			非ヨーロッパ
		ゲルマン系	ラテン系	スラブ系	
キリスト教	プロテスタント	（A） ノルウェー スウェーデン オランダ			フィンランド エストニア
	カトリック	オーストリア （B）	フランス イタリア スペイン ポルトガル	（C） チェコ クロアチア	（D）
	東方正教会		ルーマニア モルドバ	ロシア セルビア ブルガリア	

	ア	イ	ウ	エ	オ	カ	キ	ク
ベルギー	(A)	(B)	(C)	(D)	(B)	(C)	(D)	(A)
ハンガリー	(B)	(C)	(D)	(A)	(D)	(A)	(B)	(C)

(☆☆☆◎◎)

【4】北アメリカについて，次の各問いに答えなさい。

(1) 次の図1中A－B間は，図2中のア～エのいずれかの線に沿った断面図である。図2中のア～エの中から，図1中A－Bの断面図に適するものを1つ選び，記号で答えなさい。(A－B間とア～エの実距離は等しくない)

図1

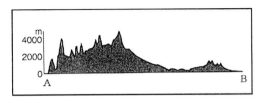

(東京法令出版　新編地理資料 2022 より作成)

図２

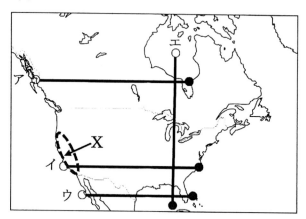

（○は図１のＡ地点、●は図１のＢ地点を表す）

(2)　図2中のX地域の地形に関する次のA～Cの説明文を読んで，正誤
の組み合わせとして適するものを，以下の選択肢から1つ選び，記
号で答えなさい。

A　X地域にあるシエラネヴァダ山脈は断層山地の一種で，傾動山
地である。

B　X地域は地震が多いが，それは環太平洋造山帯の一部でせばま
る境界線上に位置するためである。

C　X地域のシエラネヴァダ山脈西山麓にヨセミテ国立公園があり，
氷食地形がみられる。

	ア	イ	ウ	エ	オ	カ	キ	ク
A	正	正	正	正	誤	誤	誤	誤
B	正	正	誤	誤	正	正	誤	誤
C	正	誤	正	誤	正	誤	正	誤

(3)　アメリカ合衆国では，自然環境に適した作物を栽培する適地適作
が行われている。次の図3中のいずれかの地域でみられる農業地域
の自然・社会条件および農牧業の特徴を述べた文として適さないも
のを，以下の選択肢から1つ選び，記号で答えなさい。

図3

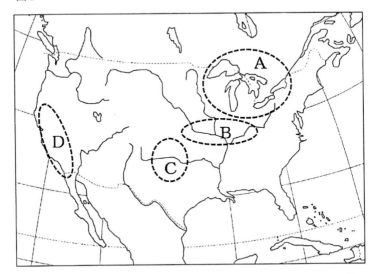

ア　A地域では，冷涼・湿潤な気候，氷食を受けたやせた地で牧草
　　栽培には適する。北東部の巨大市場に隣接。牧草などの飼料作物
　　を栽培し，乳牛を飼育。

イ　B地域では，高温湿潤な夏，肥沃なプレーリー土が分布し，と
　　うもろこし栽培に適する。近年は大豆が急増。近年，穀物栽培ま
　　たは家畜飼育に専門化する農家が多い。

ウ　C地域では，肥沃な黒色土が分布し，小麦栽培に適する。南部
　　のカンザス州・オクラホマ州では春小麦栽培が行われている。

エ　D地域では，温暖な地中海性気候を生かし，夏の乾燥を灌漑施
　　設の整備で克服。果樹や野菜などの集約的な農業を展開。

(4)　次のA〜Cの図は，アメリカ合衆国のとうもろこし(生産量)，小麦
　(生産量)，綿花(生産量)の上位州を表している。とうもろこし(生産
　量)と小麦(生産量)の組み合わせとして適するものを，以下の選択肢
　から1つ選び，記号で答えなさい。

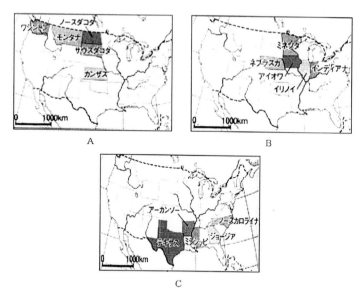

（帝国書院　新詳地理資料　COMPLETE　2020）

	ア	イ	ウ	エ	オ	カ
とうもろこし	A	A	B	B	C	C
小麦	B	C	A	C	A	B

(5)　次の図4は図5中のアメリカの西部，北東部，中西部，南部の地域別製造業出荷額・雇用者数のシェアを示したものである。南部を示したものとして適するものを，図4中から1つ選び，記号で答えなさい。

図4

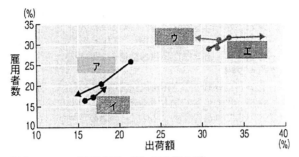

(注)1. シェア＝（当該地域の値）／（全国の値）
　　 2. 1985年→1995年→2009年の変化を矢印で示している。
　　　　　　　　　　　　　　　　　　（米国商務省センサスによる）

図5

（東京法令出版　新編地理資料 2022）

(6)　次の説明文が示す資源として適するものを，以下の選択肢から1
　　つ選び，記号で答えなさい。

> 　地下の頁岩に閉じ込められている天然ガス。これまで，採掘は困難とされてきたが，低コストでガスを取り出す技術が確立された。埋蔵量が少なくとも150年分，なおかつ，CO_2排出量は石炭に対し40％，石油に対し15％も少ない。

　ア　バイオマス　　イ　シェールガス　　ウ　レアメタル
　エ　メタンハイドレート

(7)　次の図6はアメリカ合衆国の民族分布について示したものである。この図6を説明した以下の文章中の（　A　）〜（　C　）に当てはまる組み合わせとして適するものを，後の選択肢から1つ選び，記号で答えなさい。

　図6

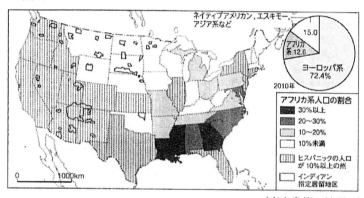

（東京書籍　地理B）

> 　（　A　）系の人口の割合は南部で高く，北部や太平洋岸では低い傾向にある。これに対して，（　B　）は，メキシコやプエルトリコなどで生まれた（　C　）語を話す人々やその子孫のことで，南西部ではメキシコ系，フロリダではキューバ系（　B　）が多い。

	ア	イ	ウ	エ	オ	カ
A	アジア	アジア	アフリカ	アフリカ	ヨーロッパ	ヨーロッパ
B	メスチソ	ヒスパニック	メスチソ	ヒスパニック	メスチソ	ヒスパニック
C	スペイン	ドイツ	ポルトガル	スペイン	ドイツ	ポルトガル

(8) 北アメリカの大都市圏の変容を述べたものとして適さないもの
を，次の選択肢から1つ選び，記号で答えなさい。

ア アメリカでは，多国籍企業の本社は大都市に集中するため，日
本のように東京などの特定の大都市への一極集中がみられる。

イ 情報サービスなどの知識集約的な部門も，大企業の本社が立地
する大都市へと集中している。カナダでは，南部の五大湖沿岸の
大都市圏に集中している。

ウ 都市部における貧困層の集住や治安の悪化や，モータリゼーシ
ョンの発展などから，富裕層や中間層の移転による郊外化が進展
した。

エ ITの発達により，会社と自宅のコンピュータをつないで仕事を
する在宅勤務者が増えたため，カナダ南部の大都市圏でも，これ
まで大都市のすぐ周辺に広がっていた農村が，郊外化の影響で大
きく変容している。

(☆☆☆☆◎◎)

公 民 科

【1】「高等学校学習指導要領(平成30年告示)公民編」に関する次の問い
に答えなさい。

次の文章は，「高等学校学習指導要領(平成30年告示)第3節 公民
第2款 各科目」の一部である。文中の空欄に当てはまる語句として
適するものを，以下の選択肢から選び，記号で答えなさい。

第1　公共
　1　目標
　　　人間と社会の在り方についての見方・考え方を働かせ，現代の諸課題を追究したり解決したりする活動を通して，広い視野に立ち，グローバル化する国際社会に主体的に生きる平和で民主的な国家及び社会の有為な形成者に必要な公民としての資質・能力を次のとおり育成することを目指す。

　　　　　　　　　　～中略～

　(2)　現実社会の諸課題の解決に向けて，選択・判断の手掛かりとなる考え方や公共的な空間における基本的原理を活用して，事実を基に多面的・多角的に考察し(　A　)力や，合意形成や社会参画を視野に入れながら構想したことを(　B　)力を養う。

　　　　　　　　　　～中略～

第2　倫理
　1　目標
　　　人間としての在り方生き方についての見方・考え方を働かせ，現代の諸課題を追究したり解決に向けて構想したりする活動を通して，広い視野に立ち，人間尊重の精神と生命に対する畏敬の念に基づいて，グローバル化する国際社会に主体的に生きる平和で民主的な国家及び社会の有為な形成者に必要な公民としての資質・能力を次のとおり育成することを目指す。

　　　　　　　　　　～中略～

　(2)　自立した人間として他者と共によりよく生きる自己の生き方について(　C　)力や，現代の倫理的諸課題を解決するために倫理に関する概念や理論などを活用して，論理的に思考し，思索を深め，説明したり対話したりする

力を養う。

〜中略〜

第3　政治・経済

1　目標

　　社会の在り方についての見方・考え方を働かせ，現代の諸課題を追究したり解決に向けて構想したりする活動を通して，広い視野に立ち，グローバル化する国際社会に主体的に生きる平和で民主的な国家及び社会の有為な形成者に必要な公民としての資質・能力を次のとおり育成することを目指す。

〜中略〜

(2)　国家及び社会の形成者として必要な選択・判断の基準となる考え方や政治・経済に関する概念や理論などを活用して，現実社会に見られる複雑な課題を把握し，説明するとともに，身に付けた判断基準を根拠に構想する力や，構想したことの妥当性や効果，実現可能性などを指標にして議論し公正に判断して，（　D　）力を養う。

	A		B		C		D
ア	公正に解決する	ア	説明する	ア	より深く思案する	ア	合意形成や社会参画に向かう
イ	公正に判断する	イ	実践する	イ	より広く思案する	イ	社会の一員として生きる
ウ	公平に解決する	ウ	議論する	ウ	より深く思索する	ウ	現代の課題を見いだす
エ	公平に判断する	エ	表現する	エ	より広く思索する	エ	主体的に解決しようとする

(☆○○○○○)

【2】次の文章は，「高等学校学習指導要領(平成30年告示)解説　公民編　第2章　第2節　倫理」の一部である。以下の各問いに答えなさい。

2　内容とその取扱い

A　現代に生きる自己の課題と人間としての在り方生き方

~中略~

(1)　人間としての在り方生き方の自覚

　　a人間の存在や価値に関わる基本的な課題について思索する活動を通して，次の事項を身に付けることができるよう指導する。

　　ア　次のような知識及び技能を身に付けること。

　　　(ア)　個性，感情，認知，発達などに着目して，豊かな自己形成に向けて，他者と共によりよく生きる自己の生き方についての思索を深めるための手掛かりとなる様々なb人間の心の在り方について理解すること。

　　　(イ)　c幸福，愛，徳などに着目して，人間としての在り方生き方について思索するための手掛かりとなる様々な人生観について理解すること。その際，人生における宗教や芸術のもつ意義についても理解すること。

(1)　下線部aに関連して，「人間とは何か」という問いかけに対しては，これまでに様々な答えが示されてきた。様々な人間観をまとめた【資料Ⅰ】と，青年期の特徴をまとめた【資料Ⅱ】について，空欄の組合せとして適するものを，あとの選択肢から1つ選び，記号で答えなさい。

【資料Ⅰ】様々な人間観

名称	内　容	定義者
ホモ=（　Ａ　）	工作人。道具を使って，ものを生産する人	ベルクソン
ホモ=ルーデンス	遊戯人。「遊び」から文化を創造する人	（　Ｂ　）

【資料Ⅱ】青年期の特徴

青年期の特徴	内容や特徴	提唱者
マージナルマン	子どもと大人の間で揺れ動く青年	レヴィン
第二の誕生	親の保護や監督から離れて，独立した人間になろうとする衝動	ルソー
モラトリアム人間	青年期の居心地の良さに甘えて，そこに留まろうとする人間	（　Ｃ　）
アイデンティティの確立	自己の主体性を確立すること　青年期の発達課題の一つ	（　Ｄ　）

	A	B	C	D
ア	レリギオースス	カッシーラ	神谷美恵子	オルポート
イ	ファーベル	カッシーラ	小此木啓吾	エリクソン
ウ	レリギオースス	ホイジンガ	神谷美恵子	オルポート
エ	ファーベル	ホイジンガ	小此木啓吾	エリクソン

(2) 下線部bに関連して，次図はアメリカの心理学者マズローによる欲求階層説を表したものである。この図の空欄の組合せとして適するものを，以下の選択肢から1つ選び，記号で答えなさい。

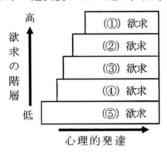

	①	②	③	④	⑤
ア	承認	自己実現	安全	生理的	愛情
イ	自己実現	承認	愛情	安全	生理的
ウ	自己実現	承認	安全	生理的	愛情
エ	承認	自己実現	愛情	安全	生理的

(3) 下線部cに関連して，あき子さんは倫理の授業で【プラトン】・【キリスト教】・【仏教】・【中国の思想】について学習しました。次の各問いに答えなさい。

① 【プラトン】に関連して，あき子さんと友人との次の会話文を読み，文中の空欄の組合せとして適するものを，以下の選択肢から1つ選び，記号で答えなさい。

友人	プラトンは，徳(アレテー)についての関心が高かったようだけど，それ以前はどのような考

| | 友人 | プラトンは，徳(アレテー)についての関心が高かったようだけど，それ以前はどのような考え方があったのかな？ |

友人　プラトンは，徳(アレテー)についての関心が高かったようだけど，それ以前はどのような考え方があったのかな？

あき子さん　ソクラテスは「よく生きること」を説いたんだけど，そのきっかけは（　A　）に代表されるソフィストとの考え方の相違があったとも言われるわ。

友人　確かそのソフィストは「人間は万物の尺度である」っていう主張だったよね。

あき子さん　結果的にソクラテスは不遇の死を遂げるけど，そういった背景があり，プラトンは不完全なものが，完全なものを目指す（　B　）を展開したのかも。

友人　プラトンの思想と，アリストテレスの思想は何が異なるの？

あき子さん　アリストテレスはプラトンよりも（　C　）主義者で，観想的＝（　D　）的生活を重視した思想家だよ。

	A	B	C	D
ア	ヘラクレイトス	アナムネーシス	理想	フロネーシス
イ	プロタゴラス	イデア論	現実	テオーリア
ウ	ヘラクレイトス	アナムネーシス	理想	テオーリア
エ	プロタゴラス	イデア論	現実	フロネーシス

② 【キリスト教】に関連して，キリスト教の発展についての記述として適するものを，次の選択肢から1つ選び，記号で答えなさい。

ア　パウロは，神の啓示を受けキリスト教へ回心し，イエスの十字架上の死は人間がのがれようもなく負っている罪をあがなう(贖罪)ためのものであり，人々に信仰・希望・愛を持って生きることを説いた。

　イ　トマス＝アクィナスは，キリスト教哲学内部で起こった理性
　　と信仰は調和するかしないかという論争に対する独自の解決策
　　として，理性の優位を前提とした理性と信仰の調和を図ろうと
　　し，スコラ哲学を大成させた。

　ウ　プロティノスは，2世紀までに，イエスの伝記である四つの
　　福音書や使徒たちの手紙など27巻からなる『新約聖書』をまと
　　め，世界は神から流出してふたたび神に帰還するとしてキリス
　　ト教の布教に貢献した。

　エ　アウグスティヌスは，人間を救うのは，神の恩寵のみだと考
　　え，教会こそがその救いを与える神の国の代理人であると説
　　き，ギリシアの四元徳をキリスト教の三元徳の上位に位置づけ，
　　神の絶対性と教会の権威を基礎づけた。

③　【中国の思想】に関連して，孟子の思想についての記述として
　適さないものを，次の選択肢から1つ選び，記号で答えなさい。

　ア　孟子は，孔子の仁の教えを引き継ぎ，人間の本性を善と見な
　　す性善説を主張し，人間が悪をなすのは感覚が外物の刺激によ
　　って欲を起こすからであるとし，悪の原因は人間の外にあると
　　した。

　イ　孟子は，人間には，他人の不幸を見て見ぬふりのできない惻
　　隠の心，みずからの不正・悪をはじにくむ羞悪の心，たがいに
　　ゆずり合う辞譲の心，善悪を見分ける是非の心の4つの心があ
　　り，これを四端とした。

　ウ　孟子は，仁・義・礼・智の四徳が身体に充実してくると，何
　　事にも動じない不動心である浩然の気が現れ，これを備えた人
　　を君子とよんで理想とした。

　エ　孟子は，あるべき政治の姿を仁義に基づく王道政治に求め，
　　民意にそむく君主は，天意を失ったものとして追放し，別の者
　　を天子に立てることをみとめる易姓革命を主張した。

④　【中国の思想】に関連して，次の【資料】は荘子のどのような
　境地を描いたものであるか。背景にある荘子の[思想]と【資料】

の[題目]の組合せとして適するものを，あとの選択肢から1つ選び，
記号で答えなさい。

【資料】

出典「改訂版　倫理」数研出版

[思想]
(a)　対立・差別は人間の立場を通してのみ成り立つ相対的
　　な世界にすぎず，ありのままの世界は，何らの差別も対
　　立もない，すべてが斉しい世界なのである。
(b)　思想の中心は道にある。道とは，万物がそこから生ま
　　れ，そこに帰る全ての存在の根拠である。道は何もしな
　　い，それでいてあらゆる物事は道の働きにほかならない。

[題目]
(c)　柔弱謙下　　　(d)　胡蝶の夢

	[思想]	[題目]
ア	(a)	(c)
イ	(a)	(d)
ウ	(b)	(c)
エ	(b)	(d)

⑤　【プラトン】・【キリスト教】・【仏教】・【中国の思想】と関係の深い語句の組合せとして適するものを，次の選択肢から1つ選び，記号で答えなさい。

	【プラトン】	【キリスト教】	【仏教】	【中国の思想】
ア	フィリア	プシュケー	トーラー	仁
イ	エロース	アガペー	トーラー	義
ウ	フィリア	プシュケー	慈悲	義
エ	エロース	アガペー	慈悲	仁

(☆☆☆◎◎◎)

【3】西洋思想に関して，次の各問いに答えなさい。

(1)　イタリアに起こったルネサンスの時代の思想や芸術作品に関する記述として適するものを，次の選択肢から2つ選び，記号で答えなさい。

ア　トマス＝モアは『人間の尊厳について』の中で，自分のあり方を自由に選ぶところに人間の尊厳があると説いた。

イ　パスカルは，あるがままの人間の姿をみつめ，人間の本性に基づいて生き方を思索したモラリストであり，代表的な著書に『パンセ』がある。

ウ　マキャベリは，『君主論』を著し，政治というものは，宗教や道徳の干渉を受けてはならず，人間を統治する技術に徹するべきと考えた。

エ　ルターは『キリスト教綱要』の中で，誰を救い誰を滅ぼすかはあらかじめ神の自由意志によって決められており，神の救済は人間のなす業績や価値とは無関係であると説いた。

オ　ピコ＝デラ＝ミランドラは，理想郷を唱え，当時の社会矛盾を批判した『ユートピア』を著した。

(2)　航太郎さんは，倫理の授業で，近代の科学的思考方法について発表することになりました。航太郎さんが作成した【資料A】～【資料C】に基づいて，以下の各問いに答えなさい。

【資料A】　　　　　　　　　　【資料B】　　　　　　　　　　【資料C】

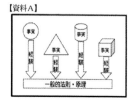 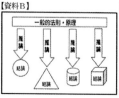 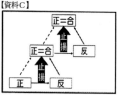

① 【資料A】について航太郎さんと友人の次の会話文の空欄に入る語句の組合せとして適するものを，以下の選択肢から1つ選び，記号で答えなさい。

友人	【資料A】を唱えたベーコンは，一般法則を導くために経験を重視したんだね。
	でも何故，経験から知識を得るためには，自然を正しく観察することが大切なの？
航太郎さん	それは，人間は無意識に物事をゆがめて捉えることがあるからなんだよ。
	例えば，私たちは伝統的な権威に対して無批判になったりすることがあるよね。
	これをベーコンは，（　a　）とよんでいるんだ。
友人	そういえば，私も，人のうわさ話やSNS上の書き込みなどの情報に無批判になったりしているかも…
航太郎さん	それは（　b　）のことだね。
	人には好き嫌いのような個人的な偏りがあるから，思い込みにつながることもあるよね。
友人	それは（　c　）のことだね。
航太郎さん	感覚や想像にまどわされる（　d　）のように，人間性に根ざす誤りも多いよね。

	a	b	c	d
ア	劇場のイドラ	種族のイドラ	市場のイドラ	洞窟のイドラ
イ	洞窟のイドラ	市場のイドラ	種族のイドラ	劇場のイドラ
ウ	洞窟のイドラ	種族のイドラ	劇場のイドラ	市場のイドラ
エ	劇場のイドラ	市場のイドラ	洞窟のイドラ	種族のイドラ

② 航太郎さんは,【資料A】や【資料B】に関係する科学的思考方法が,その後どのように発展したかについて調べてみました。次の記述のうち,【資料B】に関係する科学的思考法を継承したものの組合せとして適するものを,以下の選択肢から1つ選び,記号で答えなさい。

(a) スピノザは『エチカ』において,万物は神の現れであり,神と自然は同一であると主張し,事物を「永遠の相のもとに」認識することを説いた。

(b) ロックは『人間知性論』で,人間の心はもともと「タブラ＝ラサ」であり,諸観念が後天的に形成されるとし,生得観念を否定した。

(c) ヒュームは『人間本性論』で,人間の心は「知覚の束」にすぎないとし,理性に対する懐疑の立場をとった。

(d) ライプニッツは『モナド論』において,世界は無数のモナド(個物)から成り立っているが,全体としては調和していることを説いた。

　　ア　(a)と(b)　　イ　(b)と(c)　　ウ　(a)と(d)

③ 航太郎さんは,【資料C】をより分かりやすく説明するために次のように「発表原稿」をまとめました。「発表原稿」中の空欄の組合せとして適するものを,以下の選択肢から1つ選び,記号で答えなさい。

> （　a　）は理性や自由が実現されるべき現実の社会は,歴史的に運動し変化するものであるとし,この運動の法則を（　b　）と表現しました。そして『精神現象学』の中で,次のように具体的に説明しています。

> 「花が咲けば（　c　）が消えるから，（　c　）は花によって
> 否定されたということもできよう。同様に，（　d　）により，
> 花は植物のあり方としていまだ偽りであったことが宣告さ
> れ，植物の真理として花にかわって（　d　）が現れる。」

	a	b	c	d
ア	ヘーゲル	弁証法	蕾	果実
イ	カント	弁証法	果実	蕾
ウ	ヘーゲル	定言命法	果実	蕾
エ	カント	定言命法	蕾	果実

(3) 次の文章のうち，18世紀以降の産業革命を背景に発達した思想に
ついての記述として正しいものはいくつあるか，適するものを，以
下の選択肢から1つ選び，記号で答えなさい。

　(a)　ベンサムは，「最大多数の最大幸福」の原理に基づき，もっと
も多くの人々を幸福にし，その幸福の総和を最大にするような全
体のあり方こそが最も善いものであると考えた。

　(b)　コントは，人間の知識は，神学的段階，形而上学的段階を経て，
検証可能な経験的事実だけから法則を引き出す実証的段階に到達
したことに触れ，人間の社会についても実証主義的な研究を行う
べきであると考えた。

　(c)　スペンサーは，人間社会もまた自由競争のなかで適者生存の法
則によって進歩し，より高度な分業体制を備えていくという社会
進化論を唱えた。

　(d)　デューイは，知性は人間が用いる道具のうちでもっとも優れた
もので，人間が新たな行為を生み出し，環境によりよく適応して
いくための道具であると考えた。

　　ア　すべて正しい　　　イ　正しいものは3つ
　　ウ　正しいものは2つ　　エ　正しいものは1つ

(4) 次の【資料A】は，社会主義に関連の深い思想家についてまとめ
たものである。資料中における思想家の組合せとして適するものを，

以下の選択肢から1つ選び，記号で答えなさい。

【資料A】

思想家	内容
サン・シモン	全産業者による平等な産業社会の建設を説いた。
（　a　）	「ファランジュ」という小規模の農業共同体を構想した。
（　b　）	ニューハーモニー村という共同生活・共同所有の村を建設した。
（　c　）	議会政治の中で平等社会の実現を目指す。ドイツ社会民主党に受け継がれた。
（　d　）	ロシア革命によって、社会主義国家を成立させた。

	a	b	c	d
ア	オーウェン	フーリエ	ベルンシュタイン	レーニン
イ	フーリエ	オーウェン	レーニン	ベルンシュタイン
ウ	フーリエ	オーウェン	ベルンシュタイン	レーニン
エ	オーウェン	フーリエ	レーニン	ベルンシュタイン

(5) 実存主義の思想について，それぞれの思想家が唱えた実存に至る過程についての記述として適さないものを，次の選択肢から1つ選び，記号で答えなさい。

ア　キルケゴールは，自己の矛盾を誠実に受け止め，罪の意識におののきつつ神の前にただひとり立つということが宗教的実存の段階への通路となり，この信仰への飛躍によってこそ，人間は神の前の単独者として本来の自己を回復し，真の意味で実存することができると説いた。

イ　ニーチェは，「神は死んだ」ことを認め，これまでの道徳や思想が教える一切の価値を破壊しなければならないと考え，力への意思によって支配されるこの現実世界をありのままに受け止め，みずから新たな価値を創造しながら生きていかなければならないことを説いた。

ウ　サルトルは，死・苦しみ・争い・罪責などの限界状況に直面し，自分が有限であり無力であることを知る者だけが真の意味で実存に目覚めることができると考え，人間は自己と世界を支える包括者に触れ，自己をその本来の姿で受け取り直すことができると説いた。

エ　ハイデッガーは，自分が死の可能性につねに直面しながら生き

ていることを自覚し，そのことを覚悟して引き受けるとき，現存在は本来的な自己を獲得し，自己の存在の意味を理解することができると説いた。

(6) 20世紀以降の思想に関連する記述として適さないものを，次の選択肢から1つ選び，記号で答えなさい。

　ア　レヴィ＝ストロースは，構造主義の祖とされ，どんな文化においても，人間の思考や行動は無意識的で社会的な構造によって規定されると主張し，個人の自由に立脚する近代西洋社会の人間中心主義を肯定した。

　イ　ホルクハイマーは，産業化の進展とともに，理性が科学技術に従属し，目的を効率よく遂行するための道具と化し，この道具的理性が人間の内面を空にし，人間社会は画一的な管理の下に置かれると考えたフランクフルト学派の一人である。

　ウ　ウィトゲンシュタインは，従来の哲学の問題の多くが言語の乱用から生じた無意味な問題であるとして，検証可能で有意味な命令と検証不可能で無意味な命題とを区別することの重要性を説き，分析哲学に継承された。

　エ　ポパーは，科学理論は，その反証可能性のゆえに進歩すると主張し，単に検証された事実の積み重ねだけでは新たな理論は生まれず，今までの理論が否定的な事例によって反証されることが，理論展開上の重要なきっかけになると説いた。

(7) 私たちは他者との関係性を通して，「公共性」を身につけ，社会生活を営んでいる。このことに関して，次の記述が誰によって提案されたものであるのか，正しい組合せとして適するものを，以下の選択肢から1つ選び，記号で答えなさい。

　(a)　「私」から出発してすべてを説明しようとする近代哲学は，他者を自己に同化する全体性の思想である。しかし，他者は同化し得ない絶対的な他性をもつ存在であり，その重みを知ることこそが，倫理の出発点となる。

　(b)　人間の生活には，生存のために必要な労働，道具や作品を作る

仕事，他者とともに共同体を営む活動があるが，とくに，活動は，人間が言葉をかわして公共性を築くことであり，人間にとって本質的なものである。古代では，活動が労働より重んじられていたが，近代になると，労働や仕事が重んじられ，公共性が失われた。

(c) 社会契約説の伝統的な架空の原初状態のもとで話し合いを通して導かれる社会のルールこそ，誰もが合意できる公正としての正義の原理にほかならない。それは社会的な基本財の配分をめぐる正義の二原理として定式化される。

(d) 自由で独立した個人を前提とするリベラリズムのような人間像は「負荷なき自己」である。しかし，現実の人間は，様々なコミュニティの伝統文化や歴史の重荷を負った「負荷ある自己」であり，コミュニティの価値観を内面化することで自己のアイデンティティの核を形づくっている。

	(a)	(b)	(c)	(d)
ア	アーレント	ハーバーマス	セン	ノージック
イ	レヴィナス	アーレント	ロールズ	サンデル
ウ	アーレント	ハーバーマス	ロールズ	サンデル
エ	レヴィナス	アーレント	セン	ノージック

(☆☆☆◎◎◎)

【4】次は，ある「倫理」の教科用図書の目次の一部を表したものである。以下の各問いに答えなさい。

第1章 日本の伝統思想と東洋思想の受容
　第1節 日本の風土と古代日本人の考え方
　　・a日本の風土と社会
　　・日本神話の世界観
　　・神話と倫理
　第2節 仏教の受容と展開
　　・外来思想の土着化

205

・仏教の受容〜奈良・平安時代の仏教〜

・仏教の展開〜_b<u>鎌倉時代の仏教</u>

第3節　_c<u>儒学の受容と国学の発達</u>

・儒学の受容と展開

・国学の誕生

・庶民の思想

・幕末の思想

第2章　西洋思想の受容と近現代の日本の思想

　第1節　_d<u>近代の日本の思想</u>

・啓蒙思想と民権論

・国民道徳とキリスト教

・_e<u>近代的自我の模索</u>

・近代日本における哲学の誕生

・大正デモクラシーの思想

・昭和初期の思想と超国家主義

　第2節　_f<u>国際社会を生きる日本人</u>

・私たちの思想的状況

・私たちの課題

(1)　下線部aに関連して，神話や倫理についての記述として適さない
　ものを，次の選択肢から1つ選び，記号で答えなさい。

ア　神話によれば，イザナミの命がイザナギの命とともに，高天原
　から混沌とした地上に降り立ち，島々や海・山などを生んだとさ
　れ，葦原中国とよばれる秩序ある世界となったといわれている。

イ　「幽玄」とは，ものごとが神秘的で奥深いことを表し，藤原俊
　成が和歌論で用い，室町時代には，世阿弥が能において重視した
　美的情趣である。

ウ　和辻哲郎は，人間のあり方を「個人」に求める西洋思想を批判
　し，「人間」とは，家庭・仲間・職場・社会における人と人との

関係の中に生きる間柄的存在であるとした。

　エ　南方熊楠は，沖縄をはじめ各地を調査し，文学や芸能の源流を神の伝承に求め，神の原像は外の世界から村にやってくるものと考え，これを客人を意味する「まれびと」と呼んだ。

(2)　下線部bに関連して，次の【資料A】～【資料D】にある「私」とは誰のことか。その組合せとして適するものを，以下の選択肢から1つ選び，記号で答えなさい。

【資料A】
　「私」は，往生のためには，他の修行をさしおいて，称名念仏に専念するだけでよいとする専修念仏を説いた。

【資料B】
　信・不信を問わず，念仏を称えるならば誰でも往生できる。
　「私」は，諸国を遊行し，念仏札を配って布教につとめた。

【資料C】
　「私」の思想は，ひたすら坐禅につとめると，煩悩にとらわれていた自己が脱け落ち，自由な境地に達するという身心脱落である。

【資料D】
　「私」は，題目を唱えるならば，「妙法蓮華経」に備わる釈迦仏の功徳が与えられ，誰でも仏になれると説いた。

	【資料A】	【資料B】	【資料C】	【資料D】
ア	法然	一遍	栄西	道元
イ	親鸞	法然	道元	日蓮
ウ	法然	一遍	道元	日蓮
エ	親鸞	法然	栄西	道元

(3)　下線部cに関連して，江戸時代の思想について，以下の各問いに答えなさい。

【資料A】
　　私欲をつつしむことによって本来の心を保ち，天理のままに生きるべきであり，そのためには，人間関係における天理を正しく認識し，知識をきわめること(格物致知)が必要である。

【資料B】
　　すべての人々が直接に田畑を耕して(万人直耕)衣食を自給する平等な自然世こそが，理想であり，武士が支配するような人為的な差別社会を批判した。

【資料C】
　　商人にとって正直とは，利己心や隠しだてなく，正当なしかたで利益をえることである。また，倹約とは，単なる物惜しみではなく，天下の富を無駄にしないことである。

【資料D】
　　男性的で大らかな気風としての「ますらをぶり」を見いだし，力強く素直な「高く直き心」を古代の理想的精神と考えた。

【資料E】
　　死後の霊魂が神になることを説き，古道と神道とを結びつけた独自の復古神道を説いた。

① 【資料A】～【資料E】において，思想家・主著の組合せとして適するものを，次の選択肢から2つ選び，記号で答えなさい。

	資料	思想家	主著
ア	資料A	中江藤樹	『自然真営道』
イ	資料B	伊藤仁斎	『童子問』
ウ	資料C	二宮尊徳	『都鄙問答』
エ	資料D	賀茂真淵	『国意考』
オ	資料E	平田篤胤	『霊能真柱』

② 江戸時代の思想を，次の(a)と(b)とに大別した場合，【資料A】～【資料E】を正しく分類しているものを，以下の選択肢から1つ選び，記号で答えなさい。

(a)：大陸から伝来した儒学の思想を伝承した流れ

(b)：日本の古典から理想的な精神である古道を探ろうとした流れ

	(a)	(b)
ア	資料A・B	資料C・D・E
イ	資料D・E	資料A・B・C
ウ	資料A・C・E	資料B・D
エ	資料A・B・C	資料D・E

(4) 下線部dに関連して，幕末から明治大正期の思想に関する記述として適するものを，次の選択肢から1つ選び，記号で答えなさい。

ア 内村鑑三は，武士道の厳しい道徳を誇るべき伝統としながらも，「武士道の上に接ぎ木されたるキリスト教」こそ，日本を救い，世界をも救うと説いた。

イ 岡倉天心は，東洋近代の原理は科学技術等の力にあるが，西洋の原理は美や道徳の精神にあると説き，「アジアは一つ」であると主張した美術史家である。

ウ 加藤弘之は，東京帝国大学初代学長を務め，『日本道徳論』において国家の基本は道徳にあると主張し，文明開化にふさわしい国民道徳を提示した明六社の一人である。

エ 植木枝盛は，清国がアヘン戦争においてイギリスに敗戦したことに衝撃を受け，「東洋道徳，西洋芸術」を共に学ぶことで人々

を豊かにすべきであると考えた。

(5)　下線部eについての次の記述のうち，正しいものの組合せとして適するものを，以下の選択肢から1つ選び，記号で答えなさい。

A　与謝野晶子は「新しい女」として呼ばれ，非難や圧迫を受けながらも女性のみの手によって文芸雑誌を創刊し，婦人参政権の要求や母性保護を掲げて女性の社会的解放に努めた。

B　武者小路実篤は，自己の個性を自由に伸張させることが，そのまま人類の文化の発展に寄与することを説く白樺派の一人で，自己を全的に生かす理想の共同体として「新しき村」を建設した。

C　国木田独歩は，『蒲団』の中で，キリスト教の神はどのような時も剣を持って争ってはならないと教えているとし，「戦争は人を殺すことである。そうして人を殺すことは大罪悪である」と主張した。

D　夏目漱石は，『行人』や『こころ』などで，自己の内に潜むエゴイズムに苦しみ悩む知識人を描き，晩年に，自己本位を超え，則天去私の境地を目指した。

　ア　Bのみ　　イ　Cのみ　　ウ　BとDの2つ
　エ　すべて正しい

(6)　下線部fに関連して，次の主張を行った思想家の組合せとして適するものを，以下の選択肢から1つ選び，記号で答えなさい。

A　孤独こそ人間の本来のあり方と考える。偽善的な道徳に安住するのではなく，堕落し孤独となり，その中でありのままの自己を直視し，偽りのない自己に基づく思想や道徳を形成すべきと説いた。

B　戦後の日本人が無批判に欧米思想を受け入れたために真の近代化がなかったと説き，外的権威への「奴隷性」を指摘し，戦後の近代主義を批判した。

C　敗戦を幕末の開国になぞらえ「第二の開国」と捉え，戦後の日本社会で真の近代化を目指すべきと考え，儒学や国学などの日本の思想史分析を通して，日本の近代意識の萌芽を見いだした。

D　戦前の国体論などの「虚像」が崩壊した自己の敗戦体験から，戦後流行した共産主義なども虚像と考え，「自立」した思想的根拠は「大衆」の生活様式に置くべきと説いた。

	A	B	C	D
ア	坂口安吾	西田幾多郎	丸山真男	吉本隆明
イ	坂口安吾	竹内好	丸山真男	吉本隆明
ウ	丸山真男	竹内好	吉本隆明	幸徳秋水
エ	丸山真男	西田幾多郎	吉本隆明	幸徳秋水

(☆☆☆◎◎◎)

【5】次は，ある「政治・経済」の教科用図書の目次の一部を表したものである。以下の各問いに答えなさい。

第1編　現代の政治
第1章　民主政治の基本原理と日本国憲法
・　政治と法の機能
・　a人権保障と法の支配
・　議会制民主主義とb世界の政治体制
・　c日本国憲法の基本原理
・　平和主義と自衛隊
・　d基本的人権の保障と新しい人権
・　e国会の組織と立法
・　f内閣の機能と行政
・　裁判所の機能と司法制度
・　g地方自治制度とh住民の権利
・　政党政治と選挙制度
・　民主政治における世論の役割

(1)　下線部aについての記述として適さないものを，次の選択肢から1つ選び，記号で答えなさい。

ア　エドワード＝コークは，17世紀前半に，王権神授説を信奉するジェームズ1世に対し，ブラクトンの「国王といえども神と法の下にある」ということばを引用して，コモン・ローの優位を主張した。

イ　ホッブズは，戦争状態の悲惨から逃れるために契約によって国家を設立し自然権を譲渡して，単一の代理人に共通権力を与え，生み出された主権は全能で分割不能なものであるとした。

ウ　ロックは，自然権の維持をより確実にするために，契約を結ん

で国家を作り，また，政府が人民の自然権を侵害すれば人民に抵抗権や革命権が発生するとした。

エ　ルソーは，契約を結んで社会を作り，そのかわりに人民は集合体の運営に参加する権利をもち，各個人の一般意志ではなく，公共の利益を求める特殊意思に従うとするとした。

(2)　下線部bに関連して，イギリスとアメリカの政治制度についての記述として適さないものを，次の選択肢から1つ選び，記号で答えなさい。

ア　議院内閣制の制度がとられているイギリスでは，議会が最高の立法機関であり，非民選の上院(貴族院)に対し，予算の議決などで下院の優越が確立している。

イ　イギリスの政権を担っている与党は，不信任決議が可決されることを想定し，「影の内閣」を組識し，万全の体制を備えている。

ウ　アメリカの政治制度は，権力分立制を最も厳格に制度化したものであり，大統領と議会は，お互いに独立した地位をもつ。

エ　アメリカでは，大統領は法案提出権や解散権はもたないが，議会が可決した法案に拒否権を発動したり，議会に政策などを示す教書を送ったりすることができる。

(3)　下線部cに関連して，憲法改正について，次の文章中の波線部AからDのうち，正しいものはいくつあるか，適するものを，以下の選択肢から1つ選び，記号で答えなさい。

> 　憲法改正とは，憲法の定める手続きに従い，A憲法の個別条項について削除・修正することにより，または，新たな条項を加えることによって，憲法を変更することをいう。最高法規である憲法の改正には，通常の法律の改正に比べて，厳格な手続きが定められている。この性質を持つ憲法をB硬性憲法という。各議院のC出席議員の3分の2以上の賛成で国会が改正案を発議し，D国民投票で過半数の賛成を得る必要がある。

ア　すべて正しい　　　イ　正しいものは3つ

　　ウ　正しいものは2つ　　エ　正しいものは1つ

(4)　下線部dについて，思想・良心の自由及び信教の自由に関する最高裁判所の判例として適するものを，次の選択肢から1つ選び，記号で答えなさい。

　　ア　1997年，愛媛玉ぐし料訴訟では，愛媛県知事が靖国神社などに玉ぐし料として公金を支出したことは，宗教的活動には当たらないとして合憲とした。

　　イ　2010年，空知太神社訴訟では，神社が公有地を神社の敷地として，無償で使用することは，憲法に反するものではないとし合憲判決となった。

　　ウ　1973年，三菱樹脂訴訟では，入社試験で，学生運動などの経歴を隠していたとの理由で試用期間後の本採用を拒否された人が，思想・良心の自由の侵害だとして争い，憲法の人権保障規定は企業などの私人にも適用されるとした。

　　エ　1977年，津地鎮祭訴訟では，三重県津市が体育館の起工にあたって神道固有の儀式にのっとった地鎮祭を行ったが，地鎮祭は宗教活動にはあたらないとし，原告の請求を退けた。

(5)　下線部eに関連して，国会のしくみについての記述として適するものを，次の選択肢から1つ選び，記号で答えなさい。

　　ア　衆議院で可決し，参議院でこれと異なった議決をした法律案は，衆議院で出席議員の3分の2以上の多数で再び可決したときは，法律となる。

　　イ　国会での審議と議決は，衆議院と参議院に分かれて行われ，会議は原則公開とされているが，各議院の総議員の3分の2以上の多数で議決したときは，秘密会を開くことができる。

　　ウ　国会の司法部に対する監督権限としては，弾劾裁判所の設置があり，衆・参各院10人ずつの国会議員で構成され，衆・参各院7人ずつの国会議員からなる裁判官訴追委員会の訴追をうけて，裁判が行われる。

　　エ　国会には，議員の規則制定権や議員の資格争訟の裁判権，議員

　　　の懲罰権などの自律的権限が与えられており，議員の除名には，出席議員の3分の1以上の賛成が必要である。

(6)　下線部fに関連して，議院内閣制のしくみについての記述として適するものを，次の選択肢から1つ選び，記号で答えなさい。

　　ア　明治憲法下では，内閣制度や議員内閣制についての明確な規定はないが，内閣総理大臣は，同輩中の首席とされ，天皇を補佐し，各大臣と連帯して責任を負った。

　　イ　内閣は，内閣総理大臣と各省庁を統括する原則14人以内の国務大臣によって構成されるが，特に必要があれば3人まで増員できる。なお，国務大臣は内閣総理大臣が任命し，3分の2以上は，国会議員でなければならない。

　　ウ　国会の審議の活性化と，政治主導の政策決定を目的として制定された国会審議活性化法では，官僚が閣僚にかわって答弁する政府委員制度の廃止，「党首討論」の場としての国家基本政策委員会の設置，各省庁への副大臣・政務官の設置などを定めている。

　　エ　衆議院の解散について憲法上，第69条による解散以外にも衆議院を解散できるのかについての明確な規定はないが，実際には，第7条を根拠に解散できるとされており，この第7条を根拠とした解散は1948・53・80・93年の4回だけである。

(7)　下線部gについての記述として適するものを，次の選択肢から1つ選び，記号で答えなさい。

　　ア　1990年代から，原子力発電所や米軍基地，産業廃棄物処理施設の受け入れの賛否を問う住民投票が実施された。この住民投票の結果には，法的拘束力があり，その後も各地の自治体に広がった。

　　イ　2001年，北海道ニセコ町のまちづくり基本条例を先がけに，多くの自治体で自治基本条例を制定する動きが広がっている。このことは，自治体に自治立法の考え方が定着しはじめたことを示している。

　　ウ　事業ごとに国が使途を指定して支出するものを地方交付税と

いい，地方自治体の間にある財政格差を是正するために支出されるものを国庫支出金という。

エ　地方分権一括法により自治事務は廃止され，地方自治体の仕事は，機関委任事務と法定受託事務に分けられ，さらに細かい分類がなされるようになった。

(8)　下線部hに関連して，住民の直接請求権の手続きのうち，有権者が30万人の地方自治体における条例の制定または改廃及び議会の解散請求について，必要署名数と請求先の組合せとして適するものを，次の選択肢から1つ選び，記号で答えなさい。

	条例の制定または改廃の請求		議会の解散請求	
	必要署名数	請求先	必要署名数	請求先
ア	有権者の 100,000 人以上	首長	有権者の 6,000 人以上	選挙管理委員会
イ	有権者の 6,000 人以上	選挙管理委員会	有権者の 100,000 人以上	首長
ウ	有権者の 100,000 人以上	選挙管理委員会	有権者の 6,000 人以上	首長
エ	有権者の 6,000 人以上	首長	有権者の 100,000 人以上	選挙管理委員会

(☆☆☆◎◎◎)

【6】次は，ある「公共」の教科用図書の目次の一部を表したものである。以下の各問いに答えなさい。

第3章　現代の経済社会	第4章　経済活動のあり方と国民福祉
1　経済社会の形成と変容	1　日本経済の歩みと近年の課題
2　a市場のしくみ	2　中小企業と農業
3　現代のb企業	3　公害防止と環境保全
4　経済成長とc景気変動	4　e消費者問題
5　金融機関の働き	5　f労働問題と雇用
6　政府の役割とd財政・租税	6　g社会保障

(1)　下線部aに関連して，市場が寡占化した場合の特徴や対策についての記述として適さないものを，次の選択肢から1つ選び，記号で答えなさい。

ア　独占や寡占の形態として，企業どうしの合併(トラスト)や銀行

215

や持株会社による多企業の金融支配(コンツェルン)などがある。
イ　独占禁止法が，1947年に制定されたが，1997年には持株会社の解禁，1999年には，1953年以来認められてきた不況カルテル・合理化カルテルの再度禁止，2005年には課徴金の引き上げなどの改正がおこなわれた。
ウ　寡占企業どうしが，協調して生産量を抑えて価格を引き上げるなど，消費者にとって不利益をもたらすことがあるが，こうした事態を防ぎ，企業どうしの公正な競争を進めるために，公正取引委員会がその監視に当たっている。
エ　寡占市場においては，企業どうしの価格引き下げ競争は強まるものの，製品のデザインやアフターサービスなどの面で，他の企業との差異を強調して価格以外での競争が弱まる。

(2)　下線部bに関する次の文章中の空欄にあてはまる語句の組合せとして適するものを，以下の選択肢から1つ選び，記号で答えなさい。

　　　現代の企業には，さまざまな社会的役割が期待されている。たとえば，品質の安全性や廃棄物の処理に企業は責任をもたなければならない。また，リサイクル活動や廃棄物を出さないゼロエミッションなどの循環型社会への取り組みも，企業の協力なしには成り立たない。さらに，芸術・文化への支援活動（　A　）や，人々の生活向上のための社会的貢献活動（　B　）なども期待されている。企業が，法令遵守（　C　），環境保護，人権擁護，労働環境の改善などの分野で，バランスのとれた企業の社会的責任（　D　）を果たしているかどうかは，企業へ投資をする際の選定基準にもなっている。

	A	B	C	D
ア	フィランソロピー	メセナ	コンプライアンス	CSR
イ	メセナ	フィランソロピー	コンプライアンス	CSR
ウ	フィランソロピー	メセナ	CSR	コンプライアンス
エ	メセナ	フィランソロピー	CSR	コンプライアンス

(3) 下線部cに関する次の説明文のうち正しいものはいくつあるか，適するものを，以下の選択肢から1つ選び，記号で答えなさい。

A 建築投資の変動が主な原因とみられている約10年を周期とする波動を，クズネッツの波という。

B 主に企業の在庫投資の変化によって生じると考えられている約4年を周期とする短期波動をキチンの波という。

C 主に技術革新などによって生じると考えられている約50年を周期とする長期波動をコンドラチェフの波という。

D 設備投資の変動が主な原因とみられている約20年を周期とする中期波動を，ジュグラーの波という。

　ア　すべて正しい　　　　イ　正しいものは3つ

　ウ　正しいものは2つ　　エ　正しいものは1つ

(4) 下線部dに関連して，日本の国債についての記述として適するものを，次の選択肢から1つ選び，記号で答えなさい。

　ア　バブル経済による税収の増加もあって1990年度の建設国債の発行はゼロになったが，バブル崩壊によって景気が低迷し税収が減少する一方で，高齢社会に入り社会保障費などの歳出が増大したため，1994年度から再び建設国債が発行されるようになった。

　イ　国債の発行は，公共事業などの費用をまかなう建設国債に限られているが，特例的な法律を制定すれば経常的な経費を賄う赤字国債の発行も可能であり，オイルショックの影響を受け1974年に初めて，赤字国債が発行された。

　ウ　市中金融機関と資金のやりとりをする銀行の銀行である日本銀行が，直接国債を市中金融機関から引き受けることは禁止されており，これを市中消化の原則という。

　エ　国債などを除く税金などの正味の歳入と国債返済のための元利払いを含む歳出の収支のことを「プライマリーバランス」といい，これを黒字化することが当面の目標となっている。

(5) 下線部eについて，次の消費者問題に関する文章中の波線部を示す語句の組合せとして適するものを，以下の選択肢から1つ選び，

記号で答えなさい。

> 　消費者が市場において自由に商品を選択し，消費者の意向が生産者に伝えられ，商品の機能や性質，数量などが消費者の意向に従って決められるのであれば，市場経済の主人公は消費者であるといえる。こうした考え方を消費者主権という。しかし現実には，_A生産者は商品の情報をもっているが，消費者は，それを十分に判断できるだけの情報をもっていないことが多い。また，_B消費者が企業の広告や宣伝で商品を購入したり，_C周りがもっているからという理由で商品を購入したりすることも少なくない。

	A	B	C
ア	情報リテラシー	デモンストレーション効果	依存効果
イ	情報リテラシー	依存効果	デモンストレーション効果
ウ	情報の非対称性	デモンストレーション効果	依存効果
エ	情報の非対称性	依存効果	デモンストレーション効果

(6)　下線部fに関連して，労働基本権についての記述として適さないものを，次の選択肢から1つ選び，記号で答えなさい。

　ア　日本国憲法では，労働者の団結権・団体交渉権・団体行動権の労働三権が保障され，勤労権とあわせて労働者の経済的地位の向上に大きな役割を果たした。

　イ　労働条件の最低基準を具体的に定めている労働基準法の実施と遵守を監督する機関として労働基準監督署が設置されている。

　ウ　労働組合法では，労働協約を結ぶ権利を定めているが，すべての公務員は権利が制限され，労働組合を設置することも禁止されている。

　エ　労働関係調整法では，労使の主張が対立して当事者だけでは解決できないとき，労働委員会が斡旋・調停・仲裁などの方法で問題の解決をはかることを定めている。

(7)　下線部gについての記述として適しているものを，次の選択肢か

ら1つ選び，記号で答えなさい。

ア　ドイツでは1883年ビスマルクによって，社会主義者鎮圧法という「ムチ」に対する「アメ」の政策として，疾病保険法が制定された。

イ　第二次世界大戦後，イギリスではエリザベス救貧法に基づいて，「ゆりかごから墓場まで」の保障が追求された。

ウ　社会保険は，日本の社会保障制度の中核をなすもので，医療保険，年金保険，雇用保険，生命保険，介護保険の5つから成り立っている。

エ　現在のわが国の年金制度は，賦課方式ではなく，必要な年金給付費用を現役世代のその年の保険料でまかなう積立方式を基本としている。

(☆☆◎◎◎)

【7】次の文章は，「高等学校学習指導要領(平成30年告示)解説　公民編　第2章　公民科の各科目　第3節　政治経済　2　内容とその取扱い」の一部である。以下の各問いに答えなさい。

> 2　内容とその取扱い
>
> (1)　現代の国際政治・経済
>
> 　　国際平和と人類の福祉に寄与しようとする自覚を深めることに向けて，個人の尊厳と基本的人権の尊重，a対立，協調，効率，公正などに着目して，b現代の諸課題を追究したり解決に向けて構想したりする活動を通して，次の事項を身に付けることができるよう指導する。
>
> ア　次のような知識及び技能を身に付けること。
>
> 　(ア)　国際社会の変遷，人権，国家主権，領土(領海，領空を含む。)などに関するc国際法の意義，d国際連合をはじめとする国際機構の役割，我が国の安全保障と防衛，国際貢献について，現実社会の諸事象を通して理解を深

> めること。
> （イ）　e貿易の現状と意義，為替相場の変動，f国民経済と
> 国際収支，g国際協調の必要性やh国際経済機関の役割に
> ついて，現実社会の諸事象を通して理解を深めること。

(1)　下線部aに関連して，人種・民族・難民問題についての記述として適さないものを，次の選択肢から1つ選び，記号で答えなさい。

　ア　「文化相対主義」とは，互いに異なる文化・宗教・習慣の下で生活しているが，それぞれがもつ文化の間には優劣や上下といった序列関係は存在しないとする考え方である。

　イ　「マルチカルチュラリズム」とは，お互いの文化の違いを認め合い，社会のなかで複数の文化がそれぞれ対等に共存することをめざす考え方である。

　ウ　「エスノセントリズム」とは，自分の文化を基準として，ほかの文化を否定したり，低く評価したりする考え方である。

　エ　「難民」とは，難民条約では，人種，宗教，国籍などの理由で，迫害を受けるかあるいは迫害を受ける恐れがあるために他国に逃れた人々と定義され，経済難民や環境難民，国内避難民も含むとされる。

(2)　下線部bに関連して，地球環境及び資源・エネルギー問題についての記述として適するものを，次の選択肢から1つ選び，記号で答えなさい。

　ア　地球上の生物を守る役割を果たす上空のオゾン層保護のための国際的な対策の枠組みとして1985年に採択されたロンドン条約がある。

　イ　次世代に残しておくべき環境を守るために，動植物，特に鳥類の生息にとって重要な湿地などの水域は，ワシントン条約によって登録，保護されている。

　ウ　気候変動枠組み条約の第3回締約国会議で採択された京都議定書では，先進国も発展途上国も全ての国が基本的に同じルールの

下で温暖化対策をおこなうこととされた。

　エ　日本では，新エネルギー法の下，新エネルギー開発への援助や利用推進がおこなわれているが，これにより，新エネルギーからつくった電気の固定価格買取制度が導入されたり，発電の際に発生する排熱を冷暖房や給湯などに利用するコージェネレーションが導入されている。

(3)　下線部cに関する次の記述の正誤の組合せとして適するものを，以下の選択肢から1つ選び，記号で答えなさい。

　A　国家相互の関係を規律する国際法の理論的基礎を築いた「国際法の父」と呼ばれるオランダの法学者グロチウスは，『永遠平和のために』をあらわし，公海自由の原則を説いた。

　B　国家間の紛争に関しての判決を下す裁判所である国際司法裁判所の本部は，オランダのハーグに設置されており，集団殺害などを犯した者を訴追・処罰する裁判所である国際刑事裁判所の本部はスイスのジュネーブに設置されている。

　C　20世紀に入ると，多国間の条約が締結され，国家が戦争をおこなうことを国際法によって禁止する戦争の違法化も進み，不戦条約では，国際紛争を解決する手段としての戦争が禁止された。

　D　日本政府は，竹島について，サンフランシスコ平和条約において領有を放棄していないが，韓国が不法に占拠しているため，領有権問題を国際司法裁判所に付託することを提案しているものの，韓国はこれに同意しない。

	A	B	C	D
ア	正	正	正	正
イ	誤	誤	正	正
ウ	正	誤	誤	誤
エ	誤	正	誤	誤

(4)　下線部dに関連して，安全保障理事会(安保理)についての記述として適さないものを，次の選択肢から1つ選び，記号で答えなさい。

　ア　常任理事国には，反対票を投じることによって決議の成立を阻止する権限(拒否権)を認められているが，これを大国一致の原則

という。

イ　5常任理事国と総会で選挙される任期2年の10常任理事国で構成され，実質事項は，すべての常任理事国を含む9理事国で成立する。

ウ　朝鮮戦争の際に米軍を中心に組織された朝鮮国連軍は，安全保障理事会の勧告によるものではなく，特別協定によるものであった。

エ　国連総会は，安全保障理事会が拒否権行使によって本来の任務を果たせない場合に，総会が強制措置をとることについて勧告できると決議した。

(5)　下線部eに関して，次の表はリカードの比較生産費説に基づいて，国際分業の利益を説明する例を示している。それぞれの比較優位に特化すると，イギリスのラシャ生産量(A)およびポルトガルのぶどう酒生産量(B)は何単位となるか，次の表から読みとれる内容についての組合せとして適するものを，以下の選択肢から1つ選び，記号で答えなさい。

特化前	ラシャ生産1単位に必要な労働量（生産量）	ぶどう酒生産1単位に必要な労働量（生産量）
イギリス	100人	120人
ポルトガル	90人	80人

	A	B
ア	2．2単位	2．125単位
イ	2．2単位	2．5単位
ウ	1．9単位	2．125単位
エ	1．9単位	2．5単位

(6)　下線部fに関して，次の表における今年の実質経済成長率は何パーセントか，適するものを，以下の選択肢から1つ選び，記号で答えなさい。

項目	数値
前年の名目 GDP	530 兆円
前年の実質 GDP	500 兆円
今年の名目 GDP	572 兆円
GDP デフレーター	110

ア　4%　　イ　6%　　ウ　8%　　エ　10%

(7)　下線部gに関連して，貧困削減のための支援のあり方についての記述として適さないものを，次の選択肢から1つ選び，記号で答えなさい。

ア　立場の弱い現地生産者や労働者の生活改善・自立を目的に，発展途上国の原料や製品を適正価格で継続購入することをフェアトレードという。

イ　バングラデシュのグラミン銀行のように無担保で少額の融資を行うマイクロクレジットが，途上国での起業と雇用の拡大に貢献している。

ウ　最近では，途上国の低所得者層を対象として，現地での社会的課題の解決に資することを目的に持続可能なBOPビジネスを展開する動きも広まってきている。

エ　国際連合は，アメリカ，イギリス，フランス，ドイツ，日本など主要国のODA額の対GNI比目標を0.1%としている。

(8)　下線部hについて，次の表はGATTからWTOにいたるまでのラウンド交渉をまとめたものである。次の表中におけるラウンド名の組合せとして適するものを，以下の選択肢から1つ選び，記号で答えなさい。

ラウンドの名称	開催年	主な成果
（ A ）ラウンド	1964～67年	鉱工業品関税を平均35%引き下げ
（ B ）ラウンド	1973～79年	鉱工業品関税を平均33%引き下げ 非関税障壁の軽減（補助金などのルールの明確化）
（ C ）ラウンド	1986～94年	サービス・農業貿易の枠組み 知的財産権の保護など
（ D ）ラウンド	2001年～	貿易の自由化・円滑化や知的財産権の保護のほか、発展途上国の開発、環境などについても交渉

	A	B	C	D
ア	ケネディ	東京	ドーハ	ウルグアイ
イ	東京	ケネディ	ウルグアイ	ドーハ
ウ	ケネディ	東京	ウルグアイ	ドーハ
エ	東京	ケネディ	ドーハ	ウルグアイ

(☆☆☆◎◎◎)

解答・解説

中 学 社 会

【１】(1)　ア　　(2)　ウ

〈解説〉(1)　「社会的な見方・考え方を働かせ，課題を追究したり解決したりする活動を通して」には，中学校社会科を含む社会科，地理歴史科，公民科の特質に応じた学び方が示されている。課題を追究したり解決したりする活動は，社会的事象に関わるものである。三つの柱に沿った資質・能力を育成するためには，課題を追究したり解決したりする活動の充実が求められる。　(2)　①　目標(1)は，知識及び技能に関するもので，前半が「知識」，後半が「技能」に関する目標を示している。　②　社会科学習の究極の目標は，公民としての資質・能力

の基礎の育成である。「公民」は，単なる「市民」と区別して用いられている。

【2】(1) イ　(2) ア
〈解説〉(1)「特色」に関する記述だが，地方的特殊性だけが対象ではない。また，地域の規模によって現れ方が異なるので，地域の規模を踏まえて適切に取り扱うことが大切である。　(2)　指導計画を作成する際には，地理的技能の難易度や段階などの系統性に配慮して行う必要がある。

【3】(1) ウ　(2) イ
〈解説〉(1)　主権や人権，平和など様々な課題が存在していることを理解した上で，それらを解決するための様々な人々の努力が重ねられていることに気付くことも大切である。　(2)　国際社会との関わりにおいては，冷戦終結後も国際社会には，民族や宗教をめぐる対立，地球環境問題への対応などの，主権や人権，平和などに関する様々な課題が存在していることに気付くようにすることが求められる。

【4】(1) ア
〈解説〉現代社会に見られる課題について判断するときには，客観性のある資料等を取捨選択しながら事実を捉え，機会の公正さや結果の公正さなどいろいろな角度からの公正さを踏まえて判断することが求められる。

【5】(1) エ
〈解説〉第1学年と第2学年では，地理的分野115単位時間と，歴史的分野95単位時間を履修。第3学年では，最初に歴史的分野40時間を履修の後，公民的分野を100単位時間履修させることとされている。

【6】(1)　ウ　　(2)　ア

〈解説〉(1)　Aは緯度0°であるため赤道である。本初子午線は経度0°であり，旧グリニッジ天文台を基準としていたが，現在は旧グリニッジ天文台のやや東を通っている。ほぼ近しいため同義とされることが多い。旧グリニッジ天文台はイギリスにありそこから縦に通っているため，ヨーロッパ州とアフリカ州の2州を通る。　　(2)　地球を赤道中心に北側に90°で分割したのが北緯で，Cはそのちょうど半分であるため北緯45°である。

【7】(1)　①　ア　　②　イ　　(2)　①　イ　　②　ウ

〈解説〉(1)　①　ア　温暖であることに加え，広大な土地があること，賃金が安いことから情報技術産業が発達している。　ウ　センターピボットは灌漑農業の方式。　エ　フィードロットは家畜を出荷前に大きくさせる施設で，センターピボットとともにアメリカで盛んである。②　単位を見ればトン(重量)を人で割っているためイであるとわかる。(2)　①　A　ヨーロッパ系であることからキリスト教。　B　マオリはニュージーランドの先住民である。　②　2016年では1960年には入っていなかった中国，タイ，韓国といったアジア諸国が入ってきており，結びつきが強くなっているとわかる。これは1970年代のイギリスのEC加盟によってイギリスとの結びつきが弱まった影響で白豪主義をやめ，多文化主義に移行したことで距離的に近かったアジアとの結びつきが大きくなったためである。　ア　この資料から手段はわからず船の可能性もある。　イ　アメリカの割合は下がっているが輸出入総額は格段に上がっている。　エ　その他にアフリカの国が入っているかもしれないが読み取れない。

【8】(1)　エ　　(2)　C　オ　　D　ウ　　(3)　①　ア　　②　イ
(4)　①　エ　　②　ウ

〈解説〉(1)　資料Ⅰから等高線の幅が短い山間部と平地があり，そこにできる半円状の地形であるため扇状地であり，山側にあるAであるた

めエ。Bは三角州である。　(2)　C　夏に日本に停滞する梅雨前線による梅雨。　D　少雨による被害であるため干害。やませは東北地方の太平洋側に夏起こる冷害のことで，稲作の不作などの影響が起こる。(3)　①　ア　4府県の合計が523で奈良，京都の合計が678である。イ　近畿より西の広島が表に入っている。　ウ　愛知と長野の二県のみ。　エ　近畿地方には三重も含まれるが，この表にはない。② 寺社が登録されるのは世界文化遺産である。世界自然遺産は知床といった自然や地形に，無形文化遺産は能や浄瑠璃といった芸能や習慣などに，世界農業遺産は静岡の茶畑といった伝統的な農業や土地景観が指定される。　(4)　①　東京に人口や経済が集中する一極集中が日本の問題である。人口流出，過疎化，限界集落はいずれも地方の問題。　②　エコツーリズムは知床や屋久島といった自然の豊かなところで行われるものであり，防災は関係ないため適さない。

【9】(1)　イ　　(2)　ウ　　(3)　エ　　(4)　エ
〈解説〉(1)　アレクサンドロス大王は，紀元前4世紀の古代マケドニアの王である。東方遠征によって空前の大帝国を建設，ヘレニズム時代を開いた。　(2)　大海人皇子は天智天皇の子大友皇子との皇位をめぐる争い(壬申の乱)に勝利し，飛鳥の浄御原宮で即位した。　(3)　日本の銅は中国で高く取引された。銅銭は洪武通宝，永楽通宝などで，貨幣が鋳造されなかった日本で広く流通した。アは日宋貿易，イは南蛮貿易，ウは幕末に開始された貿易。　(4)　豊臣秀吉は，1582年以降，畿内周辺を中心に検地を行い，本所などの荘園領主を頂点とする複雑な権利関係があった土地を，領主と土地を耕作する農民の関係に一元化し，中世を通じて存続してきた荘園制を解体した。

【10】(1)　①　エ　　②　ウ　　(2)　ウ→エ→ア→イ　　(3)　イ，オ
(4)　イ
〈解説〉(1)　①　若年寄は，老中に次ぐ重職である。老中が朝廷，寺社，諸大名など幕府外部の諸勢力を管轄することによって国政を担当した

のに対して，若年寄は，旗本，御家人などを指揮，管理することにより，将軍家の家政機関としての幕府内部のことを掌握した。　②　幕府の要職は譜代大名および旗本で構成された。　(2)　ア　1637年。イ　1639年。　ウ　1616年。　エ　1635年。　(3)　ア・ウ　寛政の改革。　エ　田沼時代。　カ　天保の改革。　(4)　蛮社の獄は，1839年江戸幕府が洋学者のグループ尚歯会に加えた弾圧事件のことである。モリソン号事件・異国船打払い令などを批判して渡辺崋山は『慎機論』，高野長英は『戊戌夢物語』を著わしたが，これに対し幕府は，政治批判の罪で崋山に国許蟄居，長英に永牢の判決を行った。

【11】(1)　ア　　(2)　イ　　(3)　ウ，エ　　(4)　ウ→エ→イ→ア
〈解説〉(1)　陸奥宗光は1894年に領事裁判権の撤廃に成功した。
(2)　大正から昭和初期にかけて，ラジオ放送が始まるなど，文化の大衆化が進んだ。明治に西洋から伝わってきたガス・水道・電気などが普及し，女性も洋服を着るようになった。ア・ウは明治時代，エは江戸時代。　(3)　ウ　この図から記述の内容を判断することはできない。エ　2000年から2011年にかけては増加している。　(4)　ア　1972年。イ　1956年。　ウ　1946年。　エ　1951年。

【12】(1)　エ　　(2)　エ　　(3)　ア　　(4)　①　イ　　②　ア，オ
〈解説〉(1)　①　スマホが普及した反面，パソコンの普及率は低下傾向にある。　②　パソコンやスマホなど，様々なデバイスから利用されるので，インターネットの普及率はパソコンやスマホを上回る。
③　近年，スマホの普及率はパソコンを上回るに至っている。
(2)　人口は減少局面に入った一方，世帯数は増加傾向が続いている。単独世帯の増加が主因であり，世帯員数は減少傾向にある。核家族化や非婚化の傾向に加え，高齢化に伴い，高齢夫婦のみの世帯や高齢者の単独世帯が増加している。　(3)　憲法第25条は生存権に関する規定。生存権は社会権の中核をなす権利である。生存権のほかにも，教育を受ける権利，勤労権，労働三権(労働者の団結権，団体交渉権，団体行

動権)が，日本国憲法によって保障されている。　(4)　①　国民は直接的に内閣総理大臣や閣僚を選出したり，罷免したりすることはできない。だが，わが国は議院内閣制を採用しており，政権を担う立場にある与党が議員選挙で敗北すれば政権を失うことになるから，政府は世論を無視できない。　②　三権分立制は，三権相互の抑制と均衡(チェック・アンド・バランス)により，権力の暴走を防ぐために導入されている。　ウ　憲法の番人と呼ばれているのは，終審として違憲審査権を行使できる権能がある最高裁判所である。

【13】(1)　ウ　　(2)　ア　　(3)　イ

〈解説〉(1)　ケネディが唱えた「消費者の四つの権利」は，世界の消費者政策に影響を与えた。また，1968年に消費者保護基本法が制定されたが，2004年に消費者保護基本法が消費者の自立支援を目的とする内容に全面改正され，その際に名称も消費者基本法に改められた。

(2)　少数の企業によって市場が支配されることを寡占という。寡占におちいると，プライスリーダーである企業が設定した価格に他企業が追従するようになる。これを管理価格という。管理価格は企業が安定的に利潤を確保できるよう設置され，需給が変化しても下がりにくい。これを価格の下方硬直性という。　(3)　①　好景気のときには，物価の高騰を防ぐために，政府は有効需要を抑制する政策を実施する。

②　景気を刺激するために，中央銀行は金融緩和政策を実施する。

③　景気を刺激するために，政府は有効需要を拡大する政策を実施する。

【14】(1)　①　ウ　　②　イ　　(2)　ア　　(3)　エ

〈解説〉(1)　①　ASEANは東南アジア諸国の略の略。東南アジアの10か国が加盟する地域機構である。AはEU(欧州連合)，CはNAFTA(北米自由貿易協定)，Dは日本を示している。米国・メキシコ・カナダの3か国は，現在はNAFTAに代わりUSMCAを締結している。　②　EU加盟国のうち，デンマークはユーロ導入を義務付けられていない。また，

ユーロ導入には国内経済状態につき所定の条件を満たす必要があり，EUの全加盟国でユーロが導入されるには至っていない。　(2)　B　国連人間環境会議は1972年に開催された。人間環境宣言が採択され，国連環境計画が設立された。　D　地球サミットは1992年に開催された。C　気候変動枠組条約第3回締約国会議(COP3)のことであり，1997年に開催された。京都議定書が採択された。　A　COP21は2015年に開催された。　(3)　①　人間の安全保障とは，個々の人間を生存の脅威となることから守ること。フェアトレードは途上国の輸出品を適正価格で購入する取組みをいう。　②　ODAは政府開発援助のこと。PKOは国連平和維持活動のことである。

【15】(1)　ア　　(2)　イ　　(3)　ウ　　(4)　エ

〈解説〉(1)　道徳科の目標における「道徳的な判断力，心情，実践意欲と態度」はキーワードとして覚えておきたい。道徳科の目標は，主体的な判断に基づいて道徳的実践を行い，自立した人間として他者と共によりよく生きるための基盤となる道徳性を養うことである。つまり，道徳性を養うために重視すべきより具体的な資質・能力とは何かを明確にし，生徒の発達の段階を踏まえて計画的な指導を充実する観点から規定されており，その際，道徳的価値や人間としての生き方についての自覚を深め，道徳的実践につなげていくことができるようにすることが求められている。　(2)　道徳科における「内容」に記載されている事柄は，教師と生徒が人間としてのよりよい生き方を求め，共に考え，共に語り合い，その実行に努めるための共通の課題である。つまり，「全教育活動において指導されるべきもの」であり，出題にあるように「教育活動全体の様々な場や機会を捉え，多様な方法で進められる学習を通して，生徒自らが調和的な道徳性を養うためのもの」であり，また，「生徒が人間として他者と共によりよく生きていく上で学ぶことが必要と考えられる道徳的価値を含む内容を短い文章で平易に表現したもの」であり，「生徒自らが道徳性を養うための手掛かり」であると捉えられる。　(3)　道徳科の授業において，教師が特定

230

の価値観を生徒に押し付けたり，指示どおりに主体性をもたず言われるままに行動するよう指導したりすることは，道徳教育が目指す方向の対極にあるものである。中学生になると，自分の考え方や生き方を主体的に見つめ直し，人間としての生き方や在り方について考えを深め，自分自身の人生の課題や目標を見つけようとする傾向が強まる。したがって，生徒自身が人生の課題や目標に向き合い，道徳的価値を視点に自らの人生を振り返り，これからの自己の生き方を主体的に判断するとともに，人間としての生き方について理解を深めることができるよう支援することが大切になる。　(4)　道徳科で養う道徳性は，生徒が将来いかに人間としてよりよく生きるか，いかに諸問題に適切に対応するかといった個人の問題に関わるものである。つまり，道徳性は極めて多様な生徒の人格全体に関わるものであることから，評価に当たっては，個人内の成長の過程を重視すべきである。出題の項目は，道徳教育を進めていく上で，他の教科や学習活動以上に「教師と生徒の人格的な触れ合いによる共感的な理解の存在」の大切さを示したものである。教員を志望するに当たっては，ここに示された内容を深く理解して準備を進めていくことが極めて大切である。

地 理・歴 史

【共通問題】

【1】(1)　ウ　　(2)　オ　　(3)　エ　　(4)　ウ　　(5)　ア　　(6)　エ
(7)　ア　　(8)　ウ　　(9)　エ

〈解説〉(1)　地図記号は記念碑で，この中に線が入っているのが自然災害伝承碑である。　(2)　これらは知識として頭に入れておこう。
(3)　インドで緑の革命によって飼料が増加し，結果として乳製品の収量が増加したのが白い革命。さらにそれが食肉とりわけ鶏肉の生産に波及したのがピンクの革命である。　(4)　渤海は，7世紀末に成立した中国東北部・沿海州・朝鮮半島北部を支配した靺鞨人の国家であ

る。靺鞨系高麗人の大祚栄により建国された。　ア　後漢の光武帝である。　イ　百済である。　エ　私貿易はとだえていない。　(5)　道鏡は，奈良後期の法相宗の僧である。孝謙上皇(称徳天皇)の寵愛をうけ政界に進出した。764年の藤原仲麻呂の乱後，太政大臣禅師，ついで法王となり，権勢をふるった。769年皇位を望んだが，失敗に終わった。770年称徳天皇の死後，下野薬師寺別当に左遷され，その地で没した。　(6)　ダンテは，『神曲』をトスカナ地方の方言であるトスカナ語で書き，ルネサンスの先駆者として評価されている。　ア　『愚神礼賛』の著者。　イ　『最後の審判』などで知られる画家。彫刻家でもある。　ウ　『ハムレット』などの四大悲劇で知られる劇作家。

(7)　15世紀に成立した琉球王国は，明や清の属国であるとともに，島津氏を通じて江戸幕府にも服従する両属の国であった。　イ　ラクスマンを派遣したのはエカチェリーナ2世。　ウ　全樺太がロシア領，全千島が日本領となる。　エ　江華島事件を起こした日本が朝鮮に進出したことで，宗主国である清と対立して日清戦争が勃発した。

(8)　フェノロサは，アメリカの思想家・東洋美術史家・日本美術研究家で，御雇外国人の一人である。1878年に来日し，東京大学で哲学を講義した。その間，日本美術に関心をもち，日本画復興のきっかけをつくった。東京美術学校設立に尽力し，岡倉天心らと日本美術運動の中心となった。　ア　クラークは1876年に来日し，札幌農学校初代教頭となった。　イ　1877年に来日したモースは，アメリカの動物学者である。東京大学にまねかれ，初代動物学教授として約2年在職した。また大森貝塚を発見したことでも知られる。　エ　1859年に来日したヘボンは，アメリカの宣教師・語学者・医学者である。横浜で伝道と医療活動に従事し，ローマ字による日本語の表記法(ヘボン式)を広めた。　(9)　マッカーシズムは，マッカーシー上院議員の発言から始まったレッド・パージ(赤狩り)，すなわち共産主義者を職場などから追放しようとする運動である。

【2】(1) ウ　　(2) ア　　(3) イ　　(4) エ　　(5) ア　　(6) エ
〈解説〉(1)　文章中の「我が国」に対応した「他国」が正答である。
(2)「生活文化」は「多様性」を持つ。　(3)　イ「社会との関わり」
が正答である。　(4)「説明」に対応する選択肢は「議論」である。
(5)　イ「具体的」，ウ「総合的」，エ「国際的」は文脈にも当てはまら
ない。　(6)「歴史総合」は近現代史を扱っているため，その学習の成
果を活かすのが「世界史探究」である。

【日本史】

【1】(1) イ　　(2) ウ　　(3) ウ　　(4) ア　　(5) ア　　(6) カ
　　(7) ク　　(8) ウ　　(9) エ
〈解説〉(1)　X　亀ヶ岡遺跡である。青森県つがる市にある縄文時代晩期
の遺跡で，精巧な土器や，土偶・漆器など豊富な遺物を出土。
Y　荒神谷遺跡である。島根県簸川郡斐川町の丘陵上で発見された弥
生時代中期の青銅製祭器の埋納遺跡である。1984～85年の発掘調査で
銅剣358本，銅鉾16本，銅鐸6個を出土した。近くの加茂岩倉遺跡から
も1996年に39個の銅鐸が出土した。　(2)　ウ　高句麗の好太王(在位
391～412)の功績をたたえた記念碑である。広開土王碑ともいう。414
年鴨緑江の北岸の丸都城(中国吉林省集安 県通溝)に建てられた。高さ
約6.2mの長方形の自然石で，その四面に碑文が刻まれている。日本の
朝鮮半島進出および当時の朝鮮の様子を知るための重要な史料となっ
ている。　ア　埼玉県稲荷山古墳鉄剣銘である。5世紀のものである。
イ　『上宮聖徳法王帝説』の中にある，6世紀の仏教伝来について記し
た部分である。　エ　『宋書』倭国伝の中の記述である。5世紀頃のこ
とである。　(3)　古墳時代の記述を選ぶ必要がある。　ア・イ　縄文
時代についての記述である。　エ「太占」の説明の記述が誤りであ
る。太占は，古代の占いの一種で，鹿の肩甲骨を焼き，ひびわれの形
によって吉凶や神意を判断したものである。　(4)　伽藍は，はじめ仏
舎利(釈迦の遺骨)をおさめる塔を中心に配置されたが，時代がくだる
につれて，本尊を安置する金堂が中心となり，ついには，塔が回廊の

外に建てられるようになった。　A　法隆寺式。　B　四天王寺式。
C　飛鳥寺式。　D　東大寺式。　(5)　B　武器は自分で調達しなけれ
ばならなかった。現地での食料は支給された。　D　調・庸などの未
納によって国家財政が厳しくなると，823年には大宰府において公営
田を，879年には畿内に官田を設けて，有力農民を利用した直営方式
を採用して収入をはかるなど，財源の確保に努めた。設けられたのは
公営田の方が先である。　(6)　X　藤原百川は，770年，称徳天皇没後，
藤原永手らとはかり光仁天皇を立て，後には山部親王(桓武天皇)を皇
太子に立てることに成功，光仁・桓武両朝にわたり政権を藤原氏の手
中に収めた。Bの前半部分は該当するが，後半部分は該当しない。後
半部分は，藤原仲麻呂についての記述である。Aの記述は，藤原薬子
の兄藤原仲成を想起させるが，新都の造宮責任者の暗殺の記述が該当
しない。　(7)　X　奨学院は，在原氏の大学別曹である。　Y　恵心
僧都とは源信のことである。源信の著書は『往生要集』である。
Z　法勝寺は，白河天皇が建立したものである。　(8)　ア　菅原道真
が，橘逸勢になれば正しい記述となる。　イ　神と仏が逆になれば正
しい記述となる。　エ　一木造が寄木造になれば，国風文化時代の正
しい記述となる。　(9)　A　780年に日本からの正規の遣新羅使は停止
された。しかし，民間レベル(主に交易)での交流は続けられた。
C　日本と高麗に外交は存在しなかったが，11世紀後半からは貿易が
行われた。刀伊の入寇は1019年に起こったもので，それ以前のことで
ある。

【2】(1)　イ　　(2)　イ　　(3)　ア　　(4)　ア　　(5)　ア　　(6)　イ
(7)　ウ　　(8)　①　ウ　　②　エ
〈解説〉(1)　イ　三浦泰村が宝治合戦において討たれたのは1247年であ
る。　(2)　B　『愚管抄』が成立したのは1221年。3代将軍源実朝が暗
殺されるのは，1219年のことである。　C　院政は停止されていない。
乱後，後堀河天皇が即位するが，父の後高倉院が皇位を踏まぬまま異
例の院政をしいた。また後堀河天皇も子の四条天皇に譲位すると，た

だちに院政を始めた。　(3)　北条氏の権力集中に対して御家人たちは強い不満を持った。元寇で思ったほど恩賞をもらえなかった御家人たちの一部は経済的に苦しみ，幕府は彼らを救うため永仁の徳政令を出した。しかし，彼らの経済的苦境を救い出すことはできず幕府への失望感が高まった。近畿周辺では，悪党と呼ばれる，幕府や荘園領主の支配に従わず，武力を使って抵抗する武士が現れるようになった。

(4)　ア　当時の高利貸しである借上を描いたものである。　イ　文章中の流鏑馬が笠懸になれば正しい記述となる。　ウ　記述の内容は，一期分について書かれている。図は，地頭の荘園侵略に対応した下地中分を示したものである。　エ　図は「一遍上人絵伝」である。鎌倉時代のことなので，定期市は三斎市となる。　(5)　X　『神皇正統記』は，日本建国の由来から後村上天皇までの事跡を示し，南朝の正統性を論じたものである。　Y　「二条河原の落書」は建武の新政が始まった1334年8月，京都の二条河原に立てられたもので，後醍醐天皇による建武新政府の施策や世相を風刺している。　(6)　イ　嘉吉の土一揆は，1441年，京都で起こった徳政一揆である。嘉吉の乱で将軍足利義教が赤松満祐に謀殺され，第7代将軍足利義勝の代始めの徳政令を幕府に要求したものであった。　(7)　A　6代将軍が殺された嘉吉の乱は1441年の出来事である。応仁の乱は，1467年に始まっている。

D　南山城で畠山氏を国外に退去させたのは1485年に起こった山城国一揆である。応仁の乱は1477年に終わっている。山城国一揆は8年間の自治を行った。約1世紀の自治支配が行われたのは，加賀の一向一揆である。　(8)　①　ウ　図中で行われているのは瓦の葺き替えの様子である。当時の京都は板葺きが一般的であった。安土桃山時代になると瓦葺きが多くなってくる。　②　a　記述の後半部分はこの時代の状況に合致していない。　c　撰銭は円滑な経済活動を阻害するものであった。

【３】(1)　エ　　(2)　ウ　　(3)　ウ　　(4)　カ　　(5)　ア，カ
　　　(6)　イ　　(7)　ア　　(8)　ア

〈解説〉(1)　渋川春海は江戸中期の天文学者・暦学者である。平安時代
以来使用されてきた宣明暦に誤りのあることを発見，中国元代の授時
暦をもととして日本人による最初の貞享暦を1684年に完成し，幕府に
採用された。初代の幕府天文方となった。高橋至時は江戸後期の天文
学者である。1795年幕府天文方となり間重富と寛政暦をつくり，伊能
忠敬に西洋暦を教え，その地理測量を支援した。　(2)　服忌令は，
1684年5代将軍徳川綱吉のもとで出された法令である。近親の死に際
して喪に服すべき期間を定めたものである。　(3)　朱子学者で『六諭
衍義大意』を著わした室鳩巣は，大石内蔵助らの行動を，Aの武家諸
法度(天和令)に照らして，忠義の士と讃美し，助命を主張した。Xは荻
生徂徠，Zは太宰春台についての記述である。Bは武家諸法度(寛永令)
である。　(4)　A　両替商は預金を預かる仕組みは持っていたが，利
息はつかなかった。　C　記述中に「物価が下落」とあるが，実際に
は逆に物価は上昇した。　D　宝永小判の発行により物価は上昇し経
済は混乱した。　(5)　ア　東大寺の再建が命じられたのは5代将軍徳
川綱吉の時代である。　カ　正徳の治において新井白石は，朝鮮から
の通信使が将軍のことを「日本国大君殿下」と呼んでいたのを，「日
本国王」と呼ぶようにさせた。　(6)　Y　1804年にロシア使節レザノ
フが，ラクスマンの持ち帰った入港許可証をもって長崎に来航し通商
を要求したが，幕府はこれを拒否した。　(7)　懐徳堂は，1724年大坂
町人が中井甃庵を中心として開設した私塾である。庶民の学校として，
富永仲基・山片蟠桃などの町人学者を輩出した。芝蘭堂は，江戸後期，
蘭学者大槻玄沢の創設した蘭学塾である。蘭学界の一大中心となり，
稲村三伯・宇田川玄真らのすぐれた蘭学者を送り出した。古義堂は，
江戸前期，伊藤仁斎が京都に開いた私塾である。堀川塾ともいう。仁
斎が京都の東堀川通りの私邸で私塾を開き，古義学派の中核的教育機
関とした。　(8)　ア　三方領知替は，江戸幕府による大名転封の一形
態で，3大名間で行われるものをいう。1840年のものが有名。武蔵国

(埼玉県)川越藩15万石を出羽国(山形県)庄内藩14万石へ, 庄内藩を越後国(新潟県)長岡藩7万石へ, 長岡藩を川越藩へという転封令である。各藩領民の訴願, とりわけ庄内藩領での反対運動が激しく, 幕府はこれを撤回することになった。

【4】 (1) オ　　(2) カ　　(3) ウ　　(4) ウ　　(5) エ　　(6) ク　　(7) ア　　(8) ウ　　(9) イ

〈解説〉(1) X　Aは1874年。Bは1875年。　Y　Cは1884年。Dは1878年。Eは1882年。　(2) C　五日市憲法草案である。これは, 自由民権運動家の千葉卓三郎らが明治1881年ごろに起草した私擬憲法の草案である。1968年, 東京都西多摩郡五日市町(現あきる野市)の深沢家土蔵から発見された。204条からなり, そのうち150条が国民の権利に関する規定にあてられている。　A　日本憲法見込案。　B　東洋大日本国国憲按。　(3) X　群馬事件である。1884年5月, 群馬県高崎駅開通式に自由党員らが政府高官襲撃を企てたが果たせず, 高利貸し・警察署を襲撃したが, 食糧が尽きて解散。首謀者は逮捕された。　Y　福島事件である。1882年, 福島県の自由党員や農民が弾圧された事件。県会議長河野広中ら自由党員が, 県令三島通庸の県会無視の施政に反対して対抗。会津の農民が道路建設の夫役に反対して警官と衝突した際, 河野らも検挙され, 国事犯に問われた。　Z　秩父事件である。(4) ア　普通選挙法は, 1925年, 加藤高明内閣のときに改正された衆議院議員選挙の通称である。納税制限を撤廃し, 25歳以上の男子に選挙権, 30歳以上の男子に被選挙権を認めた。　イ　1913年, 第1次山本権兵衛内閣は, 軍部大臣現役武官制の改正を行い, 軍部の内閣への影響力を弱めようとした。　エ　徳富蘇峰に関する明治時代の記述である。また蘇峰は『中央公論』の創刊は行っていない。　(5) 小林一三は, 箕面(みのお)有馬電気軌道(現在の阪急電鉄)を創立者である。乗客を集めるため, 宝塚少女歌劇団, 阪急百貨店を創始し, 私鉄経営に新機軸を打ち出した。また, 東京電灯(現在の東京電力), 東宝社長として電気業界, 興行界にも重きをなした。さらに, 大阪朝日新聞に働

きかけ，第一回全国中等学校優勝野球大会を大阪・豊中球場で開催した。鮎川義介は，山口県出身の実業家である。日産自動車・日立製作所などを傘下に収める，日産コンツェルンを築いた。日本で最初の地下鉄として，1927年，上野―浅草間2.2kmをつなぐ路線が誕生した。アジアでも初めての地下鉄であり，東洋唯一の地下鉄道として大きな話題となった。これに大きく貢献したのは，地下鉄の父と呼ばれる早川徳次である。　(6)　X　第一次吉田茂内閣は，日本社会党の協力は得ていない。　Y　直接税中心主義を提唱したのは，ドッジではなくシャウプである。　Z　過度経済力集中排除法により，分割の対象となったのは325社であったが，アメリカの対日政策の転換から次第に緩和され，実際に分割されたのは11社で，不徹底に終わった。

(7)　イ　環境基本法ではなく，公害対策基本法である。　ウ　池田勇人内閣に関する記述である。　エ　ブレトンウッズ体制とは，第二次世界大戦中の1944年から戦後の1971年まで続いた世界通貨の体制である。また，日本が変動相場制に移行したのは1973年田中角栄内閣の時である。　(8)　X　佐藤栄作内閣の時に締結された日韓基本条約。Y　岸信介内閣の時に締結された日米安全保障条約。　Z　田中角栄内閣の時に締結された日中共同声明。　(9)　A　力道山は，1963年に死去したプロレスラーである。相撲界に入り，関脇の時にプロレスに転向。空手チョップを武器に人気を集めた。　B　ザ＝ビートルズの日本公演は1966年に実施された。　C　少年マガジン，少年サンデーともに1959年に創刊されている。週刊誌の後に，月刊誌も発行されるようになった。　D　世界初のヘッドホンステレオ「ウォークマン」は誕生したのは1979年のことである。

【世界史】

【1】(1)　ウ　　(2)　イ　　(3)　ア　　(4)　エ　　(5)　ウ　　(6)　イ　　(7)　エ　　(8)　ア　　(9)　イ

〈解説〉(1)　ジッグラトとは，祭式が行われる神聖な場所。シュメール人の都市国家では祭政一致の政治が行われていた。　ア　フェニキア

人についての記述。　イ　楔形文字はシュメール人が発明したが，粘土板に刻まれた。　エ　シュメール人の民族系統は不明。

(2)　①　ソグド人はイラン系の商業部族で，サマルカンドを拠点として活躍した。　②　サーマーン朝は，9世紀にアッバース朝から自立したイラン系の政権で，中央アジア初のムスリム政権である。

(3)　ジャンク船は中国の商人が東シナ海や南シナ海などで使用した船である。インド洋のムスリム商人が使用したのは季節風を受けやすいダウ船である。　(4)　ア　ビザンツ帝国の首都はコンスタンティノープルである。　イ　軍管区制は中小自作農にもとづく中央集権的な国家体制を作り上げた。　ウ　ユスティニアヌスが滅ぼしたのは，ヴァンダル王国と東ゴート王国である。　(5)　ムラービト朝は北アフリカの原住民であるベルベル人が，ファーティマ朝の影響でイスラーム教を受容し建てた政権である。イベリア半島にも進出した。

(6)　ア　クシュ王国が都をおいて製鉄業が栄えたのは，メロエである。ウ　スワヒリ語は，ムスリム商人との交流によって東アフリカに生まれた言語である。　エ　ジンバブエがあるのは南アフリカである。

(7)　世界初の鋳造貨幣を作製したのはリディアである。価格革命は，16世紀のヨーロッパに発生した物価の高騰である。商工業の発達を促したが，封建諸侯の没落を決定的なものとした。　(8)　該当の税制は，16世紀に明で導入された一条鞭法である。秀吉の朝鮮出兵は1592年と1597年。イは元，ウは宋，エは清についての記述である。　(9)　カラカラ帝は212年，アントニヌス勅令によって帝国内全自由民にローマ市民権を付与した。背景には財政難があり，ローマ市民に課される相続税の増収を狙った政策であると言われている。三頭政治は紀元前1世紀を中心とする内乱の1世紀中のできごとであり，帝国四分統治は，紀元後3世紀末にドミナートゥスを開始したディオクレティアヌスの政策である。

【２】(1) エ　　(2) エ　　(3) ア　　(4) ウ　　(5) エ　　(6) イ
　　(7) ウ　　(8) ウ　　(9) イ

〈解説〉(1)　メフメト２世は艦隊の山越えを敢行して，1453年にコンスタンティノープルを攻略し，イスタンブールと名付けた。　(2)　カタラウヌムの戦いは451年で，フン族のアッティラがゲルマン人とローマの連合軍に敗れた戦い。アは756年，イは732年，ウは711年である。
(3)　イ　寇謙之を信任したのは，南北朝時代の北魏の太武帝である。ウ　ゾロアスター教の経典は『アヴェスタ』である。　エ　エフェソス公会議で異端となったのは，ネストリウス派である。　(4)　イギリス史上唯一の大王である。　ア　10世紀北フランスにノルマンディー公国を建てた。　イ　11世紀初頭にイングランド王国を征服し，デーン朝を建てた。　エ　1066年にヘースティングスの戦いでアングロ・サクソン人を破り，イングランド王国にノルマン朝を建てた。
(5)　サンバルテルミの虐殺では，ユグノーの指導者アンリ・ド・ブルボン(のちのアンリ４世)の結婚式に集まったユグノーがカトリック教徒に虐殺された。ユグノー戦争の結果，ユグノーに信仰の自由を認めたのはナントの勅令である。　(6)　この頃，ビザンツ帝国はマケドニア朝の下で周辺のスラヴ人に対するギリシア正教の布教に努めた。　ア　ベーメン王国を建てたのはチェック人。　ウ　ハンガリーではカトリックが受容された。　エ　13世紀のことである。　(7)　フィリップ４世は，三部会の支持を背景に教皇ボニファティウス８世を捕え，教皇は憤死した。これをアナーニ事件という。　ア　聖像禁止令はビザンツ皇帝レオン３世。　イ　グレゴリウス７世の修道院改革によって，聖職者は厳しい規律の下に置かれた。　エ　模範議会が招集されたのはエドワード１世によってである。　(8)　この絵画(『桃鳩図』)は，宮廷の画院の画家によって描かれた鮮やかな色彩を特徴とする院体画の代表的作品である。宋と金は協力して遼を滅ぼしたが，宋が金の領土要求に応えなかったために，靖康の変が発生した。　(9)　イ　第3回十字軍に参加したイギリス国王はエドワード１世である。他にフランスのフィリップ２世，神聖ローマ皇帝フリードリヒ１世が参加した。アイユ

ーブ朝のサラディンと戦い，敗れたものの，サラディンはキリスト教徒に寛大な姿勢を示し，巡礼の安全を保障するなどした。

【3】(1) エ　(2) ウ　(3) ア　(4) ウ　(5) イ　(6) イ
(7) エ　(8) オ　(9) イ

〈解説〉(1)　ア　ヴァスコ＝ダ＝ガマについての記述。　イ　マゼランはスペイン王室の援助で世界一周の大航海を行った。　ウ　コロンブスはトスカネリの地球球体説を信じて航海を行った。　(2)　ア　独立宣言はフィラデルフィアで発表された。　イ　『コモン＝センス』の著者はトマス・ペインである。　エ　アメリカ合衆国憲法は世界で初めて三権分立を明記した憲法である。　(3)　1804年にナポレオン法典を制定してフランス革命の成果を国内に定着させたナポレオンは，皇帝となり，革命の成果をヨーロッパ各地に輸出するために，ナポレオン戦争を開始した。1806年イエナの戦いでプロイセンを破り，ベルリンを占領して出したのが大陸封鎖令(ベルリン勅令)である。大陸諸国に対してイギリスとの通商を禁止したこの法令をロシアが破ったために行われたのがロシア遠征である。　(4)　南北戦争は1861年～1865年。アは1871年。イは1868年。ウは1852年に始まり，1870年のプロイセン・フランス戦争におけるセダンの戦いでナポレオン3世が敗北し，退位したために終結した。エは1857年。　(5)　ア　ファラデーは磁力によって電気を発生させることができることを発見した。　ウ　マルコーニは無線電信機を発明した。　エ　レントゲンはX線を発見した。
(6)　ア　ポルトガルについての記述。　ウ　この時期のイギリスの国王は，ヴィクトリア女王である。　エ　社会主義を宣言したキューバの革命政府を支援したのはソ連である。　(7)　ア　アークライトが発明したのは水力紡績機であり，クロンプトンがミュール紡績機を発明した。　イ　イギリスの産業革命は，綿織物業分野でマンチェスターにおいて始まった。　ウ　初の旅客鉄道は，マンチェスター・リヴァプール間で開通した。　(8)　イギリスは清から茶を輸入し，対価を銀で支払っていたが，貿易赤字が続き，銀が流出したため，インドで栽

培したアヘンを清に持ち込んだ。さらにインドに綿製品を輸出して銀の回収を図った。　(9)　南京条約で開港したのは，上海以南の5港(広州，福州，厦門，寧波，上海)のみであった。そのため，貿易額は増大するどころか半減し，イギリスはアロー戦争を引き起こしてさらなる市場開放を目指した。その結果締結された天津・北京条約によって，天津など華北の港を含む11港が開港されるなどして，中国市場の完全な開放が実現された。

【4】(1)　エ　(2)　ア　(3)　ウ　(4)　イ　(5)　ア　(6)　イ，カ　(7)　ウ　(8)　ウ

〈解説〉(1)　ムハンマド＝アリーの近代化改革の契機となったのは，ナポレオンのエジプト遠征である。　ア　1876年。翌年，ロシア・トルコ戦争が勃発して停止された。　イ　日本の韓国への進出が始まるのは1875年の江華島事件以降である。　ウ　1891年に勃発した。

(2)　ベトナムは，ラオス・カンボジアとともにフランス領インドシナを構成する。　(3)　第一次世界大戦では，大量殺戮が可能な新兵器が投入された結果，およそ1000万人というそれ以前とは比較にならない大量の戦死者が出た。　ア　ロシアは連合国として参戦していたが，ロシア革命が発生して離脱した。　イ　アメリカの参戦は1917年。エ　キール軍港で蜂起したのは兵士たち。こうして発生したドイツ革命によって，ヴィルヘルム2世は退位した。　(4)　第一次大戦中，イギリスは多重外交を展開した。これが今日まで中東において存在する様々な紛争の原因となっている。イタリアのねらいは，オーストリアから未回収のイタリアを回収することにあった。　(5)　カランサ大統領はこの憲法の実施に消極的であり，土地改革の強行を主張する農民軍のリーダーであるサパタを暗殺するなどしたが，この憲法はメキシコの近代化の基礎となった。　イ　パリ・コミューンは，ドイツとの休戦条約を締結して武装解除を迫る臨時政府に反対して結成された。ウ　該当するソ連の経済政策が，第一次五カ年計画。　エ　レンテンマルクを発行してインフレを収束させたドイツの首相はシュトレーゼ

マン。 (6) ブルガリアは，1908年の青年トルコ革命の混乱に乗じて
オスマン帝国から独立した。ギリシアは，ギリシア独立戦争の結果，
1829年にオスマン帝国から独立した。 (7) ア カイロ会談は日本の
戦後処理などを協議したもので，まだ日本と交戦していないソ連では
なく，中国の蔣介石が参加している。 イ テヘラン会談はドイツに
ついての協議であり，同様に，交戦していない中国ではなく，ソ連の
スターリンが参加している。 エ フランクリン＝ローズヴェルトは
ヤルタ会談後に急死したため，副大統領から昇格したトルーマンが参
加した。 (8) ウクライナは，黒海北岸に位置する国家である。
ア ユトランド半島で，デンマークが位置する。 イ イタリア半島
である。 エ ペロポネソス半島で，ギリシアであるが，古代のポリ
スの時代にはスパルタが位置していた。

【地理】

【1】(1) ウ (2) ア (3) イ (4) ア (5) ① ア
② エ ③ ウ

〈解説〉(1) メルカトル図法は一般的な世界地図のことで正角円筒図法
と呼ばれ航路図として用いられる。航空図に用いられるのは正距方位
図法である。 ア 粘土板に描かれている世界地図はバビロニア時代
のものである。 イ TOマップはエルサレムを中心にアジア，ヨーロ
ッパ，アフリカを描いており，この時代はまだアメリカは発見されて
いない。 エ 伊能忠敬は日本で初めてほぼ正確な地図を描いた。

(2) A ある地域の量を表現するためドットマップが使いやすい。
B 開花日や気温など連続的に分布するものを等しい点を結んだ等値
線が使いやすい。 C 人口や物量の移動は矢印を用いた流線図が使
いやすい。 (3) GISは緯度経度の位置情報を持つデータを総合的に
管理して視覚的に表示することで目的別の地図を作るものである。イ
はGISではなくGNSSの説明である。 (4) 図1の地図は正積図法の中
で高緯度のひずみが小さいモルワイデ図法と低緯度でひずみの小さい
サンソン図法を40度44分でつなぎ合わせたグード図法である。

(5)　①　ⓑは赤道上にひかれており，ⓐは経線であるためどちらも地球のほぼ球の一周を360°で分割した15°分であるため距離は等しい。②　キトは赤道上にあるためその反対側即ち対蹠点も赤道上にある。これはダカール中心の正距方位図法であるため距離と方位はダカールから以外正しくないが，そのほかの緯度経度は正しいというひっかけであるため気を付ける。なお，ウについては，緯度差50°ほどあり，5000km以上ある。　③　オタワはロンドンを通る本初子午線から5本分西即ち西経75°であるとわかる。東京は東経135°を標準時としているため210°の差があり，太陽は東から昇るため14時間東京が進んでいるのでウとなる。地図上に緯度も経度も書かれていないが，北緯0°の赤道と東経0°の本初子午線を真っ先に見つけるとよい。

【2】(1)　①　カ　　②　エ　　③　イ　　(2)　エ　　(3)　ウ
(4)　ク　　(5)　エ　　(6)　①　イ　　②　ク

〈解説〉(1)　①　大豆は主に中国向けの飼料用としてブラジルを中心に南北アメリカから輸出されるためⅡ。小麦は多数の国で輸出用として生産されていて一国の割合が小さくなるためⅠ。Ⅲはアメリカ合衆国のコーンベルトで生産が盛んなトウモロコシ。アルゼンチンの輸出品目は大豆，トウモロコシでZ。トウモロコシの輸出国は他にウクライナでY。Xはカナダである。　②　Sはコーヒー豆，Tは茶，Uはトウモロコシである。ケニアがイギリス植民地で写真1が低木であることから茶のTでイギリスが答えとなる。　③　アグロ(農業)とフォレストリー(森林)を組み合わせた造語である。アはエコツーリズム，ウはフェアトレード，エは地産地消のことである。　(2)　BRICS諸国はまず輸入代替型で成長し，最近では輸出指向型に変異し，世界の中で特に経済成長している。　(3)　世界で最も長いドルジバパイプラインがロシアとヨーロッパ間で引かれており，料金設定などを理由に何度も紛争が起きている。　ア　南沙諸島と呼ばれるが日本は領有権を争っていない。　イ　ニューカレドニアでフランス領ではあるがコバルト鉱山の利権と分離運動に相関関係はない。　エ　南スーダンではスーダン

からの独立運動があり国内は混乱しているが，銅が取れるカッパーベルトはもう少し南である。　(4)　A　マレーシアはマレー系優遇政策のブミプトラ政策を取っており，公用語はマレー語のみである。B　アルジェリアの旧宗主国はフランスでありフランス語が広く使用されているが，公式にはアラビア語のみが公用語である。　C　公用語が4言語は正しいがドイツ語人口が最も多い。　(5)　スペインではバスク人とカタルーニャ人が独立運動を行っている。　ア　チェチェンの独立紛争はイスラム教復興運動である。　イ　北アイルランドは独立を求める人が多いが国民投票は実施されていない。　ウ　仏教徒が多数派で，シンハラ人が少数派である。　(6)　①　ユダヤ教はカシュルートと呼ばれる食事の制限がありひづめが二つに分かれていない豚や牛，ウロコのない魚介類は食べることを禁止されている。
②　A　ヒンドゥー教の聖地のヴァラナシ。　B　イスラム教の聖地のメッカ。　C　キリスト教，ユダヤ教，イスラム教の聖地のエルサレム。　S　ガンジス川で湯浴しているためヒンドゥー教。　T　六芒星が描かれているためユダヤ教。　U　メッカのカーバ神殿が描かれているためイスラム教。イスラム教はメッカ，メディナ，イスラエルと3つの聖地があるが，最大の聖地と書いてあるためBのメッカが適当である。

【3】(1)　ウ　　(2)　ア　　(3)　エ　　(4)　オ　　(5)　オ　　(6)　イ
(7)　オ　　(8)　(イ)　　(9)　オ
〈解説〉(1)　ⓒはパリ盆地でケスタ地形と呼ばれる平野が広がりブドウの栽培が盛んである。　ア　大西洋中央海嶺が通っているが海嶺は沈み込む境界である。　イ　ⓑはリアス海岸の語源となったリアスバハス海岸であり，U字谷が沈水した海岸についてはフィヨルドである。エ　ⓓはカルスト地形の語源となったスロベニアのカルスト地方で，カルスト地形は石灰岩由来である。　(2)　地中海性気候の地域は，夏には亜熱帯高圧帯におおわれるため晴天が続き，乾燥して気温も上昇する。一方，冬には偏西風が高緯度側から移動して低気圧・寒帯前線

の活動が盛んになり，降水量が多く比較的温暖である。　(3)　SはモスクワでDf気候であるためⅡ，TはロンドンでCfb気候であるためⅢ，UはローマでCs気候であるためⅠである。　(4)　フィヨルドによる水力発電が盛んなノルウェーがC。スウェーデンは化石燃料に乏しく，水力と原子量がメインでB。人口の少なさから総発電量が少ないフィンランドがA。　(5)　小麦の生産が世界5位であるフランスが穀類の自給率が高いC。地中海性気候のイタリアが果実，野菜の自給率が高いB。混合農業を行っているドイツはいも類と穀類が高いためA。　(6)　ロレーヌの鉄鉱石で栄えたのはフランス北部からルクセンブルクにかけてであり，パリではない。　(7)　ⓐ　65歳以上人口が14％を超えたのは1972年のスウェーデンである。　ⓑ　スウェーデンはデンマークの約2倍である。　(8)　(ア)　オランダはユーロポートがあり貿易依存度が高い。　(イ)　EU圏内は関税がないため貿易依存度が高いドイツ。(エ)　人口が多く1人あたりの額が小さくなる中国。　(9)　(A)　プロテスタントはイギリス。　(B)　ドイツ圏とフランス圏の中間にあるベルギー。　(C)　スラブ系民族だがカトリックが優勢のポーランド。(D)　ウラル語系で非ヨーロッパに分類されるハンガリー。

【4】(1)　イ　　(2)　ウ　　(3)　ウ　　(4)　ウ　　(5)　エ　　(6)　イ
(7)　エ　　(8)　ア

〈解説〉(1)　西から一度標高が上がり，一度やや下がりそこから中部まで4000m級の山々が並んでいるため，シエラネヴァダ山脈があり，ロッキー山脈があるイである。　(2)　Xの地域にシエラネヴァダ山脈があり，すぐ西にずれる境界であるサンアンドレアス断層があり，シエラネヴァダ山脈は傾動山脈である。ヨセミテ国立公園にはU字谷が見られる。　(3)　ウは南部であるため冬小麦が栽培される。春小麦はカナダやノース，サウスダコタ州で栽培される。　(4)　A　降水量が少なく冷涼な西は春小麦栽培が盛ん。　B　降水量が多い西経100度線より東はコーンベルトと呼ばれ，とうもろこし生産が盛ん。　C　南部はコットンベルトと呼ばれ綿花栽培が盛んであり，古くは奴隷が働か

されていた。 (5) 南部はサンベルトと呼ばれ温暖であることに加え，広大な土地があること，賃金が安いことから情報技術産業が発達しており，北部の重工業地帯がラストベルトと呼ばれ衰退する中，雇用者数出荷額，両面においてアメリカ内で割合が増えている。 (6) アメリカの特に南部ではシェールガスの採算が合う中で採掘可能になり，シェール革命とよばれている。 (7) Ａ 南部は奴隷の名残でアフリカ系が多く，図6からも読み取れる。 Ｂ・Ｃ 中南米からのスペイン語を話す人々はヒスパニックとよばれ，国境を接する南西部や海を越えるとすぐキューバなどの西インド諸島があるフロリダに多い。

(8) アメリカは東海岸と西海岸に大都市が多いが，東海岸の大都市群をメガロポリスと呼ばれ，一極集中は見られない。 イ カナダのトロント，オタワ，モントリオールなどは五大湖周辺に存在する。
ウ インナーシティ問題と呼ばれ，最近では中心部の再開発やスラムを排除することでもう一度富裕層が中心部に帰ってくるジェントリフィケーションが起こっている。

公 民 科

【1】Ａ イ Ｂ ウ Ｃ ウ Ｄ ア
〈解説〉基本的に文脈に適する選択肢を選ぶが，Ａ，Ｂ及びＤの文章の内容は共通している。1つの問題に集中するだけでなく，広い視野を持って解答することも必要である。

【2】(1) エ (2) イ (3) ① イ ② ア ③ ウ
④ イ ⑤ エ
〈解説〉(1) Ａ ホモ＝レリギオーススは宗教人の意味で，エリアーデによる議論。 Ｂ カッシーラは，人間をアニマル・シンボリクム(象徴を操る動物)とした。 Ｃ 神谷美恵子は『生きがいについて』で知られる精神科医。 Ｄ オルポートは成熟した人格の条件を論じた。

(2)　①　自己実現欲求は成長欲求であるのに対し，下位の欲求はすべて欠乏欲求とされる。　②　自分の価値を周囲に認めてほしい欲求である。　③　仲間や恋人を求める欲求である。　④　安全な環境を求める欲求である。　⑤　食欲や睡眠欲などである。　(3)　①　Ａ　ソフィストは若者に弁論術を教えていた職業講師で，その代表的存在のプロタゴラスは相対主義を唱えた。　Ｂ　イデアこそが真の実在で，現実世界はその似姿に過ぎないとした。　Ｃ　アリストテレスは，物事の本質は個物に内在するとした。　Ｄ　テオリアは英語のtheoryの語源。　②　パウロは初期キリスト教の教義を確立した人物である。イ　信仰の優位を前提とした。　ウ　プロティノスは3世紀の新プラトン主義の哲学者であり，キリスト教とは無関係。　エ　キリスト教の三元徳(信仰・希望・愛)をギリシャの四元徳(知恵・勇気・節制・正義)の上位に位置づけた。　③　孟子は浩然の気がみなぎる理想的人間を大丈夫と呼んだ。　ア　孟子の性善説に対し，荀子は性悪説を唱えた。　イ　四端を育むことでおのずと四徳は身につくとした。

エ　王道政治の対極にあるものとして，覇道政治を唱えた。　④　[思想]　荘子は万物斉同を唱えた。(b)は道家が説く道(タオ)に関する記述で，老子が唱えた。　[題目]　胡蝶の夢は，眠った荘子が夢と現実の区別がつかなくなったという説話。柔弱謙下は老子が理想とした，柔和でへりくだった姿勢で，他と争わないこと生き方のことである。⑤　プラトンは，イデアへの思慕をエロースと呼んだ。フィリアは友愛のことで，アリストテレスが重視した。キリスト教におけるアガペーは無償・無差別の神の愛のこと。プシュケーは古代ギリシャ語で魂のこと。仏教における慈悲とは抜苦与楽を望む心のこととされる。トーラーはユダヤ教の律法のこと。中国の思想について，孔子は仁を道徳の根本原理とした。義は正しい人の道のこと。

【３】(1)　イ，ウ　(2)　①　エ　②　ウ　③　ア　(3)　ア
(4)　ウ　(5)　ウ　(6)　ア　(7)　イ
〈解説〉(1)　パスカルは『パンセ』で「人間は考える葦」とした。権謀

術数を正当化する思想であるマキャベリズムは，マキャベリに由来する言葉である。アはピコ＝デラ＝ミランドラ，エはカルヴァン，オはトマス＝モアに関する記述。　(2)　①　a　劇場のイドラは，権威ある学者らの言説を鵜呑みにすることによるイドラ(偏見，先入見)のこと。　b　市場のイドラは言葉の不適切な使用による。　c　洞窟のイドラは，個人の経験の狭さに由来する。　d　種族のイドラは，目の錯覚などによるもの。　②　資料Bは演繹法に関するもので，演繹法は大陸合理論の論者であるデカルトが唱えた。(a)のスピノザや(d)のライプニッツが大陸合理論の論者である。大陸合理論は，認識における理性の役割を重視する理論である。(b)のロックや(c)のヒュームは，イギリス経験論の論者である。　③　ヘーゲルは『精神現象学』や『法の哲学』などを著した。ヘーゲルの弁証法とは，ある命題(正)に対し，それを否定する反命題(反)が現れるが，両者は止揚(アウフヘーベン)し，より高度な総合命題(合)が現れるというもの。　(3)　(a)　ベンサムは，快楽(幸福)の増大を善とする功利主義を唱えた。　(b)　コントは，人間精神に合わせて，社会も軍事的段階から商業的段階を経て，産業的段階に発展するとした。　(c)　スペンサーは社会進化論を唱えた。(d)　デューイはプラグマティズムの論者の一人。　(4)　a　ファランジュは共同体という意味。　b　アメリカに建設されたニューハーモニー村は，実験的な共産制社会だったが，失敗に終わった。　c　議会制時による社会改革を目指す修正主義理論を唱えた。　d　レーニンによって解釈されたマルクス主義はレーニン主義とよばれる。

(5)　ウは，ヤスパースに関する記述である。サルトルは，人間の「実存は本質に先立つ」とし，アンガジュマン(社会参加)を通じて，自己の生きる意味を自由に選択できる存在とした。だが，その反面，その選択に全責任を負っており，その意味で人間は「自由の刑」に処せられているとした。　(6)　レヴィ＝ストロースは，近代西洋社会の人間中心主義を否定した。　イ　アドルノとともに，道具的理性に堕落した近代理性を批判した。　ウ　後期哲学では一転して言語ゲーム論を論じた。　エ　科学理論には反証可能性があるとした。　(7)　(a)　レ

ヴィナス絶対的な他性をもつ存在を「顔」と呼んだ。　(b)　アーレントは，公共性が失われることにより帰属意識を失って孤立した大衆が所属感を求め，それが全体主義につながるとした。ハーバーマスはシステム合理性による生活世界の植民地化を批判し，対話的理性を論じた社会哲学者。　(c)　ロールズの正義の原理は次の二つである。一つ目は，あらゆる者にとって平等な基本的自由。二つ目は，社会的・経済的不平等は社会の最も不利な成員を利するものにかぎられるということ(格差原理)。センは潜在能力アプローチで貧困の問題を論じた経済学者。　(d)　サンデルは共同体主義を唱え，ロールズを批判した。ノージックはリバタリアニズムを論じた政治哲学者。

【4】(1)　エ　　　(2)　ウ　　　(3)　①　エ，オ　　②　エ　　　(4)　ア　(5)　ウ　　　(6)　イ

〈解説〉(1)　エは折口信夫に関する記述である。南方熊楠は民俗学，生物学，博物学など，広範な分野で研究活動を行った在野の研究者。鎮守の森を守るために，政府の神社合祀政策(神社の統廃合)に対する反対運動を行った。　(2)　A　法然は浄土宗の開祖で専修念仏を唱えた。B　一遍は時宗の開祖で，踊念仏を広めた。　C　道元は曹洞宗の開祖で，只管打坐による身心脱落や，修行と悟りは一体とする修証一等を唱えた。　D　日蓮は日蓮宗(法華宗)の開祖で，法華経こそが世を救う唯一の教えとした。　(3)　①　ア　中江藤樹は陽明学者だが，資料Aは朱子学に関する記述で，『自然真営道』は安藤昌益の著。　イ　資料Bは安藤昌益に関する記述。伊藤仁斎は，儒学を古典から直接学ぶ古義学を唱え，仁・愛を論じた。　ウ　資料Cは石田梅岩に関する記述。二宮尊徳は報徳思想を唱えた農政家。　②　(a)　資料Aの朱子学は儒学の一派であり，資料Cの石田梅岩も儒学などを学び，商人道徳論である心学を構築した。資料Bの安藤昌益は，儒学や仏教などは身分制を支えるイデオロギーであるとして批判している。　(b)　賀茂真淵や平田篤胤はいずれも国学者である。　(4)　内村鑑三は，無教会主義の立場でキリスト教の布教を目指した一方，わが国の武士道を高く

評価した。　イ　岡倉天心は東洋美術を高く評価した。　ウ　西村茂樹に関する記述。加藤弘之は社会進化論の立場から天賦人権論を批判した。　エ　佐久間象山に関する記述。植木枝盛は自由民権運動の理論的指導者の一人である。　(5)　A　平塚らいてうに関する記述。与謝野晶子は歌人で，平塚らいてうと母性保護論争を行った。

C　田山花袋に関する記述。国木田独歩は『武蔵野』などの作品で知られる小説家である。　(6)　A　坂口安吾のは『堕落論』で堕落し，孤独となることを唱えた。太平洋戦争敗戦直後に発表され，戦後，無規範状態に陥っていた日本国民に対して，新たな倫理を提唱した。

B　竹内好は中国文学者であり，「方法としてのアジア」と提唱した。西田幾多郎は主客未分の純粋経験を真の実在とした哲学者である。

C　丸山真男は戦後の進歩的文化人の代表格である政治学者である。

D　吉本隆明は『共同幻想論』や『言語にとって美とはなにか』で独自の思想を展開した。幸徳秋水は大逆事件で刑死した明治期の社会主義者である。

【5】(1)　エ　　(2)　イ　　(3)　イ　　(4)　エ　　(5)　ア　　(6)　ウ
(7)　イ　　(8)　エ

〈解説〉(1)　各個人の意志を特殊意志，公共の利益を求める全人民共通の意思を一般意志といい，ルソーは，一般意志に従うべきとした。なお，一般意志は，特殊意志の総和に過ぎない全体意志とも区別される概念である。　(2)　影の内閣(シャドウ・キャビネット)は，政権交代に備えて野党が組織するものである。　(3)　A　憲法の改正と新憲法の改正は異なり，憲法の基本原理を変更する改正は認められないと考えられている。　B　対義語は軟性憲法。　C　誤り。出席議員ではなく，総議員。　D　有効投票の過半数の賛成を要する。　(4)　最高裁は目的効果基準と呼ばれる緩やかな判断基準により，公費による地鎮祭を政教分離に違反しないとした。　ア　政教分離を初めて認め，違憲とした。　イ　政教分離違反を認め，違憲とした。　ウ　直接的には適用されないとした。　(5)　与党が参議院では少数派のねじれ国会

で，しかも衆議院で3分の2以上の議席を占めていない場合，法律案が成立しにくく，政治が膠着する。　イ　総議員ではなく，出席議員。　ウ　訴追委員会が衆・参各院10人ずつの国会議員で構成され，弾劾裁判所が衆・参各院7人ずつの国会議員で構成されている。　エ　3分の1以上ではなく，3分の2以上。　(6)　国会審議活性化法により，政府委員制度は廃止され，官僚は参考人の立場で国会審議に参加するようになった。　ア　明治憲法には内閣に関する規定はなかったが，内閣官制という法(勅令)は存在した。　イ　国務大臣は過半数が国会議員でなければならない。　エ　第69条を根拠とした解散が4回だけである。　(7)　自治基本条例は自治体の憲法とも呼ばれている。　ア　条例に基づく住民投票の結果に法的拘束力はない。　ウ　財政力格差を是正するために支出されるのが地方交付税で，使途が定められて支出されるのが国庫支出金。　エ　機関委任事務が廃止され，地方自治体の仕事は法定受託事務と自治事務に整理された。　(8)　条例の制定・改廃の請求や事務監査請求の必要署名数は，有権者の50分の1以上。また，議会の解散請求や解職請求の必要署名数は，有権者数が40万人以上の地方自治体には緩和措置があるが，原則として有権者の3分の1以上である。

【6】(1)　エ　　(2)　イ　　(3)　ウ　　(4)　ウ　　(5)　エ　　(6)　ウ
(7)　ア

〈解説〉(1)　寡占市場では価格競争は低迷して価格の下方硬直化が生じる反面，非価格競争が活発化する傾向がある。　ア　カルテルも独占の形態の一つ。　イ　かつては，持株会社(ホールディングカンパニー)の設立は，財閥の復活につながるという理由で禁止されていた。　ウ　公正取引委員会は内閣府の外局。　(2)　A　芸術家への支援に熱心だった古代ローマの政治家マエケナスに由来する言葉。　B　古代ギリシャ語のフィロス(愛)とアントロポス(人間)に由来する言葉。　C　法令遵守と訳されるが，倫理に従うことも含まれる。　D　Corporate Social Responsibilityの略でCSR。　(3)　A　クズネッツの

波の周期は約20年である。　D　ジュグラーの波の周期は約8〜10年である。　(4)　財政節度を守るため，日銀による国債の直接引き受けは禁止されている。　ア　赤字国債に関する記述。　イ　戦後初の赤字国債の発行は1965年度の出来事。　エ　歳入から公債金を除いたものと歳出から国債費を除いたものの収支がプライマリーバランス。

(5)　A　生産者と消費者の間にある保有する情報量の格差を情報の非対称性という。　B　消費者の購買意欲が企業によって作り出される現象を，依存効果という。ガルブレイスが唱えた。　C　購買意欲が周囲の影響を受けることを，デモンストレーション効果という。

(6)　警察官らは団結権すら認められていないが，一般職の公務員や公営企業職員は団結権が認められている。なお，一般職の公務員は，団体交渉を行うことは認められているものの，労働協約を締結することは認められていない。　(7)　ビスマルクは社会主義運動を弾圧する一方，社会政策を進めた。こうした政策をアメとムチと表現する。イ　エリザベス救貧法ではなくベバリッジ報告。　ウ　生命保険ではなく労災保険(労働者災害補償保険)。　エ　賦課方式を基本としている。

【7】(1)　エ　　(2)　エ　　(3)　イ　　(4)　ウ　　(5)　ア　　(6)　ア
(7)　エ　　(8)　ウ
〈解説〉(1)　経済難民は経済的困窮，環境難民は環境破壊によって居住地を離れた人々のこと。国内避難民は，紛争などの理由で居住地は離れたものの，国内にとどまっている人々のことをいう。難民条約による難民の定義では，いずれも難民には該当しない。　(2)　固定価格買取制度とは，太陽光発電などによる電力を電力会社が一定期間，国が定めた価格で買い取る制度である。　ア　ロンドン条約ではなくウィーン条約。　イ　ワシントン条約ではなくラムサール条約。　ウ　先進国にのみ，温室効果ガスの排出量削減が数値目標付きで義務付けられた。　(3)　A　『永久平和のために』ではなく『海洋自由論』。『永久平和のために』はカントの著。　B　国際刑事裁判所もオランダの

ハーグに置かれている。　C　不戦条約はパリ不戦条約やケロッグ・ブリアン協定などともいう。　D　国際司法裁判所は，紛争当事国の双方が付託に同意しないと裁判を行うことができない。　(4)　朝鮮国連軍は国連憲章に基づく正規の国連軍ではなかったが，その派遣は安保理決議に基づくものであった。　ア　常任理事国は拒否権を有する。イ　手続事項の決議は9理事国以上の賛成で成立し，常任理事国に拒否権はない。　エ　「平和のための結集」決議による。　(5)　比較生産費説では，生産量は投入される労働量に比例するとされる。イギリスはラシャ生産，ポルトガルはぶどう酒生産において比較優位にある。また，イギリスの全労働量は220でこれを全てラシャ生産に投入し，ポルトガルの全労働量は170でこれをぶどう酒生産に投入する。

(6)　実質経済成長率とは，実質GDPの前年と比べた増加率のこと。百分率で示される。つまり，(今年の実質GDP-前年の実質GDP)÷前年の実質GDP×100のこと。今年の実質GDPは今年の名目GDP÷GDPデフレーター×100の関係によって求められる。　(7)　ODA額の対GNI比に関する国連目標は0.7%だし，この目標はすべてのODA供与国に対するものである。なお，ODA供与国の中でこの目標を達成している国は少なく，日本もその他のG7諸国も達成できていない。　(8)　A　当時のアメリカ大統領だったケネディの提唱で開催されたことにちなみ，ケネディラウンドと呼ばれる。　B　東京での閣僚会議で交渉開始が決まった。　C　WTOの創設や，わが国のコメ輸入につきミニマムアクセスを導入することなども決まった。　D　交渉は頓挫し，現在に至っている。

2022年度　実施問題

中　学　社　会

【1】次の文は,「中学校学習指導要領(平成29年告示)解説　社会編　第2章　社会科の目標及び内容　第1節　教科の目標」の一部である。以下の各問いに答えなさい。

> 　社会的な見方・考え方を働かせ,課題を追究したり解決したりする活動を通して,広い視野に立ち,(①)する国際社会に主体的に生きる平和で民主的な国家及び社会の形成者に必要な公民としての資質・能力の基礎を次のとおり育成することを目指す。
>
> (1)　我が国の国土と歴史,現代の政治,経済,国際関係等に関して理解するとともに,<u>調査や諸資料から様々な情報を効果的に調べまとめる技能を身に付ける</u>ようにする。
>
> (2)　社会的事象の意味や意義,特色や相互の関連を多面的・多角的に考察したり,社会に見られる課題の解決に向けて選択・判断したりする力,思考・判断したことを説明したり,それらを基に(②)したりする力を養う。

(1)　( )に当てはまる語句を答えなさい。

(2)　下線部について,中学校社会科の学習においては,小学校の社会科での学習を踏まえるとともに,高等学校の地理歴史科,公民科での学習を視野に,どのように指導することが大切であるか答えなさい。

(☆☆○○○○)

【2】次の文は,「中学校学習指導要領(平成29年告示)解説　社会編　第2章　社会科の目標及び内容　第2節　各分野の目標及び内容〔地理的

255

分野〕　(2)　内容　B　世界の様々な地域」の一部である。以下の各問いに答えなさい。

---

(1)　世界各地の人々の生活と環境

　　場所や人間と自然環境との(　　)関係などに着目して，課題を追究したり解決したりする活動を通して，次の事項を身に付けることができるよう指導する。

　ア　次のような知識を身に付けること。

　(ア)　(略)

　(イ)　世界各地における人々の生活やその変容を基に，世界の人々の生活や環境の多様性を理解すること。その際，<u>世界の主な宗教の分布についても理解すること</u>。

---

(1)　(　　)に当てはまる語句を答えなさい。

(2)　下線部については，分布図を用いて大まかに理解することを意味しているが，分布図を扱う際に大切なことは何か答えなさい。

(☆☆☆◎◎◎)

【3】次の文は，「中学校学習指導要領(平成29年告示)解説　社会編　第2章　社会科の目標及び内容　第2節　各分野の目標及び内容〔歴史的分野〕　(2)　内容　B　近世までの日本とアジア　(1)　古代までの日本」の一部である。後の各問いに答えなさい。

(ア)　世界の古代文明や宗教のおこり

　　世界の古代文明や宗教のおこりを基に，世界の各地で文明が築かれたことを理解すること。

(内容の取扱い)

　ア　(1)のアの(ア)の「世界の古代文明」については，人類の出現にも触れ，中国の文明をはじめとして諸文明の特徴を取り扱い，生活技術の発達，(　　)の使用，国家のおこりと発展などの共通する特徴に気付かせるようにすること。また，<u>ギリシ</u>

　ャ・ローマの文明について，政治制度など民主政治の来歴の
　観点から取り扱うこと。(以下略)

(1)　(　　)に当てはまる語句を答えなさい。

(2)　下線部については，事象を精選し，民主政や共和政など政治制度
　を中心に扱うようにすることと示されている。主権者育成の観点に
　も留意し，どのような点を踏まえて当時の政治制度について理解で
　きるようにすることが求められているか，「両面」という語句を使
　って答えなさい。

(☆☆☆○○○)

【4】次の文は，「中学校学習指導要領(平成29年告示)解説　社会編　第2
　章　社会科の目標及び内容　第2節　各分野の目標及び内容〔公民的
　分野〕　(2)　内容　A　私たちと現代社会」の一部である。以下の各
　問いに答えなさい。

---

(2)　現代社会を捉える枠組み
　　対立と合意，効率と公正などに着目して，課題を追究した
　り解決したりする活動を通して，次の事項を身に付けること
　ができるよう指導する。
　ア　次のような知識を身に付けること。
　　(ア)　現代社会の見方・考え方の基礎となる枠組みとして，
　　　対立と合意，効率と公正などについて理解すること。
　　(イ)　人間は本来社会的存在であることを基に，(　①　)と
　　　両性の本質的平等，(　②　)の重要性やそれを守ること
　　　の意義及び個人の責任について理解すること。

---

(1)　(　　)に当てはまる語句を答えなさい。

(2)　下線部に関する説明について，「中学校学習指導要領(平成29年告
　示)解説　社会編　第2章　社会科の目標及び内容　第2節　各分野
　の目標及び内容」の文の(　　)に当てはまる語句を答えなさい。た

257

だし，同じ記号には同じ語句が入る。

> まず「効率」については，社会全体で「（　Ａ　）を省く」という考え方である。これを別の表現で説明すると「より少ない（　Ｂ　）を使って社会全体でより大きな（　Ｃ　）を得る」という考え方であるといえる。すなわち，「合意」された内容は社会全体でより大きな（　Ｃ　）を得るものになっているかを検討することを意味しているのである。

（☆☆☆○○○）

【5】「中学校学習指導要領(平成29年告示)解説　社会編　第1章　総説　2　社会科改訂の趣旨及び要点　(2)　改訂の要点」に示された地理的分野の改訂の要点は主に次の5つである。以下の各問いに答えなさい。

> ア　世界と日本の地域構成に関わる内容構成の見直し
> イ　地域調査に関わる内容構成の見直し
> ウ　世界の諸地域学習における（　①　）課題の視点の導入
> エ　日本の諸地域学習における<u>考察の仕方の柔軟化</u>
> オ　日本の様々な地域の学習における（　②　）学習の重視

(1)　（　　）に当てはまる語句を答えなさい。

(2)　下線部に関する説明について，「中学校学習指導要領(平成29年告示)解説　社会編　第1章　総説　2　社会科改訂の趣旨及び要点」の文の（　　）に当てはまる語句を，以下の選択肢からそれぞれ1つ選び，記号で答えなさい。

> その際，平成20年改訂では，指定された（　Ａ　）の考察の仕方に対して，七地方区分された日本各地域を当てはめるという組合せが一般的であったが，このたびは適切に地域区分された日本の各地域を前提に，その地域的な特色を捉えるのに適切な考察の仕方を，指定された（　Ｂ　）の考察の仕方，ある

いは必要に応じて（　C　）となる事象を設定する考察の仕方を，適宜選択して組み合わせて結び付けるようにした。

ア　四つ　　イ　五つ　　ウ　六つ　　エ　七つ　　オ　基本
カ　重要　　キ　中核　　ク　関連

（☆☆☆☆◎◎）

【6】「世界と日本の地域構成」について，以下の各問いに答えなさい。

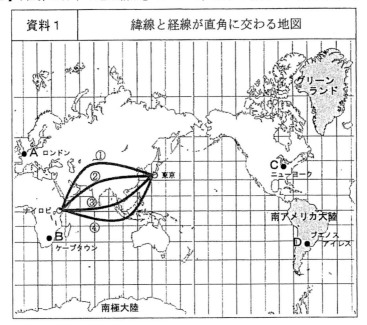

資料1　　緯線と経線が直角に交わる地図

(1)　資料1中の①～④のうち，東京とナイロビの最短距離を示した線を1つ選び，番号で答えなさい。

(2)　資料1中のA～Dの都市のうち，東京の対蹠点に最も近い都市を1つ選び，記号で答えなさい。

(3)　資料1中にある，南アメリカ大陸の実際の面積は，世界最大の島グリーンランドの実際の面積よりも大きいが，この地図ではグリー

ンランドの方が大きく表される理由を答えなさい。

(☆☆☆◎◎◎)

【7】「世界の様々な地域」について，次の各問いに答えなさい。

(1) 世界の諸地域について，ヨーロッパ州に関する次の各問いに答え
なさい。

ア　資料1の表の①〜④には，オランダ，イタリア，スペイン，フ
ランスのいずれかの国が当てはまる。①と③に当てはまる国をそ
れぞれ答えなさい。

資料1	主な国の食料自給率(%)　(2013 年、日本は 2016 年)					
	小麦	いも類	野菜類	果実類	肉類	牛乳・乳製品
イギリス	8 2	7 5	3 8	5	6 9	8 1
①	1 9 0	1 1 6	7 3	5 7	9 8	1 2 3
②	6 6	4 5	1 4 1	1 0 6	7 9	6 8
③	2 7	2 2 1	2 8 4	2 2	1 7 6	2 2 4
④	7 2	6 0	1 8 3	1 3 5	1 2 5	7 6
日本	1 2	7 4	8 0	4 1	5 3	6 2

(「食料需給表」2016 年)

イ　EUは，様々な共通政策を行っているが，その中心には共通農
業政策がある。この政策について述べた次の文の(　　)に当ては
まる語句を答えなさい。

> EU以外から輸入される農産物に対抗し，EUのなかでの食
> 料自給率を上げるために，農産物の価格を高く維持し，農
> 業や地域に(　A　)を出す政策をとってきた。そのため，農
> 産物の生産が増え，EUのなかで主要な農産物を自給するこ
> とに成功したものの，地域ごとの(　B　)がかえって広がる
> 結果となっている。

(2) 世界の諸地域について，南アメリカ州に関する次の各問いに答え
なさい。

ア　ブラジルは，ロシア連邦，インド，中国，南アフリカ共和国と同様に，2000年代に入ると，広大な国土や多くの人口，豊富な資源を背景に急速に経済成長した。この急速に経済成長した5か国を，それぞれの国名の頭文字をとって何というか答えなさい。

イ　資料2は，ブラジルにおける輸出品の変化を表したグラフである。グラフ中のX，Yに当てはまる品目をそれぞれ答えなさい。

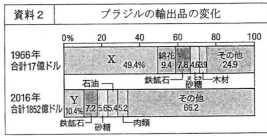

イ　ブラジルでは，地球温暖化対策として，植物を利用した燃料であるバイオエタノールが用いられるようになった。その結果，環境と開発の面で矛盾が生じてきている。その矛盾とは何か，資料3をもとに答えなさい。

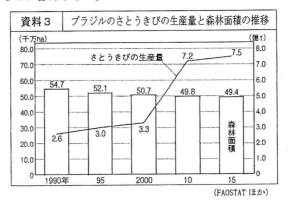

(☆☆☆○○○)

【8】「日本の様々な地域」について，次の各問いに答えなさい。

(1) 次の資料1，2は，ある空港の運航便や，ある空港から各地までの時間を表したものである。ある空港とはどこか，資料1，2をもとに空港名を正式名称で答えなさい。

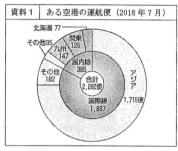

資料1　ある空港の運航便（2018年7月）

北海道 77
関東 126
その他 35
九州 147
国内線 385
その他 182
合計 2,282便
アジア 1,715便
国際線 1,897

資料2	各地までの時間
都市名	時間
札　幌	1時間50分
東　京(羽田)	1時間05分
ソウル	1時間45分
ペキン	3時間15分
シャンハイ	1時間55分
ホンコン	3時間15分
バンコク	5時間50分

(2) 日本の諸地域について，九州地方に関する次の各問いに答えなさい。

ア　資料3はある発電の県別割合を示したものである。日本最大級の九重町の発電所をはじめ，全国の約3割の発電を大分県で行っている発電は何か答えなさい。

資料3	日本のある発電の県別割合（2014年）					

合計出力 521MW ／ 大分 30.9% ／ 岩手 19.9 ／ 秋田 16.9 ／ 福島 12.5 ／ 鹿児島 11.0 ／ その他 8.7

（JOGMEC資料）

イ　福岡市では資料4のように，ビルの壁面や屋上の緑化を進めている。このような取組は，どのような目的があるか答えなさい。

資料4	福岡市内に見られる屋上緑化

ウ　北九州市や水俣市のエコタウンとしての取組は，資源を循環利用する産業を育て，未来の人々により良い社会を伝え残そうとするものである。こうした社会を何というか答えなさい。

(3)　日本の諸地域について，東北地方に関する次の各問いに答えなさい。

ア　東北地方の伝統文化について述べた次の文の(　　　)に当てはまる語句を漢字4文字で答えなさい。

> 東北の各県には，地域の自然や生活，文化が強く反映された伝統的な行事等が受けつがれており，秋田県の「秋田の竿燈」「男鹿のナマハゲ」，青森県の「青森のねぶた」など，国の重要(　　　)文化財に指定されている。

イ　東北地方の人々に親しまれている食文化の特色の1つについてまとめた以下の文の[　A　][　B　]に当てはまる内容や語句を，資料6，7をもとに答えなさい。

資料5	東北各県の食塩摂取量の平均値(g/日)	
県名	男性	女性
青森県	11.3	9.7
岩手県	10.7	9.3
宮城県	11.9	9.4
秋田県	11.6	9.6
山形県	11.0	9.8
福島県	11.9	9.9
全国	10.8	9.2

(2016年厚生労働省資料)

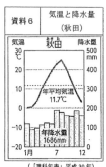

資料6　気温と降水量（秋田）

年平均気温 11.7℃
年降水量 1686mm

（「理科年表」平成30年）

資料7　いぶりがっこの仕込み作業

秋田県のいぶりがっこは、囲炉裏の上に大根をつるし、けむりでいぶしたものをつけた漬物。

【まとめ】

　　資料5から，東北地方の各県は，食塩摂取量が全国平均より多いという傾向がみられます。その理由の1つとして，資料6，7からわかるように，冬は[　A　]ため，漬け物が[　B　]として食べられてきたからだと考えられます。

(☆☆☆◎◎◎)

【9】「古代・中世までの日本」について，次の各問いに答えなさい。

(1)　原始時代における時代区分についてまとめた次の文の(　　)に入る語句を答えなさい。ただし，同じ番号には同じ語句が入る。

　　原始時代は，その時代に使う最も新しい刃物の種類によって，(　①　)時代，新石器時代，(　②　)時代，鉄器時代に区分されてきた。ただし日本では(　②　)と鉄器は，大陸からほぼ同時に入ってきた。

(2)　資料1に取り入れられた考え方は仏教ともう一つは何か答えなさい。

資料1	7世紀初めに出された役人の心構え

一に曰く、和をもって貴しとなし、さからうことなきを、宗となせ。
二に曰く、あつく三宝を敬え。三宝とは、仏・法・僧なり。

（「日本書紀」より一部要約・抜粋）

264

(3) 平安時代に，日本の風土やくらしにあった独自の文化が生み出された。その理由を資料2を参考にして答えなさい。

資料2	平安時代の主な出来事
794年	平安京に都を移す
894年	遣唐使を停止する
1016年	藤原道長が摂政となる
1086年	院政が始まる

(4) 鎌倉時代の民衆の生活について述べられた文として適するものを，次の選択肢からすべて選び，記号で答えなさい。

ア 農業には牛や馬が利用され，同じ田畑で米と麦を交互に作る二毛作が行われた。

イ 有力な農民を中心に村ごとにまとまり，惣と呼ばれる自治組織が作られた。

ウ 寺社の門前や交通の便利な所には定期市が開かれた。

エ 租という収穫量の約3％の稲を税として納めていた。

オ 現金収入を得るため，商品作物の栽培が広がった。

(☆☆☆◎◎◎)

【10】「近世の日本」について，次の各問いに答えなさい。

(1) カトリック教会がザビエルなどの宣教師を派遣してアジアの国々に布教を行った理由を，「プロテスタント」という語句を使って答えなさい。

(2) 資料1の戦国大名Aが，商品の流通を活性化させるために行ったことを答えなさい。

資料1	ある宣教師が見た戦国大名A

長身でやせ型、ひげは少ない。声ははなはだ高く常に武技を好み、粗野である。（中略）
　理解力と判断力にすぐれ、神仏などの偶像を軽視し、いっさいの占いを信じない。

（「耶蘇会士日本通信」）

(3)　江戸幕府が出した，資料2の法律を何というか答えなさい。

資料２	江戸時代に出された法律（部分要約）

　一　天皇は、帝王としての教養と、伝統文化である
　　　和歌を学ばなければならない。
　一　武家の官位は、公家の官位と別枠にする。
　一　関白の命令に従わない者は、流罪とする。

(4)　日本が江戸時代までに行った貿易について，次の選択肢を年代の
　　古い順に，記号で並べなさい。

　　　ア　南蛮貿易　　　イ　勘合貿易　　　ウ　朱印船貿易
　　　エ　日宋貿易

(☆☆☆◎◎◎)

【11】「近現代の日本」について，次の各問いに答えなさい。

(1)　19世紀半ばに，江戸幕府がアメリカと結んだ条約について，後の
　　各問いに答えなさい。

資料１	日米和親条約（一部要約・抜粋）

第９条　日本政府は、現在アメリカ人
に許可していないことをほかの外国
人に許可するときは、アメリカ人にも
同様に許可する。

資料２	日米修好通商条約（一部要約・抜粋）

第６条　（　Ａ　）人に対して法を犯した（　Ｂ　）
人はアメリカ領事裁判所で調べたうえ、アメリカの法
律で罰する。
　　　（　Ｃ　）人に対して法を犯した（　Ｄ　）人は、日
本の役人が調べたうえで、日本の法律で罰する。

　　ア　資料1の下線部のことを何というか，漢字5文字で答えなさい。
　　イ　資料2の（　　）には，アメリカか日本のいずれかの国名が入る。
　　　当てはまる国名をそれぞれ答えなさい。

(2) 明治政府の行った地租改正により，政府の財政は安定した。その理由を資料3をもとに答えなさい。

資料3	納税の比較（地租改正前後）	
	改正前（江戸時代）	改正後
課税基準	収穫高	地価
税率	5公5民 4公6民（天領）	地価の3％ （1877年から2.5％）
納税方法	物納、村単位	金納、個人

(3) 資料4を1874年に提出した人物を1人答えなさい。また，この建白書を提出した目的を，当時の政府の状況に触れて答えなさい。

資料4	政府に提出された建白書(部分要約)
私どもがつつしんで、現在政権がどこにあるかを考えてみますのに、上は皇室にあるのではなく、下は人民にあるのでもなく、ただ官僚に独占されております。…国家が崩壊しそうな勢いにあることを救う方法を求めてみましたが、ただ天下の公議正論をのばすしかありません。それには、民撰議院を立てることによるしかありません。	

(4) 資料5は，自作地と小作地の割合を示したものである。1940年と1950年を比べて自作地の割合が増加し，小作地の割合が減少した理由を，政府が行った政策名と，「買い上げ」という語句を使って答えなさい。

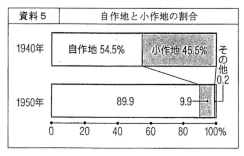

(☆☆☆○○○)

【12】「私たちと現代社会」「私たちと経済」について，後の各問いに答えなさい。

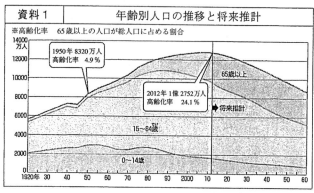

（厚生労働省資料ほか）

資料2	社会保障について

①社会保障制度が安心した暮らしの基盤になるためにも、必要な人々に対する給付を維持していく必要があります。一方で、貯蓄や民間保険への加入、健康管理、介護予防など、②国民自らが準備や対策を行うことも重要になります。

(1) 資料1から，読み取れる内容を，次の選択肢からすべて選び，記号で答えなさい。

　ア　2030年には，15〜64歳の人口が8000万人になると推計される。

　イ　戦争による人口の減少が見られる年がある。

　ウ　2020年以降の高齢化率はほとんど変化してない。

　エ　2060年の高齢化率の推計は30％を超えている。

(2) 資料2の下線部①について，社会保障費の増加に対応するために，政府が2019年に実施した税制の内容は何か答えなさい。

(3) 資料2の下線部②で示される考え方を何というか漢字2文字で答えなさい。

(4) 企業が果たすべき「企業の社会的責任」についてまとめた次の文の[　　]に入る内容を答えなさい。

> 企業は，法を守ってよりよい商品やサービスを生産することが基本的な役割です。また，利潤を生み出して人に働く場を提供し，税金を納め，株主に配当をもたらすことも重要な企業の社会的責任です。さらに，社会の一員として[　　]など社会に貢献することも企業に期待されている社会的責任です。

(5) 資料3は，需要量と供給量の関係を表したものである。供給曲線が図中の矢印のようにAからBに変化するときの状況と，価格について以下の文にまとめた。[　　]に入る語句に適するものを，後の選択肢から1つ選び記号で答えなさい。

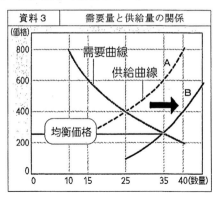

> 供給量が[　①　]ことで供給曲線がAからBへ変化し，それによって均衡価格が[　②　]。

ア　①　増える　　②　上がる　　イ　①　増える　　②　下がる
ウ　①　減る　　②　上がる　　エ　①　減る　　②　下がる

(☆☆○○○)

【13】「私たちと政治」について，以下の各問いに答えなさい。

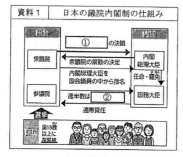
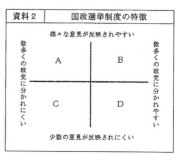

(1) 資料1の　①　，　②　に当てはまる語句を答えなさい。

(2) 資料1の下線部以外で国民がもつ権利のうち，「健康で文化的な最低限度の生活を営む権利」を何というか答えなさい。

(3) 日本の選挙制度のうち，比例代表制における特徴に適するものを，資料2から1つ選び記号で答えなさい。

(4) メディアリテラシーについてまとめた次の文の[　　]に入る内容を答えなさい。

> マスメディアの報道やインターネットの情報を[　　]に読み取ることができる力や能力をメディアリテラシーという。

(☆☆◎◎◎)

【14】「私たちと国際社会の諸課題」について，次の各問いに答えなさい。
(1) 資料1のA〜Dは，アメリカ，イギリス，ロシア連邦，中国の軍事支出を示したものである。中国に当てはまるものを1つ選び記号で答えなさい。

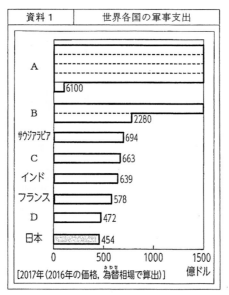

| 資料1 | 世界各国の軍事支出 |

A　6100
B　2280
サウジアラビア　694
C　663
インド　639
フランス　578
D　472
日本　454

0　500　1000　1500　億ドル

[2017年(2016年の価格, 為替相場で算出)]

(「SIPRI Yearbook 2018」)

(2) 日本が自国の安全と極東における国際平和のために，1951年にア
メリカと調印した条約を何というか答えなさい。

(3) 国際連合が，紛争が起こった地域で停戦や選挙の監視などを行う
活動のことで，日本も参加しているものを何というか答えなさい。

(4) 国際社会における問題の1つである「南南問題」について，「途上
国」という語句を使って説明しなさい。

(☆☆◎◎◎)

【15】「中学校学習指導要領(平成29年告示)解説　特別の教科　道徳編」
について，次の各問いに答えなさい。

(1) 「第2章　道徳教育の目標　第2節　道徳科の目標」には，道徳教
育の要である道徳科の目標について，次のように述べられている。
(　　)に当てはまる語句を答えなさい。

> 　第1章総則の第1の2の(2)に示す道徳教育の目標に基づき，よりよく生きるための基盤となる道徳性を養うため，道徳的諸価値についての(　①　)を基に，自己を見つめ，物事を広い視野から多面的・多角的に考え，人間としての(　②　)についての考えを深める学習を通して，道徳的な判断力，心情，実践意欲と態度を育てる。

(2)　「第3章　道徳科の内容　第1節　内容の基本的性格　2　内容の取扱い方　(1)」には，関連的，発展的な取扱いの工夫について，次のように述べられている。(　　)に当てはまる語句を答えなさい。

> 　道徳科の指導に当たっては，内容項目間の(　①　)を十分に考慮したり，指導の(　②　)を工夫したりして，生徒の実態に応じた適切な指導を行うことが大切である。そして，全ての内容項目が調和的に関わり合いながら，生徒の道徳性が養われるように工夫する必要がある。

(3)　「第4章　指導計画の作成と内容の取扱い　第3節　指導の配慮事項　5　問題解決的な学習など多様な方法を取り入れた指導　(1)」には，道徳科における問題解決的な学習の工夫について，次のように述べられている。(　　)に当てはまる語句を答えなさい。

> 　道徳科における問題解決的な学習とは，生徒一人一人が生きる上で出会う様々な道徳上の問題や課題を多面的・多角的に考え，(　①　)に判断し実行し，よりよく生きていくための資質・能力を養う学習である。そうした問題や課題は，多くの場合，道徳的な判断や心情，意欲に誤りがあったり，複数の道徳的価値が衝突したりするために生じるものである。指導方法は，(　②　)に即して，目標である道徳性を養うことに資するものでなければならない。

(4)　「第5章　道徳科の評価　第2節　1　評価の基本的態度」には，指

導と評価の関連性について，次のように述べられている。（　　）に当てはまる語句を，以下の[選択肢]からそれぞれ選び，記号で答えなさい。

> 道徳性を養うことを学習活動として行う道徳科の指導では，その学習状況や（　①　）を適切に把握し評価することが求められる。生徒の学習状況は，指導によって変わる。道徳科における生徒の学習状況の把握と評価については，教師が道徳科における指導と評価の考え方について明確にした（　②　）の作成が求められる。道徳性を養う道徳教育の要である道徳科の授業を改善していくことの重要性はここにある。

[選択肢]　ア　指導計画　　イ　成長の様子　　ウ　評価計画
　　　　　エ　学習の様子

(☆☆☆◎◎◎◎)

地　理・歴　史

【共通問題】

【1】次の各問いに答えなさい。

(1) 人工衛星や飛行機などに搭載したセンサーで地表からの電磁波などをとらえ地球のようすをとらえる技術を何というか答えなさい。

(2) 地下水の豊富な山麓などと，集落や耕地との間に多くの縦穴を掘り，それらを横穴でつないだ地下式の用水路のことを，北アフリカの乾燥地域では何というか答えなさい。

(3) さとうきびやとうもろこしなど，糖やデンプンを多く含む植物を発酵させてつくるアルコールで，アメリカやブラジルなどで自動車用として使用されている燃料を何というか答えなさい。

(4) 江戸時代に「天下の台所」といわれた大坂などに，諸藩が領内の年貢米や特産物を販売し，貨幣を獲得するためにおいた倉庫兼取引

所を何というか答えなさい。

(5)　1920年に平塚らいてう(明)と市川房枝らによって設立され，参政
権の要求など女性の地位を高める運動を進めた組織を何というか答
えなさい。

(6)　1947年，新憲法下最初の首班に指名され，民主党・国民協同党と
の連立内閣を発足させた日本社会党の委員長とは誰か答えなさい。

(7)　14世紀から18世紀にかけてのタイにおいて，米や獣皮などの豊か
な物産を輸出して勢力を伸ばした上座部仏教を奉ずる港市国家を何
というか答えなさい。

(8)　フランスの二月革命で始まった一連の1848年革命の中で，ベーメ
ン・ハンガリー・イタリアで高揚した民族運動の状況は何と呼ばれ
るか答えなさい。

(9)　資本主義世界との交流が少なく，世界恐慌の影響を受けずに計画
経済を進めたソ連では，当時の共産党の指導者が，反対派とみなし
た人々を大量に投獄・処刑して独裁的権力をふるった。この指導者
とは誰か答えなさい。

(☆☆☆◎◎◎)

【２】「高等学校学習指導要領(平成30年告示)」について，次の各問いに
答えなさい。

(1)　次の文は，「第2章　各学科に共通する各教科　第2節　地理歴史
第1款　目標」の一部である。(　　　)に当てはまる語句を答えなさい。

> 　社会的な見方・考え方を働かせ，課題を追究したり解決し
> たりする活動を通して，広い(　①　)に立ち，グローバル化す
> る国際社会に主体的に生きる平和で民主的な国家及び社会の
> (　②　)な形成者に必要な公民としての(　③　)を次のとおり
> 育成することを目指す。

(2)　次の文は，「第2章　各学科に共通する各教科　第2節　地理歴史
第2款　各科目　第2　地理探究　1　目標」の一部である。(　　　)に

当てはまる語句を答えなさい。ただし，(　　)の同じ番号には同じ語句が入るものとする。

> (2)　地理に関わる事象の意味や意義，特色や相互の関連を，位置や分布，場所，人間と自然環境との(　④　)関係，空間的(　④　)作用，地域などに着目して，系統地理的，(　⑤　)的に，概念などを活用して多面的・多角的に考察したり，地理的な課題の解決に向けて構想したりする力や，考察，構想したことを効果的に説明したり，それらを基に議論したりする力を養う。

(3)　次の文は，「第2章　各学科に共通する各教科　第2節　地理歴史　第2款　各科目　第3　歴史総合　1　目標」の一部である。(　　)に当てはまる語句を答えなさい。

> (2)　近現代の歴史の変化に関わる事象の意味や意義，特色などを，時期や年代，推移，(　⑥　)，相互の関連や(　⑦　)とのつながりなどに着目して，概念などを活用して多面的・多角的に考察したり，歴史に見られる課題を把握し解決を視野に入れて構想したりする力や，考察，構想したことを効果的に説明したり，それらを基に議論したりする力を養う。

(4)　次の文は，「第2章　各学科に共通する各教科　第2節　地理歴史　第2款　各科目　第5　世界史探究　3　内容の取扱い」の一部である。(　　)に当てはまる語句を答えなさい。

> (1)　内容の全体にわたって，次の事項に配慮するものとする。
> 　　ア　この科目では，中学校までの学習や「歴史総合」の学習との(　⑧　)に留意して諸事象を取り上げることにより，生徒が興味・関心をもって世界の歴史を学習できるよう指導を工夫すること。その際，世界の歴史の大きな枠組みと展開を構造的に理解し，考察，表現できるよう

にすることに指導の重点を置き，個別の事象のみの理解
にとどまることのないように留意すること。

(中略)

オ　近現代史の指導に当たっては，客観的かつ公正な資料
に基づいて，事実の正確な理解に導くとともに，多面
的・多角的に考察し公正に判断する能力を育成すること。
その際，(　⑨　)などの脅威に着目させ，戦争や紛争など
を防止し，平和で民主的な国際社会を実現することが重
要な課題であることを認識するよう指導を工夫すること。

(☆☆☆◎◎◎)

【日本史】

【1】各文と各資料に関する以下の各問いに答えなさい。

I　弥生時代になると，人びとの生活も大きく変化し，集落を
構成する住居の数も多くなり，大規模な集落も各地に現われ
た。aそれらの中には，まわりに深い濠や土塁をめぐらした集
落や，日常の生活には不便な山上につくられた逃げ城的な集
落が出現する。死者は集落の近くの共同墓地に葬られた。盛
り土を盛った墓が広範囲に出現するのも弥生時代の特色であ
る。b九州北部の弥生時代中期の甕棺墓の中には，中国鏡や青
銅製の武器などを副葬したものがみられ，後期になるとかな
り大規模な墳丘をもつ墓が出現した。

古墳には様々な墳形が見られ，大規模な古墳はいずれも前
方後円墳である。最大の規模をもつ古墳は，大仙陵古墳(仁徳
天皇陵古墳)であり，第2位の規模をもつ誉田御廟山古墳(応神
天皇陵古墳)などとともに，c5世紀のヤマト政権の大王の墓と
考えられる。

d6世紀の古墳時代後期になると，新しい葬送儀礼にともな
う多量の土器の副葬が始まった。その後，6世紀末から7世紀

初めになると，各地の有力な首長たちによる前方後円墳の造営が停止されたが，古墳の造営は100年間ほど続いた。7世紀中頃には，近畿の大王が，大王にのみ固有の（　）を営んで，一般の豪族層を超越した存在であることを墳墓のうえでも示そうとしたとされる。

(1)　Ⅰの空欄に当てはまる古墳の種類を答えなさい。

(2)　下線部aについて，このような特徴を示す集落の呼び名を具体的に示しつつ，これらの集落が出現した理由を，「余剰生産物」という語句を用いて，簡潔に答えなさい。

(3)　下線部bについて，こうした多量の副葬品をもつ墓や大型の墳丘をもつ墓が出現したことから，当時の人びとや集団の中に，どのような変化や存在が現われたと考えられるか，簡潔に答えなさい。

(4)　下線部cに関して，5世紀初めから約1世紀近くのあいだ，『宋書』倭国伝に記された倭の五王があいついで中国の南朝に朝貢している理由について，「高句麗」という語句を用いて，簡潔に答えなさい。

(5)　下線部dに関して，この時期における古墳の特色を示した次の写真と，その説明との組み合わせとして適するものを，後の選択肢から1つ選び，記号で答えなさい。

写真X

写真Y

①　追葬が可能な竪穴式石室が一般化し，墓室を飾る壁画をもつ古墳がつくられた。

②　古墳の造営など考えられなかった有力農民層までが，古墳をつくるようになった。

　　ア　X－①　　イ　X－②　　ウ　Y－①　　エ　Y－②

277

Ⅱ

663年	倭軍，e唐・新羅軍と戦い大敗	
664年	氏上・民部・家部等の制を定める	
667年	都を(　　　)に移す	
668年	X中大兄皇子が即位する	
673年	Y大海人皇子，飛鳥浄御原宮で即位	
689年	飛鳥浄御原令を施行する	
702年	f約30年ぶりに遣唐使の派遣	

(6)　Ⅱの空欄に当てはまる語句を答えなさい。

(7)　下線部eについて，この大敗をうけて九州から大和にかけて進められた防衛政策について，「大宰府」，「亡命貴族」の2つの語句を用いて，簡潔に答えなさい。

(8)　ⅡのX・Yの人物の業績を示すとき，次のカードとの組み合わせとして適するものを，以下の選択肢から1つ選び，記号で答えなさい。

カード①	カード②
八色の姓を定め豪族を新しい身分秩序に編成した	最初の戸籍である庚午年籍を作成した。

カード③	カード④
日本最古の貨幣である富本銭が鋳造された。	本格的な宮都である藤原京に遷都した。

ア　X-カード①・②　　　Y-カード③・④
イ　X-カード①・②　　　Y-カード③
ウ　X-カード②　　　　　Y-カード①・③
エ　X-カード②　　　　　Y-カード①

(9) 下線部fに関して，このときの遣唐使が，唐の役人に対して「日本」国の使者であるとこたえていることについて，生徒が次のように仮説を立てた。仮説の空欄に適する内容を，以下の指示に従ってそれぞれ簡潔に答えなさい。

> 生徒の仮説
> 702年の遣唐使が，唐の役人に対して「日本」国の使者であるとこたえているのは，唐の皇帝に対して，（ ① ）ことや「日本」という国号などを報告して認可を得ようとし，独自の国号などをもつことを認定されることで(②)に対する日本の優位性を主張しようとしたからではないか。

指示

空欄①この遣唐使の前年の出来事をふまえること

空欄②当時の東アジアの国際関係をふまえ，複数の王朝・国家を示しつつ説明すること

（『伴大納言絵巻』）

臣下ではじめて摂政となった藤原良房は，866年に伴善男を（ ① ）の放火事件の犯人として失脚させた。

（『北野天神縁起絵巻』（承久本））

ₐ醍醐天皇の時，（ ② ）は策謀を用いて，右大臣であったある学者を政界から追放した。

(10) Ⅲ及びⅣの空欄に当てはまる語句を答えなさい。

(11) 下線部gに関して，醍醐天皇の治世の905年に，最初の勅撰和歌集である『古今和歌集』が編集されたが，これ以降，鎌倉時代の『新古今和歌集』まで勅撰和歌集が編集された。これらを総称して何と呼んでいるか，答えなさい。

V	VI
 『因幡堂縁起絵巻』	
9世紀末から10世紀前半にかけて国司の交替制度が整備され，ₕ任国に赴任する受領に大きな権限と責任とが集中するようになった。	藤原道長の子藤原頼通は，3天皇の50年にわたって摂政・関白をつとめた。藤原頼通が建立したのがᵢ平等院鳳凰堂(写真)である。

(12)　下線部hに関して，11世紀後半になると，交替の時以外は任国におもむかず，京に住み，摂関家などに仕える受領もでたが，この当時の地方政治はどのようにおこなわれていたか，「指揮」，「派遣」の2つの語句を用いて，簡潔に答えなさい。

(13)　下線部iに関して，この建物がつくられた思想的背景について，「阿弥陀仏」という語句を用いて，簡潔に答えなさい。

(☆☆☆☆◎◎◎)

【2】各文と各資料に関する以下の各問いに答えなさい。

> I　院政期には，大寺院も多くの荘園を所有し，下級僧侶を僧兵として組織し，国司と争い，神木や神輿を先頭に立てて朝廷に強訴して要求を通そうとした。神仏の威を恐れた朝廷は，大寺院の圧力に抗することができず，武士を用いて警護や鎮圧に当たらせたため，武士の中央政界への進出をまねくことになった。
>
> 　平治の乱後，ₐ平清盛は後白河上皇を武力で支えて昇進をとげ，1167年には太政大臣となり，その子平重盛らの一族もみな高位高官にのぼり，勢威は並ぶものがなくなった。ᵦ清盛は

> 　<u>日宋貿易にも力を入れ</u>，貿易の利潤は平氏政権の重要な経済
> 的基盤となった。
> 　　<u>貴族文化は院政期に入ると，新たに台頭してきた武士や庶</u>
> _c<u>民とその背後にある地方文化を取り入れるようになった。</u>

(1)　下線部aについて，平清盛がおこなったこととして適するものを，
　次の選択肢から1つ選び，記号で答えなさい。

　　ア　出雲で反乱を起こした源義家の子義親を討ち，鳥羽上皇の信任
　　　を得た。

　　イ　荘園整理令を出すとともに，宣旨枡と称される枡の基準をつく
　　　った。

　　ウ　各地の武士団の一部を荘園や公領の現地支配者である地頭に任
　　　命した。

　　エ　人事権を握り院の御所に北面の武士を組織し，院の権力を強化
　　　した。

(2)　下線部bに関して，次の地図を参考に，平清盛が具体的に行った
　ことについて，摂津国に修築したものの名称を示しつつ，「航路」，
　「宋商人」の2つの語句を用いて，簡潔に答えなさい。

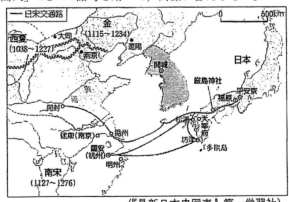

(『最新日本史図表』第一学習社)

(3)　下線部cに関して，地方豪族などによって建築物や美術品がつく
　られたことが，この時期の特色であるが，富貴寺大堂があるのはど

こか，次の地図中の選択肢から1つ選び，記号で答えなさい。

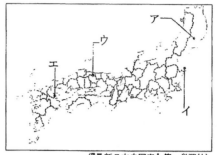

（『最新日本史図表』第一学習社）

Ⅱ

御成敗式目（貞永式目）の制定	
項目	内容
制定	1232年　d 3代執権北条泰時
基準	頼朝以来の先例や，（　　　）と呼ばれた武家社会での慣習・道徳
目的	e 御家人間や御家人と荘園領主間の訴訟を公平に裁判する基準を明示
意義	・最初の武家法 ・武家の法的独立 ・以後の武家政治の根本法典

（『最新日本史図表』第一学習社）

(4)　Ⅱの空欄に当てはまる語句を答えなさい。

(5)　下線部dについて，北条泰時の時代に設置されたものとして適するものを，次の選択肢から1つ選び，記号で答えなさい。

ア　有力な御家人などから選ばれ，幕府の政務や裁判に当たった合議機関

イ　九州地方の政務や裁判の判決，御家人の指揮に当たった統治機関及び長官

ウ　朝廷を監視し，京都内外の警備，および西国の統轄に当たった機関

エ　御家人たちの所領に関する訴訟を専門に担当した機関

(6)　下線部eに関して，荘園をめぐる訴訟の際に，幕府は当事者間の

取り決めによる解決(和与)を勧めた。次の図は，その解決策を示したものであるが，解決策Aを何というか答えなさい。また，解決策Bの内容について，名称も含めて簡潔に答えなさい。

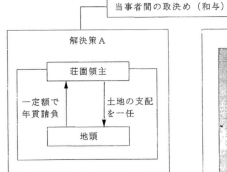

当事者間の取決め（和与）

解決策A

荘園領主

一定額で　　　土地の支配
年貢請負　　　を一任

地頭

（『最新日本史図表』第一学習社）

解決策B

（東京大学史料編纂所蔵）

Ⅲ

年	対外事項
1325	鎌倉幕府、建長寺船を元に派遣
1342	足利尊氏、天龍寺船を元に派遣
1350	倭寇、高麗沿岸に出没しはじめる
1401	足利義満、祖阿・肥富らを X に派遣
1404	X との勘合貿易開始
1411	足利義持、勘合貿易中止
1419	応永の外寇（ Y 軍の対馬襲来）
1432	足利義教、勘合貿易再開
1443	癸亥約条の締結
1510	三浦の乱（ Y における日本人蜂起）
1523	寧波の乱
1547	最後の勘合船

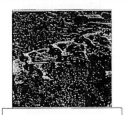

中山の拠点の一つであった中　城城（写真）は、沖縄独自の城の代表例である。

志苔館（写真）は道南十二館の一つ。周辺からは多くの中国銭が出土している。

（『最新日本史図表』第一学習社）

(7)　Ⅲの年表や写真に示した14世紀から16世紀にかけての東アジア情勢について述べた文として適するものを，次の選択肢からすべて選び，記号で答えなさい。

ア　朱元璋が元の支配を排して，漢民族の王朝である　X　を建国した。

イ　倭寇を撃退して名声をあげた李成桂が高麗を倒し，　Y　を建てた。

ウ　中山王の尚巴志が三山を統一した琉球王国は，海外貿易をさかんにおこなった。

エ　道南十二館は，蝦夷ヶ島に古くから住むアイヌの人々がつくった居住地であった。

(8)　Ⅲの年表中「寧波の乱」とは，東アジアの貿易をめぐる細川氏と大内氏とが争っておこしたものである。このことに関して述べた文の正誤の組み合わせとして適するものを，以下の選択肢から1つ選び，記号で答えなさい。

X　博多商人と結んだ大内氏が，細川氏に勝って貿易を独占した。

Y　貿易の根拠地として栄えた堺は，36人の年行司が市政を運営した。

ア　X－正　　Y－正　　イ　X－正　　Y－誤

ウ　X－誤　　Y－正　　エ　X－誤　　Y－誤

(9)　次の史料は，Ⅲの年表中「1547年」に，ある戦国大名が定めた分国法の一部である。この分国法を定めた戦国大名を示しつつ，どのような目的で，どのようなことを規定したものかについて，簡潔に答えなさい。

> 一　喧嘩の事，是非に及ばず成敗を加ふべし。但し，取り懸ると雖も，堪忍せしむるの輩に於ては，罪科に処すべからず。
>
> (甲州法度之次第)

(☆☆☆◎◎◎)

284

【3】 各資料に関する以下の各問いに答えなさい。

> Ⅰ
>   身上能き百姓は田地を買取り，弥宜く成り，身体成らざる者は田畠を沽却せしめ，猶々身上成るべからざるの間，向後田畠売買停止たるべき事。
>
>   （『御触書寛保集成』）

(1) Ⅰの法令名を示しつつ，法令を出した幕府の狙いについて，「年貢」，「小経営」の2つの語句を用いて，簡潔に答えなさい。

(2) Ⅰに関して，次のグラフは江戸時代の河内国下小坂村における農民の内訳の推移を示したものである。このグラフに関して述べた文の正誤の組み合わせとして適するものを，後の選択肢から1つ選び，記号で答えなさい。

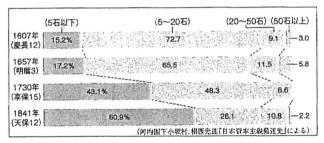

	（5石以下）	（5〜20石）	（20〜50石）	（50石以上）
1607年（慶長12）	15.2%	72.7	9.1	3.0
1657年（明暦3）	17.2%	65.5	11.5	5.8
1730年（享保15）	43.1%	48.3	8.6	
1841年（天保12）	60.9%	26.1	10.8	2.2

（河内国下小坂村，栫西先進『日本資本主義発達史』による）

X 5石以下の農民が2倍以上に増えている時期に，天明の飢饉がおこった。

Y 50石以上の農民は地域社会を運営する担い手となり，村方騒動をおこした。

ア X−正　　Y−正　　イ X−正　　Y−誤
ウ X−誤　　Y−正　　エ X−誤　　Y−誤

> Ⅱ
>   当世の俗習にて，異国船の入津ハ長崎に限たる事にて，別の浦江船を寄ル事ハ決して成らざる事ト思リ。……当時長

崎に厳重に石火矢の備有て，却て安房，相模の海港に其備なし。此事甚不審。細カに思へば江戸の日本橋より唐，阿蘭陀迄境なしの水路也。然ルを此に備へずして長崎のミ備ルは何ぞや。

（『海国兵談』）

(3) Ⅱの著者を答えなさい。

(4) Ⅱが出された時期に幕府でおこなわれていた改革とその説明として適するものを，次の選択肢から1つ選び，記号で答えなさい。

ア　役職による基準を定め，それ以下のものが就任する時，在職期間中のみ不足の役料をおぎなう制度を設けた。

イ　上知令を出し，江戸・大坂周辺のあわせて約50万石の地を直轄地にして，財政の安定や対外防備の強化をはかろうとした。

ウ　旗本・御家人たちの生活安定のために，棄捐令を出して米の売却などを扱う札差に貸金を放棄させた。

エ　大名に節約を命じ，節約分の7割を江戸町会所に積み立てさせ，飢饉・災害時に困窮した貧民を救済する体制を整えた。

Ⅲ
一　異国江日本の船遣すの儀，堅く停止の事。
一　日本人異国江遣し申す間敷候。若忍び候て乗渡る者之有るに於ては，其者は死罪，其の舟弁船主共ニとめ置，言上仕るべき事。

（『教令類纂』）

一　日本国御制禁成され候吉利支丹宗門の儀，其趣を存知ながら，彼の法を弘むるの者，今に密々差渡るの事。
……自今以後，かれうた渡海の儀，之を停止せられ訖。此上若し差渡るニおゐてハ，其船を破却し，弁乗来る者速に斬罪に処せらるべきの旨，仰せ出さるる者也。

（『御当家令条』）

(5)　Ⅲと同じ時期に，朝鮮から来日した使節は「通信使」と呼ばれる
　　ようになったが，それ以前の朝鮮使節は何と呼ばれていたか，答え
　　なさい。

(6)　Ⅲのように，江戸幕府は日本人の海外渡航や貿易に制限を加えた
　　が，その理由を2つの点から，それぞれ簡潔に答えなさい。

Ⅳ

年号は安く永しと変われども
諸色高直<ruby>諸色高直<rt>しょしきこうじき</rt></ruby>いまにめいわ<ruby>九<rt>く</rt></ruby>
(明和九年，年号を安永と改元)

安永元年から大量に鋳
造された銀貨の表(左)と
裏面(右)

(『日本史のアーカブイ』とうほう)

(7)　Ⅳの銀貨は，はじめて鋳造された定量の計数銀貨であるが，幕府
　　がこの銀貨を発行した目的について，簡潔に答えなさい。

(8)　Ⅳの狂歌のように世相を皮肉る文学として，川柳もさかんにつく
　　られた。「役人の子はにぎにぎを能く覚え」などの作品を含む川柳
　　集を何というか，答えなさい。

(9)　資料Ⅰ～Ⅳを，年代の古い順に記号で並べなさい。

(☆☆☆◎◎◎)

【4】各文と各資料に関する以下の各問いに答えなさい。

> I 　<u>日本とロシア</u>の交渉は1904年初めに決裂し，同年2月，両
> 　　国はたがいに宣戦を布告し，日露戦争が始まった。1905年5月
> 　　の日本海海戦では，日本の連合艦隊がロシアのバルチック艦
> 　　隊を全滅させた。しかし，長期にわたる戦争は日本の国力の
> 　　許すところではなく，ロシアも国内で革命運動がおこって戦
> 　　争継続が困難になったため，両国は<u>ポーツマス条約</u>に調印し
> 　　た。

(1)　下線部aの2国を含む次の風刺画について述べた以下の文の正しい
　　ものの組み合わせを，後の選択肢から1つ選び，数字で答えなさい。

X「漁夫の利」

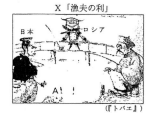

（『トバエ』）

Y「火中の栗」

（『中央新聞』）

　ア　風刺画Xは，日清戦争前の東アジアの国際関係を描いており，
　　　資料中のAは朝鮮を指している。
　イ　風刺画Xは，日清戦争前の東アジアの国際関係を描いており，
　　　資料中のAは樺太を指している。
　ウ　風刺画Yは，日露戦争前の東アジアの国際関係を描いており，
　　　資料中のBはドイツを指している。
　エ　風刺画Yは，日露戦争前の東アジアの国際関係を描いており，
　　　資料中のBはイギリスを指している。
　　　①　ア・ウ　　②　ア・エ　　③　イ・ウ　　④　イ・エ

(2)　下線部bに関して，次のグラフと資料を関連付けて，条約調印の
　　日に東京で起こった出来事について，その原因を示しつつ，簡潔に
　　答えなさい。

日露戦争戦費の財源

一時借入金 1億7,900万円 ── 3.7

外債 39.5%
6億9,000万円

内債 35.7
6億2,400万円 ── 10.8 10.3

一般会計繰替 1億8,900万円 ── その他 6,400万円

（『最新日本史図表』第一学習社）

（『風俗画報』）

Ⅱ

カードA
1921年に開催された海軍軍縮と太平洋及び極東問題を審議するための国際会議

カードB
1928年、関東軍が満州への帰還途上の張作霖を列車ごと爆破して殺害した事件

カードC
1930年に開催され、主力艦建造禁止の延長や補助艦の保有量を議題にした国際会議

カードD
日本に対する勧告案採択に対し、国際連盟を脱退する日本

（『プロムナード日本史』浜島書店，『最新日本史図表』第一学習社）

(3) カードA に関して，この会議で結ばれた条約とその内容について次の文の正誤の組み合わせとして適するものを，以下の選択肢から1つ選び，記号で答えなさい。

X　九カ国条約では朝鮮の領土と主権の尊重，朝鮮における各国の経済上の門戸開放・機会均等を約束し，石井・ランシング協定は廃棄された。

Y　四カ国条約では太平洋諸島の現状維持と，太平洋問題に原因する紛争の話し合いによる解決を決め，これにより日英同盟協約の終了が同意された。

　ア　X－正　　Y－正　　イ　X－正　　Y－誤
　ウ　X－誤　　Y－正　　エ　X－誤　　Y－誤

(4) カードC に関して，この会議での軍縮条約調印に対し，野党・海軍軍令部・右翼などが激しく政府を攻撃するが，何を問題としていたのか，答えなさい。

(5) カードD について，この勧告案は日本の軍事行動は合法的な自衛措置ではないとしながらも，日本の経済的利益にも配慮すべきであるとした報告にもとづき採択された。この報告書を提出した中心人物は誰か答えなさい。

(6) カードB から カードD にかけての日本では，右翼や軍の青年将校によるテロ活動があいついでおこった。この時期におこったテロ活動として適するものを，次の選択肢からすべて選び，記号で答えなさい。

ア　二・二六事件　　イ　四・一六事件　　ウ　五・一五事件
エ　血盟団事件

Ⅲ
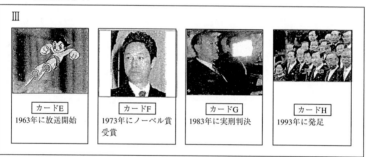

| カードE | カードF | カードG | カードH |
| 1963年に放送開始 | 1973年にノーベル賞受賞 | 1983年に実刑判決 | 1993年に発足 |

(『最新日本史図表』第一学習社，『詳説日本史図録』山川出版社)

(7) カードE の翌年には，経済・文化面での日本の発展を世界に示すオリンピック東京大会が開催されるが，次のグラフを参考に，この時期の日本のエネルギー需給の変化とその影響について，「転換」，「争議」の2つの語句を用いて，簡潔に答えなさい。

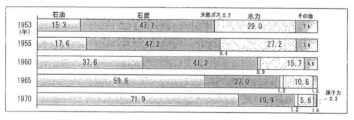

(8) カードF から カードG にかけての時期に，日本と世界でおこ

った出来事として適さないものを，次の選択肢から1つ選び，記号で答えなさい。

ア　ソ連のアフガニスタン侵攻　　イ　公害対策基本法の制定
ウ　第1回先進国首脳会議の開催　　エ　戦後初のマイナス成長

(9)　カードH 以降，日本では連立政権の時代に入るが，その一部をまとめた次の表の空欄に当てはまる人物名を答えなさい。

	内閣総理大臣	政権与党
1993.8〜	細川　護熙	日本新党など非自民8党派による連立政権
1994.4〜	羽田　孜	新生党など少数与党
1994.6〜	（　　　　）	日本社会党・自由民主党・新党さきがけ
1996.1〜	橋本龍太郎	自由民主党・社会民主党・新党さきがけ

(☆☆☆◎◎◎)

【世界史】

【1】古代・中世における人々の移動・交流に関する各文・資料を読んで，以下の各問いに答えなさい。

> Ｉ　前4世紀の後半にギリシア世界を制覇した_aマケドニアの王アレクサンドロスは，前334年，東方遠征に出発した。彼は，エジプトを征服したのち，_bアケメネス朝を滅ぼし，さらに_cインド北西部にまで進出して，一時的に東西にまたがる大帝国をつくりあげた。

(1)　下線部aについて，この国の軍事力を高めたフィリッポス2世が，前338年にテーベとアテネの連合軍を破った戦いの名称を答えなさい。

(2)　下線部bについて，次の各文の正誤の組み合わせとして適するものを，以下の選択肢から1つ選び，記号で答えなさい。

①　建国の祖アルダシール1世は，クテシフォンに首都をおき，ゾロアスター教を国教に定めた。

②　全国の要地を結ぶ「王の道」と呼ばれる国道をつくり，駅伝制を整備した。

ア　①－正　　②－正　　イ　①－正　　②－誤

ウ　①－誤　　②－正　　エ　①－誤　　②－誤

(3)　下線部cによる混乱から，前4世紀に登場したインド最初の統一王朝に関する説明として適するものを，次の選択肢から1つ選び，記号で答えなさい。

ア　仏教やジャイナ教が盛んとなり，中国から法顕が訪れた。

イ　アショーカ王の時代，上座部仏教の南伝が進んだ。

ウ　カニシカ王の時代が最盛期であり，ローマとの交易が盛んであった。

エ　インドに旅した玄奘は，ナーランダー僧院で学び，『大唐西域記』を著した。

> Ⅱ　秦・漢の時期には中国で世界に対する知識が広がった。西域に派遣された$_d$前漢の(　A　)や$_e$後漢の(　B　)によって西方の事情が中国に伝わり，$_f$ローマ帝国という大国の存在も知られるようになった。$_g$2世紀中頃には，ローマ皇帝によって中国に使節が派遣された。

(4)　下線部dについて，秦の急激な統一政策の失敗を教訓に前漢で採用された統一政策とその変容について答えなさい。ただし，次の語句を必ず使用すること。

> 封建制　　呉楚七国の乱

(5)　Ⅱの文中の空欄について，それぞれに当てはまる人物名の組み合わせとして適するものを，次の選択肢から1つ選び，記号で答えなさい。

ア　A－董仲舒　　B－班超

イ　A－董仲舒　　B－鄭玄

ウ　A－張騫　　　B－班超

エ　A－張騫　　　B－鄭玄

(6) 下線部eの時代について，次の文の正誤の組み合わせとして適するものを，以下の選択肢から1つ選び，記号で答えなさい。

① 党錮の禁と呼ばれる官僚・学者に対する弾圧など党派争いがくりかえされた。

② 宗教結社太平道を主体とした黄巾の乱がおこると，各地に軍事集団が割拠した。

　　ア　①－正　　　②－正　　　イ　①－正　　　②－誤
　　ウ　①－誤　　　②－正　　　エ　①－誤　　　②－誤

(7) 下線部fに関して，キリスト教の説明として適するものを，次の選択肢からすべて選び，記号で答えなさい。

　ア　ニケーア公会議において，精神的快楽を求めるエピクロス派は異端とされた。

　イ　テオドシウス帝の大迫害など，民衆や国家から激しく迫害された。

　ウ　カラカラ帝は，ミラノ勅令でキリスト教を公認した。

　エ　ローマ市郊外に多い地下墓所(カタコンベ)は，礼拝の場所としても用いられた。

　オ　ネストリウス派は異端とされたのち，ササン朝を経て唐代の中国に伝わった。

(8) 下線部gの時代に著された作品として適するものを，次の選択肢から1つ選び，記号で答えなさい。

　ア　マルクス＝アウレリウス＝アントニヌスの『自省録』

　イ　司馬遷の『史記』

　ウ　カエサルの『ガリア戦記』

　エ　ヘシオドスの『労働と日々』

> Ⅲ　イスラーム世界ではメッカ巡礼記を中心とする旅の文学も
> 盛んであった。イブン＝バットゥータはモロッコから中国に
> いたる広大な世界を旅して、『旅行記』(『三大陸周遊記』)を残
> しており、以下のような都市が記述されている。
>
> モロッコ → チュニス → カイロ →(C)→ メディ
> ナ → メッカ → (D)→ メッカ → アデン →
> キルワ → ホルムズ → メッカ → イズミル → <u>コ</u>_h
> <u>ンスタンティノープル</u> → サライ →(E)→ カーブル
> …以降省略
>
> ＊『旅行記』における記述順

(9)　Ⅲの文中の空欄の都市についての説明文を読んで、都市名の組み
合わせとして適するものを、以下の選択肢から1つ選び、記号で答
えなさい。

C　セム語系アラム人はこの都市を中心に、内陸都市を結ぶ中継貿
易に活躍した。

D　アッバース1世の時に建設され、「世界の半分」といわれるほど
繁栄した。

E　ティムール朝の首都としてモスクや学院が建設された。

　　　ア　C－イェルサレム　　　D－バグダード　　　　E－デリー

　　　イ　C－イェルサレム　　　D－バグダード　　　　E－サマルカンド

　　　ウ　C－イェルサレム　　　D－イスファハーン　　E－サマルカンド

　　　エ　C－ダマスクス　　　　D－バグダード　　　　E－デリー

　　　オ　C－ダマスクス　　　　D－イスファハーン　　E－デリー

　　　カ　C－ダマスクス　　　　D－イスファハーン　　E－サマルカンド

(10)　下線部hについて、第4回十字軍がヴェネツィア商人の要求にせ
まられ、この都市を占領してたてた国の名称を答えなさい。

(☆☆☆◎◎◎)

【2】日本の歴史に関する次の各文を読んで、それに関する世界史の出来
事について、以下の各問いに答えなさい。

I　日本は_a唐に対して朝貢関係にあったが，菅原道真の建議で
遣唐使は中止された。その後，_b11世紀の初めは，貴族が権力
を握るいわゆる摂関政治の最盛期となるが，後半以降は武士
が台頭し，有力な武士団が成立した。その中で，武家として
初めての政権をつくりあげた平清盛は，日宋貿易を推進し，
積極的に_c宋銭を輸入した。

(1)　下線部aについて，日本と唐に関する次の【史料】に示された戦
いの相関図として適するものを，以下の選択肢から1つ選び，記号
で答えなさい。

【史料】
　唐軍は，倭国水軍と4度戦い4度勝った。倭国の船400を焼き
払った。その煙は空をおおい，海水は真っ赤になった。
　　　　　　　　　　(『旧唐書』より663年に起こった戦争の描写)

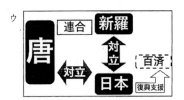

(2)　下線部bについて，この時期の諸地域の出来事に関する説明として適するものを，次の選択肢から1つ選び，記号で答えなさい。

ア　ビザンツ皇帝は中央集権を維持するために，プロノイア制をもちいた。

イ　教皇グレゴリウス7世はクレルモン公会議を招集し，聖地回復の聖戦を提唱した。

ウ　北宋の神宗は，司馬光を宰相に起用し，新法と呼ばれる富国強兵策を実施した。

エ　オスマン帝国では，常備軍としてイェニチェリ軍団が創設された。

(3)　下線部cに関して，世界史上の通貨・貨幣・紙幣についての説明として適さないものを，次の選択肢から1つ選び，記号で答えなさい。

ア　西ヨーロッパ封建社会の荘園に基づく経済体制は，貨幣経済が浸透するにつれてくずれはじめた。

イ　ビザンツ帝国はゲルマン人の大移動によって深刻な打撃をうけ，商業と貨幣経済が衰退した。

ウ　宋代には，手形として発生した交子・会子が紙幣として使われるようになった。

エ　元代には銅銭・金・銀がもちいられていたが，やがて交鈔が発行された。

Ⅱ　d1185年，平氏を倒した源頼朝は，鎌倉を拠点とする武家政権を樹立し，1192年には，朝廷より征夷大将軍に任命された。頼朝の死後，政治の実権は執権の北条氏に移るが，e2度にわたる蒙古襲来以降，社会不安が増大し，北条氏の権力基盤はゆらいだ。足利尊氏らの有力御家人は北条氏を滅ぼし，1333年，鎌倉幕府は崩壊した。

---

(4)　下線部dについて，この時代に成立していたイギリスの王朝に関する次の文の正誤の組み合わせとして適するものを，以下の選択肢

から1つ選び，記号で答えなさい。

① ジョン王は大憲章を無視したため，シモン＝ド＝モンフォールは貴族を率いて反乱をおこし，王を破った。

② 1295年にはエドワード1世によっていわゆる模範議会が招集され，さらに14世紀半ばには，議会は上院と下院とにわかれた。

　　ア　①－正　　②－正　　イ　①－正　　②－誤
　　ウ　①－誤　　②－正　　エ　①－誤　　②－誤

(5)　下線部eに関して，元の周辺諸国への遠征とその影響についての説明として適さないものを，以下の選択肢から1つ選び，記号で答えなさい。

　　ア　フビライはモンゴル高原と中国を領有したほか，チベットや高麗を属国とした。

　　イ　ジャワでは朝貢を求め侵攻してきた元の干渉を排し，マラッカ王国が成立した。

　　ウ　ベトナムでは陳朝が元の進出を退けた。

　　エ　ビルマのパガン朝に対して討伐軍が派遣され，パガン朝は滅亡した。

Ⅲ　14世紀，後醍醐天皇の南朝に対し，室町幕府を開いた足利尊氏は，新しく天皇を擁立した。これを北朝といい，f二つの朝廷が存在する南北朝時代が半世紀近く続くことになる。この混乱を収拾し，南北朝を合体したのが室町幕府の3代将軍足利義満である。義満はg明の皇帝に朝貢をするかわりに「日本国王」に任じられるなど，さまざまな権威を利用することで，朝廷の権限を奪うほどの強い権力をもった。

---

(6)　下線部fに関して，世界史における権威および権力の並立についての説明として適するものを，次の選択肢からすべて選び，記号で答えなさい。

　　ア　ファーティマ朝は建国の初めからカリフの称号をもちい，アッバース朝カリフの権威を否定した。

イ　教会大分裂(大シスマ)とは，ローマとバビロンの両教皇がともに正当性を主張した状態をいう。

ウ　モスクワ大公国のイヴァン3世は，ローマ帝国の後継者をもって自任し，はじめてツァーリ(皇帝)の称号をもちいた。

エ　カルヴァン派の諸侯と都市はシュマルカルデン同盟を結んで，皇帝に対抗した。

オ　清朝の藩部となったチベットでは，黄帽派チベット仏教の指導者ダライ＝ラマらが現地の支配者として存続した。

(7)　下線部gについて，この王朝の時代，宋応星によって著された産業技術の集大成として適するものを，次の選択肢から一つ選び，記号で答えなさい。

ア　『本草綱目』　　　　イ　『天工開物』　　　ウ　『皇輿全覧図』

エ　『幾何原本』

> Ⅳ　関ヶ原の戦いに勝利した徳川家康は，1603年，朝廷から征夷大将軍に任命されて江戸に幕府を開いた。家康は(A)貿易を促進し，日本人は東南アジアの各地に進出して日本町をつくった。また，江戸幕府は_hキリスト教の禁教と貿易の統制を強めるため，日本人の海外渡航と在外日本人の帰国を禁止し，ポルトガル船・スペイン船の来航を禁止する一方，長崎でオランダと清国のみの貿易を行った。

(8)　Ⅳの文中の空欄(A)に適する語句を答えなさい。

(9)　下線部hについて，清国でも同様の動きが見られた。その過程について，典礼問題との関わりを中心に答えなさい。ただし，次の語句を必ず使用すること。

> 雍正帝　　公行

(☆☆☆◎◎◎)

298

【3】16世紀から19世紀のヨーロッパ世界に関する次の各文を読んで，以下の各問いに答えなさい。

> Ⅰ _a16世紀に拡大・発展したヨーロッパ世界は，_b17世紀に入ると，大きな危機に直面した。気候の寒冷化が始まり，疫病や飢饉がくりかえし襲来した。経済活動も低迷して，_c戦争や反乱がしきりにおこり，_d人口が減少する地域も出た。しかし，この危機のなかで新しい世界観や_e近代科学が形成された。

(1) 下線部aについて，16世紀のヨーロッパの説明として適するものを，次の選択肢から1つ選び，記号で答えなさい。

ア　商業革命が起き，遠隔地貿易の中心が大西洋から地中海をのぞむ国々へ移動した。

イ　ラテンアメリカの銀山から大量の銀が流入し，ヨーロッパの物価が下落した。

ウ　エルベ川以東の東ヨーロッパ地域からの，西欧諸国への穀物輸出が増加した。

エ　イエズス会が，海外でも宣教活動をくりひろげ，ルター派の拡大に貢献した。

(2) 下線部bについて，17世紀後半に即位し，北方戦争でスウェーデンを破ったロシアの皇帝を答えなさい。

(3) 下線部cについて，次の出来事を年代の古い順に並べかえ，記号で答えなさい。

ア　英蘭戦争の勃発　　　イ　ネーデルラント独立戦争の勃発
ウ　ピューリタン革命　　エ　アルマダの海戦

(4) 下線部dについて，17世紀にドイツで人口が減少した原因となった戦争とその戦争の講和条約の組み合わせとして適するものを，次の選択肢から1つ選び，記号で答えなさい。

ア　戦争名－三十年戦争　　　講和条約－ウェストファリア条約
イ　戦争名－三十年戦争　　　講和条約－パリ条約
ウ　戦争名－ユグノー戦争　　講和条約－ウェストファリア条約

エ　戦争名－ユグノー戦争　　講和条約－パリ条約

(5)　下線部eについて，17〜18世紀の自然科学の発展について述べた
　次の文の下線部には，誤りが1つある。誤っているものを番号で1つ
　答え，正しい語句を答えなさい。

> ヨーロッパ近世は，科学史上，重要な発見や発明があいつい
> だ時代である。イギリスでは①ニュートンが，物体の運動に関
> する万有引力の法則を発見した。近代化学の父とされる②ボイ
> ルは，気体の体積と圧力の関係を明らかにし，18世紀にはフ
> ランスの③ラヴォワジェが，物体の燃焼は酸素との結合による
> ことを明らかにした。ドイツの④ライプニッツは微積分法を発
> 見し，フランスのパスカルや『方法序説』の著者である⑤フラ
> ンシス＝ベーコンとともに近代数学の基礎をきずいた。

> Ⅱ　f18世紀半ばから19世紀半ばにかけて，動力機械による大量
> 生産を基本とするg産業革命がイギリスで推進され，他の欧米
> 諸国も追随をはじめた。また，いっぽうでは，hフランス革命
> に示されたように，i国民を政治主体とする国民国家の形成が
> 追求された時代でもある。こうした民主政治を求める革命と
> 産業革命とをあわせて「二重革命」とするとらえ方もある。

(6)　下線部fについて，次の文の正誤の組み合わせとして適するもの
　を，以下の選択肢から1つ選び，記号で答えなさい。
①　イギリスとフランスはインドや北アメリカをめぐって対立し，
　オーストリア継承戦争と並行してフレンチ＝インディアン戦争と
　呼ばれる戦いが行われた。
②　ロシアのエカチェリーナ2世は，ステンカ＝ラージンの農民反
　乱の後，農奴制を強化した。
　ア　①－正　　②－正　　イ　①－正　　②－誤
　ウ　①－誤　　②－正　　エ　①－誤　　②－誤

(7) 下線部gについて，産業革命の影響の説明として適さないものを，次の選択肢から1つ選び，記号で答えなさい。

ア　イギリスでは人口が急増し，全体として国の富は拡大していたものの，労働者の生活は悲惨であった。

イ　イギリスでは1833年に審査法が制定されて，年少者の労働時間が制限された。

ウ　フランスではサン＝シモンやフーリエらが，労働者階級を保護する新しい秩序を樹立しようとした。

エ　ドイツ生まれのマルクスは，エンゲルスと協力して資本主義体制の没落は歴史の必然であるとする経済学説を展開した。

(8) 下線部hについて，フランス革命期の立法議会の時期に起きたことを，次の選択肢から1つ選び，記号で答えなさい。

ア　人権宣言が採択された。

イ　8月10日事件で王権が停止された。

ウ　ルイ16世が処刑された。

エ　バブーフの陰謀が発覚した。

(9) 下線部iに関して，世界史における国民を主体とした政治についての説明として適するものを，次の選択肢から1つ選び，記号で答えなさい。

ア　ロックは『人間不平等起源論』『社会契約論』において，万人の平等に基づく人民主権論を主張した。

イ　アメリカ合衆国憲法では，司法権は連邦議会にあると定められた。

ウ　スウェーデンでは19世紀初めには憲法が制定され，やがて責任内閣制が確立した。

エ　イギリスでは，第2回選挙法改正で，21歳以上の男女に参政権が認められた。

(☆☆☆◎◎◎)

【4】19世紀から20世紀の世界に関する次の各文を読んで，以下の各問いに答えなさい。

> Ⅰ　ヨーロッパでは，フランス革命に始まる大変動ののち，諸列強は協力して_aウィーン体制による政治的安定をめざすが，ナショナリズムや自由主義的改革への動きを阻止することはできなかった。産業革命は大陸諸国にも広がり，近代工業への移行が開始された。1848年革命とクリミア戦争後，列強諸国が国内問題に専念するあいだ，イタリア・_bドイツは統一国家樹立に成功し，19世紀後半には新しい形で列強体制が復活した。一方，アメリカ合衆国は_c南北戦争後，産業の急速な成長と太平洋岸までの開拓をはたした。

(1)　下線部aについて，この体制が確立した会議の説明として適するものを，次の選択肢からすべて選び，記号で答えなさい。

　ア　会議にはオスマントルコを含め，全ヨーロッパの支配者が参加した。

　イ　オランダはスリランカ(セイロン島)・ケープ植民地の領有を認められた。

　ウ　フランスのタレーラン外相の主張により，フランスやスペインでブルボン王家が復活した。

　エ　スイスは永世中立国として承認された。

　オ　オーストリア外相のメッテルニヒは，ヨーロッパの政治的現状維持をめざした。

(2)　下線部bについて，1871年のドイツ統一後の国際関係について説明した，次の文章中の　　Ａ　　に適する人物名を答えなさい。また，空欄に入る国名の組み合わせとして適するものを，以下の選択肢から1つ選び，記号で答えなさい。ただし，同じ数字には同じ国名が入る。

　　ユンカー出身の首相　　A　　は，外交では（　①　）を孤立さ
　せてドイツの安全を図るため，1873年にドイツ・（　②　）・
　（　③　）による三帝同盟を締結した。その後，1882年にはドイ
　ツ・（　②　）・イタリアが三国同盟を結んだ。その後，
　（　②　）と（　③　）の対立が激化して三帝同盟が1887年に消滅
　すると，同年ドイツと（　③　）の間に再保障条約が結ばれ，
　（　①　）を包囲する体制を続けようとした。

　ア　①－イギリス　　　　②－ロシア　　　　　③－オーストリア
　イ　①－イギリス　　　　②－オーストリア　　③－ロシア
　ウ　①－イギリス　　　　②－ロシア　　　　　③－ポーランド
　エ　①－フランス　　　　②－オーストリア　　③－ポーランド
　オ　①－フランス　　　　②－ロシア　　　　　③－オーストリア
　カ　①－フランス　　　　②－オーストリア　　③－ロシア

(3)　下線部cについて，この戦争の背景にある，アメリカ南部諸州と
　北部諸州の方針の違いを，奴隷制と貿易政策の観点から答えなさい。

　Ⅱ　1880年代に入ると，列強は植民地獲得を目指す{}_d帝国主義政
　策を追求するようになる。この間，欧米先進国では近代産業
　と近代諸科学の発展に支えられて，市民文化が成熟の段階に
　達した。
　　おくれた帝国主義国ドイツの植民地再分割要求を前に，既
　得利権をまもろうとするイギリス・フランス・ロシアは結束
　し，列強体制は二極分化して，やがて対立軸はアフリカ・ア
　ジアから，{}_eオスマン帝国・{}_fバルカン地域に移動した。

(4)　下線部dに関して，次の風刺画に描かれたアメリカ合衆国大統領
　(任1901～09)がおこなったこととして適するものを，以下の選択肢
　からすべて選び，記号で答えなさい。

（風刺画）

　　ア　ハワイを併合　　　　　　イ　カリブ海政策の推進
　　ウ　十四か条の平和原則を発表　エ　日露戦争の講和を仲介
　　オ　パナマ運河をパナマに返還　カ　フィリピンやグアムを獲得

(5)　下線部eについて，19世紀前半の近代化政策とそれを実施した統
　　治者の名前の組み合わせとして適するものを，次の選択肢から1つ
　　選び，記号で答えなさい。

　　ア　カピチュレーション　　─　アブデュル＝メジト1世
　　イ　カピチュレーション　　─　ケマル＝アタテュルク
　　ウ　タンジマート　　　　　─　アブデュル＝メジト1世
　　エ　タンジマート　　　　　─　ケマル＝アタテュルク

(6)　下線部fについて，1877年からの露土戦争後に独立したセルビア
　　の領域として当てはまる地域を，次の地図中の選択肢から1つ選び，
　　記号で答えなさい。

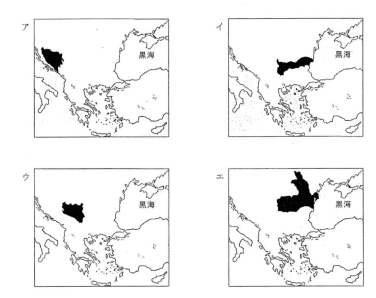

Ⅲ　第一次世界大戦はヨーロッパのみならず，_gイスラーム世界・アフリカ・アジアにも戦火を広げた。大戦は総力戦となり，参戦各国の大戦前の政治・社会構造を変容させた。

　　戦後，ヴェルサイユ体制とワシントン体制のもと，国際連盟による平和の実現が期待された。しかし世界恐慌がおこると，各国は自国の利益を優先するようになり，国際協力の気運は急速に衰えた。この状況に乗じて，_hイタリア・日本・ドイツはファシズム的強権体制のもと，侵略による状況打開をめざし，やがて第二次世界大戦を引きおこした。

　　戦後ほどなく，米ソ両国間には，_i「冷戦」と呼ばれる緊張状態が発生し，世界は東西両陣営に分裂した。

(7)　下線部gに関して，エジプトの歴史について次の選択肢を，年代の古い順に並べかえたとき，古い方から3番目にあたるものを選び，記号で答えなさい。

　　ア　イギリスがウラービー運動を武力で制圧した。

　　イ　ムハンマド＝アリーがエジプト総督になった。

　　ウ　ワフド党を中心に独立運動が起きた。

　　エ　イギリスがスエズ運河会社の株式を4割購入した。

(8)　下線部hについて，次の文の正誤の組み合わせとして適するもの
　　を，以下の選択肢から1つ選び，記号で答えなさい。

　　①　日本の関東軍は柳条湖で鉄道を爆破し，これを口実に軍事行動
　　　　をおこして，中国東北地方の大半を占領した。

　　②　ムッソリーニは，エチオピアに侵攻し全土を征服するとともに，
　　　　ナチス＝ドイツに接近し，ベルリン＝ローマ枢軸を結成した。

　　　　ア　①－正　　②－正　　イ　①－正　　②－誤

　　　　ウ　①－誤　　②－正　　エ　①－誤　　②－誤

(9)　下線部iについて，「冷戦」期の説明として適するものを，次の選
　　択肢から1つ選び，記号で答えなさい。

　　ア　トルーマン＝ドクトリンが発表され，ギリシアとポーランドに
　　　　対する経済援助が示された。

　　イ　ソ連のフルシチョフらは西側との平和共存路線を打ち出し，コ
　　　　ミンフォルムも解散した。

　　ウ　キューバ危機が起きたが，最終的にアメリカが譲歩して，米ソ
　　　　核戦争の勃発は回避された。

　　エ　ソ連のゴルバチョフ書記長とアメリカのブッシュ大統領が，ヤ
　　　　ルタ会談で冷戦の終結を宣言した。

(☆☆☆◎◎◎)

【地理】

【1】自然環境と生活文化，民族・宗教について次の各問いに答えなさい。

(1)　気候について，次の各設問に答えなさい。

　　設問1　気候について説明した次の文の(　　)に当てはまる語句をそ
　　　　れぞれ漢字4文字で答えなさい。

　気候は，気温・降水・風などの統計量で表される（　①　）によって説明され，緯度・高度・地形・海流などの（　②　）によって地域差が生じる。

設問2　次の図に関して，図中Xに適する気温を答えなさい。但し，気温の逓減率は0.65℃/100mとする。

図

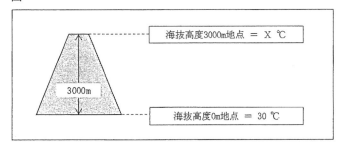

海抜高度3000m地点 ＝ X ℃

3000m

海抜高度0m地点 ＝ 30 ℃

設問3　次の図中A～Dは，北極圏，南極圏，緯度別の年降水量または年蒸発量のいずれかをあらわしている。北極圏，緯度別の年降水量と図中のA～Dの組み合わせとして適するものを以下の選択肢から1つ選び，番号で答えなさい。

図

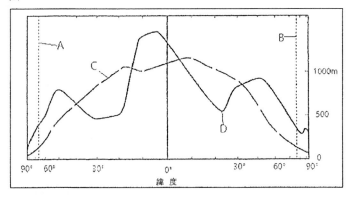

〈選択肢〉

①	北極圏	A	緯度別の年降水量	C
②	北極圏	A	緯度別の年降水量	D
③	北極圏	B	緯度別の年降水量	C
④	北極圏	B	緯度別の年降水量	D

設問4　次の図はニュージーランドをあらわし，写真はクライスト
チャーチの農業のようすをあらわしている。この地域の気候と農
業の関係を示した以下の説明文の(　　)に適する語句を答えなさ
い。

図　　　　　　　　　　　写真

〈説明文〉

> サザンアルプス山脈には湿った空気を含む(　①　)が山に
> 当たって強制的に上昇するため，山脈の東側にあるクライス
> トチャーチは降水量が(　②　)くなる。そのため，なだらか
> な草原が広がり，おもに羊の放牧地などに利用されている。

(2)　生活文化について，次の各設問に答えなさい。

設問1　次の写真は，インディオの服装(男性)である。このように
「帽子」をかぶる理由と「ポンチョ」をまとう理由を自然環境の
特徴に触れながらそれぞれ答えなさい。

写真

(出典：「新編地理資料2020」とうほう)

設問2　次の図は，1人1日当たり食料供給量(グラム，2013年)をあらわしている。図中のAとBは，魚介類または牛乳・乳製品が当てはまり，ア～ウは日本，インド，ナイジェリアのいずれかが当てはまる。魚介類とナイジェリアの組み合わせとして適するものを以下の選択肢から1つ選び，番号で答えなさい。

図

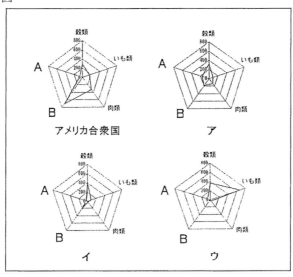

(出典：「'20　新地理要点ノート」啓隆社)

〈選択肢〉

	①	②	③	④	⑤	⑥
魚介類	A	A	A	B	B	B
ナイジェリア	ア	イ	ウ	ア	イ	ウ

設問3　次の写真は，日干しレンガでつくられた住居をあらわし
ている。この住居が見られる地域として適するものを以下の図
中から1つ選び，記号で答えなさい。

写真

図

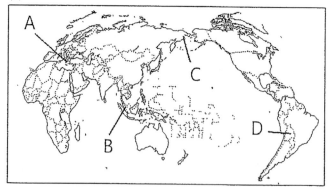

(3)　民族・宗教について，次の各設問に答えなさい。

設問1　次の図は，世界宗教の分布をあらわしている。また，以下
の文X〜Zは，図中A〜Cに分布する宗教の特徴について説明した
ものである。A〜CとX〜Zの組み合わせとして適するものを後の

選択肢から1つ選び，番号で答えなさい。

図

（出典：Diercke Weltatlas 2015ほか）

X　この地域には，十字架を掲げた教会が建ち，礼拝で祈りをさ
　さげるなど聖書の教えに基づいた暮らしがみられる。

Y　聖典には，豚肉や酒を飲食せず，宗教的に認められた方法で
　調理された食品を食べることなど，日常生活に関するきまりも
　記されている。

Z　この宗教を主に信仰する国の中には，男性は一生に一度は出
　家して僧侶として修行する習慣があるなど，宗教が人々の生活
　と深く関わっている。

〈選択肢〉

	①	②	③	④	⑤	⑥
A	X	X	Y	Y	Z	Z
B	Y	Z	X	Z	X	Y
C	Z	Y	Z	X	Y	X

設問2　民族をめぐる諸問題について説明した次の文を読んで，正
　誤の組み合わせとして適するものを以下の選択肢から1つ選び，
　番号で答えなさい。

ア　第二次世界大戦後のイスラエル建国を受けて，パレスチナの
　ユダヤ人は，パレスチナ解放機構を中心に抵抗運動を続けた。

イ　マレーシアでは，政府が雇用や教育の面でマレー系住民を優

　　遇するドイモイ政策をとり，中国系住民とマレー系住民の経済
　　格差の是正をはかってきた。
　ウ　カナダでは英語とフランス語がともに公用語となっている
　　が，フランス系住民が約8割を占めるケベック州では，分離・
　　独立を求める運動がたびたび起きている。
〈選択肢〉

	①	②	③	④	⑤	⑥	⑦	⑧
ア	正	正	正	正	誤	誤	誤	誤
イ	正	正	誤	誤	誤	誤	正	正
ウ	正	誤	誤	正	誤	正	正	誤

（☆☆☆○○○）

【2】産業と村落・都市について，次の各問いに答えなさい。
　(1)　エネルギー資源について，次の各設問に答えなさい。
　　設問1　次の文の(　　)に適する語句を答えなさい。

> 　　1960年代後半には，石炭にかわって石油の消費量が急増
> した。このような変化を(　　)とよび，産業や交通，生活全
> 般に大きな変化をもたらした。

　　設問2　次の表はアメリカ合衆国，サウジアラビア，中国，ロシア
　　の原油産出量の推移について示している。アメリカ合衆国に当て
　　はまるものを表から1つ選び，番号で答えなさい。
　　表

	1937年	1980年	2000年	2016年
①	1	49,590	40,850	52,301
②	2,850	60,321	31,127	52,172
③	17,287	42,420	28,793	43,805
④	—	10,595	16,300	19,969

　　(単位：万トン，出典：「データブック　オブ・ザ・ワールド
　　2021　Vol.33」二宮書店)
　(2)　次の表のア〜ウは京浜工業地帯，中京工業地帯，阪神工業地帯の
　　いずれかの製造品出荷額の構成を示している。また，AとBは化学

312

工業または食品工業の出荷割合を示している。京浜工業地帯と化学工業の組み合わせとして適するものを以下の選択肢から1つ選び、番号で答えなさい。

表

	金属	機械	A	B	繊維	その他
全国	13.3	46.2	20.4	12.1	1.2	6.8
ア	20.6	37.1	23.8	11.1	1.2	6.2
イ	9.4	69.6	11.7	4.6	0.8	4.0
ウ	8.7	49.7	22.2	11.2	0.4	7.9

(年次：2017年，単位：％，出典：「データブック　オブ・ザ・ワールド2021　Vol.33」二宮書店)

〈選択肢〉

	①	②	③	④	⑤	⑥
京浜工業地帯	ア	ア	イ	イ	ウ	ウ
化学工業	A	B	A	B	A	B

(3) 次の表は，卸売業または小売業の都道府県別年間販売額の全国比の一部を示している。表中のア〜ウは大阪府，神奈川県，東京都のいずれかを示し，A・Bは卸売業または小売業を示している。神奈川県と卸売業の組み合わせとして適するものを以下の選択肢から1つ選び，番号で答えなさい。

表

都府県	A	B
埼玉県	5.0	2.5
ア	6.4	3.0
イ	7.1	11.3
ウ	13.8	41.0

(年次：2015年，単位：％，出典：「新編地理資料2021」とうほう)

〈選択肢〉

	①	②	③	④	⑤	⑥
神奈川県	ア	ア	イ	イ	ウ	ウ
卸売業	A	B	A	B	A	B

(4) 交通について，次の各設問に答えなさい。

設問1　表の①～④は，2018年の日本，インド，カナダ，中国の鉄道旅客輸送量と鉄道貨物輸送量を示している。インドに適するものを1つ選び，記号で答えなさい。

表

	営業キロ	旅客	貨物	千人当たり輸送量		1ｋｍ²当たり輸送量	
	(ｋｍ)	(百万人キロ)	(百万トンキロ)	(千人キロ)	(千トンキロ)	(千人キロ)	(千トンキロ)
①	68,443	1,149,835	620,175	856	462	350	189
②	67,515	681,203	2,238,435	481	1,582	71	233
③	27,798	441,614	19,369	3,527	155	1,168	51
④	47,687	1,597	540,141	43	15,058	0	54

(出典：「データブック　オブ・ザ・ワールド2021　Vol.33」二宮書店)

設問2　自動車輸送の課題と対応策について述べた次の文の(　　)に適する語句を答えなさい。

> 自動車は鉄道に比べて渋滞を引き起こしやすいことや
> (　A　)ガスの排出量が多いという課題を抱えている。その
> ため，貨物輸送を自動車輸送から鉄道輸送に転換する
> (　B　)とよばれる動きが進んでいる。

(5) 次の図は世界をアジア・オセアニア，アフリカ，南・北アメリカ，ヨーロッパ，中東の5つの地域に分け，国際観光客到着数(2018年)と，2010年から2018年にかけての国際観光客到着者の年間平均成長率を示している。図中からヨーロッパに適するものを，1つ選び，記号で答えなさい。

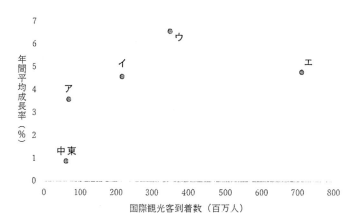

（出典：国連世界観光機関）

(6) 日本の村落の発達について，次の各設問に答えなさい。

設問1 次の表は日本の村落について示している。図中A～Dの村落
を，成立した時代の古い順に並びかえ，記号で答えなさい。

記号	村落名	特　　　徴
A	隠田百姓村	人目のつかない山間地に定住してできた村落。
B	屯田兵村	北海道の開拓と警備、士族授産のために作られた計画的村落。
C	条里集落	碁盤目状の土地割りと道路網が特徴的な村落。
D	新田集落	未利用地だった地域に新たに耕地が開かれそこにできた村落。

（出典：「新編地理資料2021」とうほう）

設問2 次の地形図は埼玉県所沢市の「中富」の新田集落の地形図
である。「中富」集落の「村落形態」と「土地の形状」や「利用
の特徴」について説明しなさい。

図

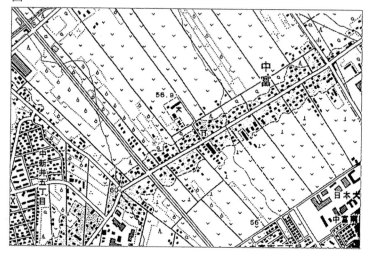

(7)　都市について，次の各設問に答えなさい。

　設問1　次の図は都市の内部構造を示した模式図であり，表は図の
　　　　Ａ・Ｂ地区の特徴を示している。図と表を見て，以下の生徒と教
　　　　師の会話文中の(　　)に適する語句の組み合わせとして当てはま
　　　　るものを，後の選択肢から1つ選び，番号で答えなさい。

　　　図

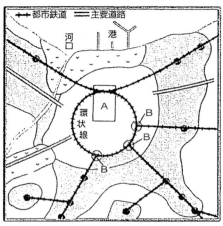

316

表

図の番号	地区名		特　徴
A	都心地域 交通機関が集中。昼夜間人口の差が大	中心業務地区 (CBD)	全国の会社，銀行などの本社があり，高層建築が目立つ。
		官公庁地区	政治の中心で諸官庁の建物が並ぶ。
		都心商店街	デパートや高級専門店，娯楽施設が多く，地価最高。
B	副 都 心		郊外電車のターミナルに位置し，商業・サービスなど都心の機能の一部を代行。

(出典：「新編地理資料2021」とうほう)

生徒　先生，日本の政令指定都市で図と表のA・B地区がどこにあたるのかを調べるにはどうしたらよいのですか。

教師　そうですね。図から地区AとBはいくつかの都市鉄道が交わる地点ということが読み取れます。だから，まず地図で調べるとよいのではないでしょうか。

生徒　では，国土交通省国土地理院が開設しているウェブサイト「地理院地図」で確認してみます。

教師　国土地理院の地図は地理の授業で学んだように（　ア　）ですので，鉄道路線だけを調べるには，わかりにくいかもしれませんね。

生徒　先生。鉄道路線だけが強調された地図があるとわかりやすいです。その地図で鉄道が交わる地点がいくつか読み取れます。次はどうすればよいでしょうか。

教師　地区Aは昼夜間人口の差が大きいとありますので，日本で5年に一度実施される国勢調査の結果から，（　イ　）別の昼夜間人口を確認するとよいでしょう。

生徒　地区Aは大企業や官公庁，商店が集まるので（　ウ　）が特に多いはずですね。

教師　その通りです。でも，地区Bも商業が発達しているので同じ傾向を示すと考えられます。

生徒　地形図を調べると官公庁の地図記号が描かれているので，

　　　　地区Aを読み取ることができますね。

教師　　よくできました。

〈選択肢〉

	①	②	③	④	⑤	⑥	⑦	⑧
ア	一般図	一般図	一般図	一般図	主題図	主題図	主題図	主題図
イ	市区町村	市区町村	都道府県	都道府県	市区町村	市区町村	都道府県	都道府県
ウ	昼間人口	夜間人口	昼間人口	夜間人口	昼間人口	夜間人口	昼間人口	夜間人口

設問2　次の図は大ロンドン計画について示したものである。図を参
　　考に以下の文の(　　)に適する説明または語句を答えなさい。

　　図

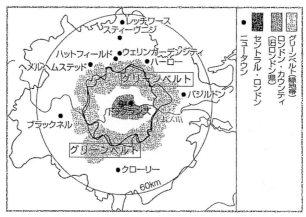

　　　　　　　　　　(出典：「新編地理資料2021」とうほう)

> 　　グリーンベルトを設けることにより，ロンドン市街地の
> (　A　)，その外側に(　B　)型のニュータウンを建設するこ
> とで，人口の集中を緩和しようとした。

　　　　　　　　　　　　　　　　　(☆☆☆◎◎◎)

【3】東アジアについて，次の各問いに答えなさい。

図1

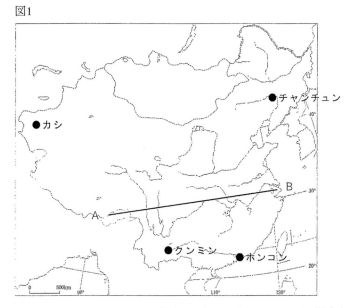

(1) 次の図2は上の図1のA－Bの断面図である。図2のア・イの標高とウの山脈名の組み合わせとして適するものを以下の選択肢から1つ選び，番号で答えなさい。

図2

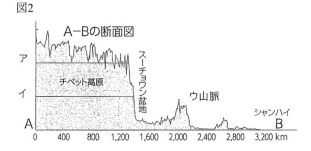

〈選択肢〉

	①	②	③	④	⑤	⑥
ア	2000m	2000m	4000m	4000m	8000m	8000m
イ	1000m	1000m	2000m	2000m	4000m	4000m
ウ	チンリン	テンシャン	チンリン	テンシャン	チンリン	テンシャン

(2) 図3は図1のカシ，クンミン，チャンチュン，ホンコンの気温の年較差と年降水量を示している。チャンチュンに適するものを1つ選び記号で答えなさい。

図3

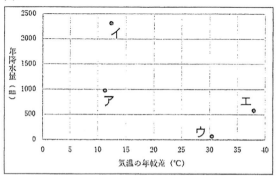

(出典)：「データブック　オブ・ザ・ワールド2021　Vol.33」二宮書店)

(3) 東アジアの水産業について述べた文として適するものを全て選び，番号で答えなさい。

① 東アジア諸国が接する北西太平洋漁場は，水産物の漁獲量が世界3位である。

② 北西太平洋漁場の魚種が豊富な要因は，暖流と寒流が接して潮境をつくっていることや大陸棚が多いことである。

③ 中国の漁獲量は90％以上が海水産物で占められ，淡水産物の漁獲量10％未満である。

④ 日本の漁獲量が世界1位であった1980年代に，最も漁獲量が多かったのは沖合漁業である。

(4) 次の図4は中国の省市別の1人当たり総生産額について示してい

る。図4から読み取れる中国の地域格差をふまえた上で，地域格差を是正する中国政府の政策について20字以内で答えなさい。

図4

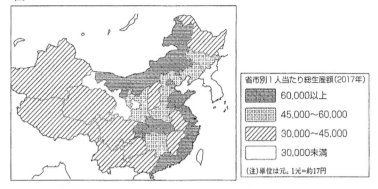

省市別1人当たり総生産額（2017年）

- ▨ 60,000以上
- ▦ 45,000〜60,000
- ▧ 30,000〜45,000
- □ 30,000未満

（注）単位は元。1元＝約17円

(出典：「新編地理資料2020準拠　白地図作業帳」とうほう)

(5) 次の表は中国と日本，ASEAN，NAFTAとの輸出入額を示しており，ア〜ウは日本，ASEAN，NAFTAのいずれかである。ア〜ウの組み合わせとして適するものを，以下の選択肢から1つ選び，番号で答えなさい。

表

	ア	イ	ウ
中国からの輸出額	2,789	1,359	4,740
中国の輸入額	1,606	1,092	1,369

(単位：億ドル，年次：2015年，出典：「新編地理資料2021」とうほう)

〈選択肢〉

	①	②	③	④	⑤	⑥
ア	日本	日本	ASEAN	ASEAN	NAFTA	NAFTA
イ	ASEAN	NAFTA	日本	NAFTA	日本	ASEAN
ウ	NAFTA	ASEAN	NAFTA	日本	ASEAN	日本

(6) 中国には漢族のほか，多くの少数民族が暮らしており，一部は図5のように自治区を形成している。次の写真1・2は中国の主要な少数民族の自治区で撮影されたものである。写真1・2が撮影された自

治区を以下の図5からそれぞれ選び，番号で答えなさい。

写真1　トルコ系ムスリムの寺院　写真2　歴代ダライ・ラマの宮殿

図5

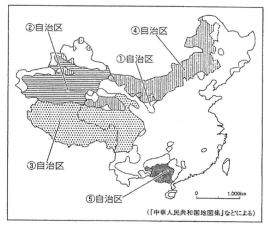

（出典：「地理資料2020準拠　白地図作業帳」とうほう）

(7) 次の写真は，2月に多くの出稼ぎ労働者が帰省しようとしている中国の南京駅の様子である。この写真について説明した文章ア・イの正誤の組み合わせとして適するものを，以下の選択肢から1つ選び，番号で答えなさい。

写真

ア　中国の豊かさは大都市とその近郊，交通の便の良い沿海地域の農村に限られ内陸部の貧しい農村から都市への出稼ぎ者(民工潮)が数多く出ている。

イ　2月は春節(旧正月)であり，帰省のため，列車や長距離バスなどの交通機関は大混雑する。

〈選択肢〉

	①	②	③	④
文章ア	正	正	誤	誤
文章イ	正	誤	正	誤

(8)　次の文は東アジアに位置するシャンハイ，ソウル，ホンコン，ペキンの特徴についてそれぞれ述べたものである。ペキンについて適する文を1つ選び，番号で答えなさい。

①　都市中心部が海峡を挟んで2つの地区に分かれている。特別行政区として資本主義の社会・経済の仕組みをとっている。

②　中国最長の河川の支流沿いに発展した都市で，川を挟んで高層ビルが立ち並ぶ新市街と旧市街が向かい合っている。

③　盆地状の地形の中心に位置し河川の南北に市街地が広がる。住

民の多くはマンションに居住しており，高層マンションが林立している。

④　西側から東側にかけて山地に面した丘陵地に市街地が広がる。かつては城壁にかこまれた囲郭都市であり，外洋と運河によって結ばれていた。

(☆☆☆◎◎◎)

【4】アフリカについて，次の各問いに答えなさい。

(1)　次の図1を見て，以下の各設問に答えなさい。

図1

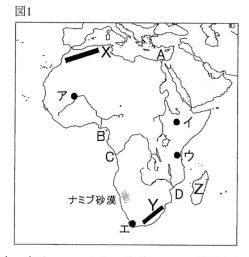

設問1　次の文は，アフリカの地形について説明したものである。文の(　)に当てはまる語句の組み合わせとして適するものを，以下の選択肢から1つ選び，番号で答えなさい。

> 　アフリカ大陸の形成は非常に古く，そのほとんどが(　あ　)である。台地や高原が多く，低地は沿岸部の狭い地域に限られる。図1中のX山脈は(　い　)図1中のY山脈は(　う　)である。

〈選択肢〉

	①	②	③	④	⑤	⑥
あ	新期造山帯	新期造山帯	古期造山帯	古期造山帯	安定陸塊	安定陸塊
い	古期造山帯	安定陸塊	新期造山帯	安定陸塊	新期造山帯	古期造山帯
う	安定陸塊	古期造山帯	安定陸塊	新期造山帯	古期造山帯	新期造山帯

設問2　次の文Ⅰ・Ⅱは，図1中の河川A～Dのいずれかについて説明したものである。文Ⅰ・Ⅱに適する河川を図1中のA～Dの中から記号で答えなさい。

> Ⅰ　ソ連の援助で1970年にダムが建設されると，さらに灌漑面積が拡大したが，上流からの土壌供給が減少したことによる侵食の進行や塩害などの問題も起こっている。
>
> Ⅱ　河川中流部では内陸水路交通が発達しており，800トン級の汽船が航行している。河川下流部は急流で多くの滝があり，外洋船の航行が困難で内陸と外洋を結ぶ交通は発達していない。

設問3　ナミブ砂漠と成因が同じものを以下の選択肢から1つ選び，番号で答えなさい。あわせて，その成因について説明しなさい。

①　ゴビ砂漠　　②　パタゴニア　　③　サハラ砂漠

④　アタカマ砂漠

設問4　次の雨温図は，図1中の都市ア～エのいずれかのものである。このうち，イの雨温図に適するものを1つ選び，番号で答えなさい。あわせて，選んだ雨温図があらわす気候区を，ケッペンの気候記号で答えなさい。

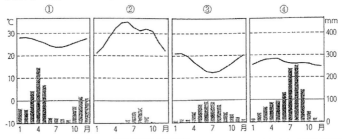

(出典：「新詳地理資料　COMPLETE2019」帝国書院)

(2)　次の写真は，図1中のZでみられる焼畑農業のようすを表している。焼畑農業について述べた文の正誤の組み合わせとして適するものを，以下の選択肢から1つ選び番号で答えなさい。

写真

(出典：「新編地理資料2020」とうほう)

ア　焼畑農業は，熱帯地域に多くみられる。酸性の強いポドゾルにおおわれている地域では，森林を焼き払い，その草木灰を肥料とする。

イ　伝統的な焼畑農業では，作物を数年間栽培したあと，耕地をほかの土地に移し，10年以上耕作を放棄して植生を回復させてから焼畑を行う。

ウ　近年は，利益を優先して商品作物を導入し，栽培期間を延長したため，地力は消耗し，その土地で作物を栽培することが困難になるような非持続的な焼畑が問題になっている。

〈選択肢〉

	①	②	③	④	⑤	⑥	⑦	⑧
ア	正	正	正	正	誤	誤	誤	誤
イ	正	正	誤	誤	誤	誤	正	正
ウ	正	誤	誤	正	誤	正	正	誤

(3)　次の文は，アフリカのある国について説明したものである。この文に適する国を以下の選択肢から1つ選び，番号で答えなさい。

　　この国は，フランスの植民地であった時代にカカオやコー
　ヒーのプランテーションがひらかれた。独立後もプランテー
　ション作物の輸出を奨励し，外貨を獲得して国づくりを進め
　てきた。

①　アルジェリア　　②　ガーナ　　③　エチオピア
④　コートジボワール

(4)　次の図2は，ボツワナ，南アフリカ共和国，コンゴ民主共和国，
ナイジェリアの一人当たりGDPの推移を示したものである。この図
2について述べた文の正誤の組み合わせとして適するものを，以下
の選択肢から1つ選び，番号で答えなさい。

図2

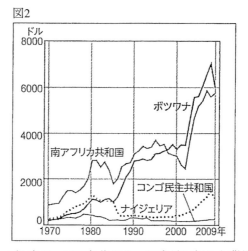

ア　アフリカ経済が，2000年代に入って成長に転じた背景のひとつ
　　に，ボツワナのように輸入代替型の工業化によってモノカルチャ
　　ー経済から脱し，一人当たりGDPを上昇させた国があることがあ
　　げられる。
イ　アフリカの多くの国は，計画経済から経済自由化への転換を促
　　す構造調整政策を受け入れて市場経済化を進め，一部の国では一
　　人当たりGDPの上昇がみられたが，一方で貧富の差は拡大した。

〈選択肢〉

	①	②	③	④
ア	正	正	誤	誤
イ	正	誤	誤	正

(5)　次の図3は，日本とエチオピアの都市人口(いずれも1位は首都)について比較したものである。エチオピアが，首都への人口集中が目立つ理由を「投資」，「就業」という語句を使って答えなさい。なお，指定された語句については，繰り返し使用してもよい。

図3

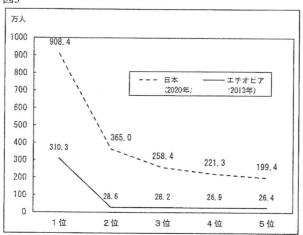

※　都市人口の大きい順に上位5位までを並べている。

(出典：「データブック　オブ・ザ・ワールド2021　Vol.33」二宮書店より作成)

(6)　次の文は，アフリカの生活の変化と他地域との結びつきについて説明したものである。文中の下線部が正しいものを1つ選び，番号で答えなさい。

2000年代以降，石油資源の豊かなナイジェリアやアンゴラなどでは，①郊外を中心に高層ビルやショッピングセンターの建設が相次いでいる。

多くの国々で自動車や家電などの耐久消費財の需要も伸びている。その成長や人口規模から有望な市場とみなされているが，②内戦や紛争などのリスクがあり，外国企業が積極的に進出していない。

北アフリカ諸国は，地中海をはさんでとなり合っているヨーロッパとの結びつきは強く，③主要都市を結ぶ直行便も多い。サハラ以南のアフリカでは，国内の貧富の差も大きく，対外債務を抱える国が多い。近年では，④資源確保の目的からアメリカ合衆国の進出が著しく，経済・政治の両面で結びつきが強まりつつある。

(☆☆☆◎◎◎)

公 民 科

【1】「高等学校学習指導要領(平成30年告示)解説　公民編」について，次の各問いに答えなさい。

(1)　次の文章は，「高等学校学習指導要領(平成30年告示)解説　公民編　第1章　総説　第2節　公民科改訂の趣旨及び要点」の一部である。文中の(　)に当てはまる語句をそれぞれ答えなさい。ただし，同じ番号には，同じ語句が入るものとする。

〔公共〕
「公共」における改善・充実の要点は，主に次の4点である。
　ア　「(　①　)の在り方についての見方・考え方」を働かせ，
　　考察，構想する学習の重視
　　(中略)

イ　現実社会の諸課題から「主題」や「（　②　）」を設定し，
追究したり探究したりする学習の展開

(中略)

ウ　社会に参画する際に選択・判断するための手掛かりと
なる概念や理論及び公共的な空間における基本的原理の
習得

(中略)

エ　自立した主体として社会に参画するために必要な資
質・能力を育成する内容構成

(以後略)

〔倫理〕

「倫理」における改善・充実の要点は，主に次の4点である。

ア　「人間としての在り方生き方についての見方・考え方」
を働かせ，考察，構想する学習の重視

(中略)

イ　現代の倫理的な諸課題の中から「（　②　）」を設定して
探究する学習の重視

(中略)

ウ　自己との関わりで思索する学習をより充実するための
内容構成

(中略)

エ　先哲の原典の口語訳などの読み取り，哲学に関わる
（　③　）的な手法の導入

(以後略)

(2)　次の文章は，「高等学校学習指導要領(平成30年告示)解説　公民編
第2章　公民科の各科目　第1節　公共」の一部である。文中の
（　　）に当てはまる語句を答えなさい。ただし，同じ番号には，同
じ語句が入るものとする。

　　内容のA，B及びCについては，既習の学習成果を生かすことができるよう，次のように構成されている。

　　(中略)

2)　「B　自立した主体としてよりよい社会の形成に参画する私たち」では，「小・中学校社会科で習得した知識等を基盤に，内容のAで身に付けた資質・能力を活用して現実社会の諸課題を，政治的主体，経済的主体，（　①　）的主体，様々な情報の発信・受信主体として」(中央教育審議会答申)議論なども行い考察，構想する。

3)　「C　（　②　）な社会づくりの主体となる私たち」では，「公共」のまとめとして，内容のA及びBの学習を踏まえて，（　②　）な地域，国家・社会，国際社会づくりに向けて，課題を見いだし，社会的な見方・考え方を総合的に働かせ，現実社会の諸課題を探究する。

(☆☆☆○○○)

【2】次の文章を読み，以下の各問いに答えなさい。

　　a この世界はどのようにして成り立っているのか。そのなかで b 人間はどう生きていけばよいのか。c 人間はどのような運命を背負い，それをどう受けとめていくべきなのか。ものごとを根本から考えようとするとき，私たちはこのような問いに突き当たる。人間は，長い歴史のなかで，こうした問いを繰り返し追求してきた。そして，d さまざまな形で世界観や人生観を作りあげてきた。

(1)　下線部aに関連して，次の図はプラトンの「洞窟の比喩」を図式化したものである。プラトンのイデア論について，この比喩を例にして説明しなさい。その際，「真実在」「影」という語句を両方使って説明しなさい。

善のイデア

現象界の物事

出典：「テオーリア　最新倫理資料集　新版三訂」(第一学習社)

(2)　下線部bに関連して，アリストテレスは，ポリスでの人間の生き方について考察しているが，彼の唱えた思想に関する記述として適するものを，次の選択肢から1つ選び，記号で答えなさい。

ア　アリストテレスは，徳をその性質の違いに応じて，知性的徳と性格的徳に区別し，性格的徳は，行為に関わる知である知恵と真理を認識する思慮からなるとした。

イ　アリストテレスは，正しい思慮を習性とするというのは，快楽主義と苦行主義の両極端を否定する中道を選べるようになることを意味しており，中道とは過大と過小の単純な平均を意味しているとした。

ウ　アリストテレスは，人間は，本来，他の人間とともにポリスのなかで生きる存在だと主張し，性格的徳のなかでも，ポリスでの共同生活に欠かせないものとして正義と友愛をとくに重視した。

エ　アリストテレスは，正義を全体的正義と部分的正義に大別し，さらに部分的正義を名誉や報酬を各人の能力や働きに比例して与える調整的正義と，裁判や取り引きなどで各人の利害・得失が均等になるようにする配分的正義とに分けた。

(3)　下線部bに関連して，次の文章を読み，イエスが人々に伝えようとした教えとして適するものを，以下の選択肢から1つ選び，記号で答えなさい。

> 「イエスはオリーブ山に行かれた。そして，朝早く，イエスはもう一度宮にはいられた。民衆はみな，みもとに寄って来た。イエスはすわって，彼らに教え始められた。
>
> 　すると，律法学者とパリサイ人が，姦淫の場で捕えられたひとりの女を連れて来て，真中に置いてから，イエスに言った。「先生。この女は姦淫の現場でつかまえられたのです。モーセは律法の中で，こういう女を石打ちにするように命じています。ところで，あなたは何と言われますか。」彼らはイエスをためしてこう言ったのである。それは，イエスを告発する理由を得るためであった。しかし，イエスは身をかがめて，指で地面に書いておられた。けれども，彼らが問い続けてやめなかったので，イエスは身を起こして言われた。「あなたがたのうちで罪のない者が，最初に彼女に石を投げなさい。」
>
> 　　　　　　出典：「新約聖書」　ヨハネの福音書8より

ア　石を投げると女を傷つけてしまうので，モーセの十戒にある「人を傷つけてはならない」を思い出させて，律法学者やパリサイ人の主張には矛盾があるとした。

イ　律法学者やパリサイ人に「罪を犯したアダムとイブも罪を償い楽園に戻っている」という旧約聖書の寓話を思い出させ，女を罰せずに罪を償わせることの必要性を説いた。

ウ　イエスは，ユダヤ教の形式的な律法こそ守るべきだと考えていたので，罪を犯した女は，罰せられるべきものではないとし，ユダヤ教の選民思想を批判した。

エ　イエスは，人間の実際の姿は，あまりにも小さく罪深い存在であり，神との約束を守れず罪におののいているものであるからこそ，人間は，神に救いを求めるのだとした。

(4)　下線部cに関連して，仏陀以前のインド思想であるバラモン教，ヒンドゥー教，ジャイナ教も仏陀と同じく運命に対する生き方を唱えている。これらの3つの思想を比較した場合，全てに共通してい

ることとして適するものを，次の選択肢から全て選び，記号で答えなさい。

A　輪廻からの解脱が救いであると考えること

B　厳しい苦行を行うこと

C　自己の本質であるアートマンを認めること

D　ヴァルナ(身分階層)制を否定すること

(5)　下線部dに関連して，次の文章は，インドネシアを訪問したある高校生が，帰国後に記した旅行記である。文中の(　)に適する語句を答えなさい。ただし，同じ記号には，同じ語句が入るものとする。

> インドネシアの空港に到着した時，初めての海外旅行ということもあり，とても心細かったが，インドネシアの人々は，本当に親切で，デパートで日本とは違う購入方法に戸惑っていた私を案内してくれるなど，旅先でお世話になったことは忘れられない経験となった。
>
> 親切にしてくれたガイドさんは，イスラム教徒であり，毎日欠かさず，お祈りをしていた。インドネシアは，イスラム教徒の多い国だったので，私は，インドネシアだけではなくイスラム教についても関心を持ち，帰国してイスラム教について調べてみた。
>
> イスラム教の六信のひとつである(　A　)については，ムハンマドだけではなくモーセやイエスも同じ(　A　)として認めていて，新しい発見があった。
>
> また，五行の(　B　)の精神に基づき，困窮者や孤児などに富を分け，互いに助け合う相互扶助のことを知り，インドネシアだけでなくイスラム教の精神についても，もっと深く知りたいと感じた。

(6)　下線部dに関連して，次の文章は，「中国の思想」の学習を終えた高校生が書いたレポートである。先生は，レポートの添削にあたり，

間違いを指摘することとした。文中の下線部のうち訂正を要するものは何か所あるか，以下の選択肢から1つ選び，記号で答えなさい。

　私は小中学校時代を自然豊かな小さな町で過ごしたので，荘子の唱えた小国寡民について学んだ時，みんなが顔見知りで人情豊かな暮らしを懐かしく思い出しました。荘子は，「我を忘れて天地自然と一体となること(心斎坐忘)」を唱えました。

　また，老子は，一切の作為を捨て道に従って自然に身を任せる無為自然を唱えましたが，環境問題の深刻化などを考えても，自然と人間の共生について示唆を与えてくれる老荘思想をもっと見直すべきだと思いました。

　他にも，無差別の愛としての兼愛を唱え一切の戦争を否定した墨子の思想も，世界的な人類連帯の礎になるものとして関心を持ちました。

ア　1ヶ所　　イ　2ヶ所　　ウ　3ヶ所　　エ　すべて訂正が必要
オ　訂正箇所はない

(☆☆☆◎◎◎)

【3】次の会話は，ある高校の倫理の授業で，先生と生徒が交わしたものである。次の会話文を読み，以下の各問いに答えなさい。

先生　「お久しぶりです。ゴールデンウィーク中は，何をして過ごしていましたか。しばらく授業がなかったので，倫理の学習と関連させて近況を報告してください。」

生徒　「時間があったので，ニュースを見ました。連休前に倫理の授業で a宗教について学習していたので，宗教に関する問題が世界で起こっていることが分かりました。」

先生　「倫理との関連で言えば，私は，テレビでペストと b ルネサンスの関係など興味深い番組を見ました。また，その中で c自然科学の歴史についても考えました。」

生徒　「休みで人出が増えると，公共の場でのマナー違反が伝えられて，残念に思いました。名前は忘れたけど，_d人間，ほったらかしたら大変なことになるというようなことを言った思想家の授業を思い出しました。やっぱり罰則がないとダメかな。」

生徒　「罰がないとルールを守れないというのは，_eカントの道徳法則からも外れているような気がします。」

先生　「日常の問題と関連させて，哲学的な思考をするのはとても良いことです。_f思想が誕生した背景には，哲学者自身の体験も大いに関連があるので，思想と歴史的背景とあわせて学習するといいですね。」

生徒　「連休中は動画ばかり見てたけど，今日，みんなと直接話をするとすごく心が落ち着きます。どうしてかなあ。そういえば，連休前の授業で_g無意識の研究をした人の話があったけど，人間の心理ってまだ分からないことも多いと思いました。」

(1)　下線部aに関連して，16世紀にスイスで宗教改革を進めたカルヴァンの思想として適するものを，次の選択肢から1つ選び，記号で答えなさい。

ア　人の罪が赦され，神によって正しい人間と認められるには，外面的な善行は必要なく，各人の内面的な信仰のみが必要であるとする信仰義認説を唱えた。

イ　現世の行いによって魂が救済されるかどうかが決定するので，与えられた職業に励むなど宗教的な善行を行った人は，神の救済を受けることができるとした。

ウ　誰を救い，誰を滅ぼすかはあらかじめ神の自由意志によって決められており，人間のなす業績や価値とは無関係であるとした。

エ　現世の行いと魂の救済は無関係であるため，人間はみずからの職業を天職として励んだとしても神の救済の予定を確信すること

はできないとした。

(2) 下線部bに関連して，ルネサンスの意味について「再生」という
語句を使って，具体的に説明しなさい。

(3) 下線部cに関連して，クーンは科学の歴史を，ものの考え方や問
題の立て方を支配する枠組みの交代の歴史として考えたが，このよ
うな枠組みを何というか，カタカナで答えなさい。

(4) 下線部dに関連して，この言及をしたと思われるホッブズは，自
然状態をどのような状態であると考えていたか，「調停」「戦い」と
いう語句を両方使って答えなさい。

(5) 下線部eの思想について述べた次の文章の(　　)に適する語句を答
えなさい。

> カントは，(　A　)理性の領域は，経験できるものに限られ
> るとし，神や自由や霊魂といった経験を超えたもの，なかで
> も自由については，(　B　)理性に関わる問題である，と主張
> した。

(6) 下線部fに関連して，第二次世界大戦を経験した思想家としてヤ
スパースとカミュがいる。2人の思想家に関する記述として適する
ものの組み合わせを，以下の選択肢から1つ選び，記号で答えなさ
い。

A　現存在は，たいていは世界の中で出会うさまざまなものに気を
とられて，自分の存在の意味を問うことなど忘れている。現存在
は，誰でもよい存在「ひと(ダス＝マン)」として，個性を失い，
世の中に埋没して生きていると唱えた。

B　死・苦しみ・争いなどの困難を限界状況と名づけ，そうした状
況に直面すると，人間は絶望し挫折するが，この挫折の経験を通
してこそ，人間は自己の有限性を自覚し，包括者(超越者)に触れ
て，自己を本来の姿で受け取り直すことができると唱えた。

C　知性は，人間が新たな行為を生み出し，環境によりよく適応し
ていくための道具であるとする道具主義を唱え，第二次世界大戦
後の日本の教育界にも大きな影響を及ぼした。

D　人生には意味はないが，意味がないからこそ生きるに値すると
　　いう不条理の哲学を唱え，死刑囚の心理やギリシア神話を題材に
　　した小説でその思想を表現した。

E　南米の諸部族の調査を行い，未開で遅れているとみなされてい
　　る社会に文明社会の科学的思考に劣らない野生の思考があること
　　を唱え，文明社会を批判した。

[選択肢]

	ヤスパース	カミュ
ア	A	B
イ	B	E
ウ	C	A
エ	E	C
オ	D	B
カ	B	D
キ	A	D
ク	C	E

(7)　下線部gに関連して，次の文章は，フロイトの心の構造に関する
　　ものである。文中の(　　)に入る語句の組み合わせとして，適する
　　ものを以下の選択肢から1つ選び，記号で答えなさい。

> 　(X)は，原始的・本能的なエネルギーが働く領域であり，
> ひたすら衝動を満たし，快楽を得ようとする。(Y)は，親
> や社会の教育を通して世の社会規範を内在化させたものであ
> る。(Z)は，対立する両者の間に立ちながら，人間が外の
> 社会に適応できるように調整をしていかなければならない。

[選択肢]

	X	Y	Z
ア	超自我	エス(イド)	自我
イ	超自我	自我	エス(イド)
ウ	エス(イド)	自我	超自我
エ	エス(イド)	超自我	自我
オ	自我	エス(イド)	超自我
カ	自我	超自我	エス(イド)

(☆☆☆◎◎◎)

【4】次の文章は，生徒が「私の生活と日本思想」という課題で提出した
レポートの一部です。次のレポートを読み，以下の各問いに答えなさ
い。

Aさんのレポート

「家の近くに神社があるのですが，早朝に行くと，静寂に包
まれて厳かな気持ちになりました。a神話の里という言葉があ
りますが，なぜ日本に神社があるのか，ということについて，
もっと深く知りたいです。」

Bさんのレポート

「ITと日本の伝統思想は，関連がないと思っていたのですが，
アップルの創業者スティーブ・ジョブズがb永平寺に憧れてい
たことやシリコンバレーの技術者も座禅を行っていることを
知って驚きました。c禅について深く知りたいと考えていま
す。」

Cさんのレポート

「家の手伝いで，農作業をすることがありますが，自然の中
で一日過ごすと，『これが人間本来の生活だ』という感覚にも
なります。私は，d日本の自然風土や農業との関係に関心があ
ります。」

Dさんのレポート

「大型連休に入る前に，留学生のジョンに『なぜ，日本人は
みんな一斉に休みを取るの』と聞かれ，うまく答えられませ
んでした。日本人の特性や国民性について，特に明治以降の
e日本の思想について，もっと詳しく知りたいと思います。」

Eさんのレポート

「ボランティア活動をしたことがあり，ボランティアについ
て調べました。倫理の教科書を読んで，f日本には古くから民
衆のために尽くした人や民衆の立場に立つことを主張した人
がいたことを知り，そういう人たちのことをもっと知りたい

> と思いました。」

(1)　下線部aに関連して，次の図は，日本の古代神話の世界観を示したものである。(　　)に適する語句を答えなさい。ただし，(　　)は，漢字で答えなさい。

(X)	―	天上の神々の世界	―	善・明
葦原中国	―	地上の人間の世界	―	善と悪が交わる
(Y)	―	地下の死者の世界	―	悪・暗

　　　　出典：「テオーリア　最新倫理資料集　新版三訂」より作成(第一学習社)

(2)　下線部bに関連して，永平寺を開いた人物の思想に関する記述として適するものを，次の選択肢から1つ選び，記号で答えなさい。

　ア　宋に渡り修行し，自己の内にある仏の知を明らかにするための修行は，すべてを投げうち，身と心を尽くして，ひたすら坐禅につとめることであるとした。

　イ　『興禅護国論』を著して，戒律を守り身と心を清浄にし，坐禅につとめるならば，自己の内にある仏の知に目覚め，他者をも安楽にすることができると説いた。

　ウ　災厄が頻発し，外敵が襲来するのは，法華経が軽んじられているからであるとして，他宗派を激しく批判し，仏国土の実現のために尽力した。

　エ　阿弥陀仏の働きを信じ，次の生で浄土に往生して仏の知を体得しようとする教えを唱え，往生のためには称名念仏に専念するだけでよいという専修念仏を説いた。

(3)　下線部cに関連して，禅の修養を行った思想家として西田幾多郎がいる。西田幾多郎の「純粋経験」について，「主観」「客観」という語句を両方使って具体例をあげて説明せよ。

(4) 下線部dに関連して，適さないものを，次の選択肢から全て選び，記号で答えなさい。

ア 安藤昌益は，すべての人々が直接に田畑を耕して衣食を自給する平等な法世こそが理想であると説き，武士を「不耕貪食の徒」であると非難して，平等な社会を実現すべきであると唱えた。

イ 二宮尊徳は，倹約と勤労につとめる人道が必要とし，経済力に応じた限度内で計画的に生活し，余剰が生じれば将来に備え，困窮者に与えることを唱え，身分制の枠内での農民の立場に立った思想を形成した。

ウ 和辻哲郎は，人間は自然との関係において自己を形成すると唱え，日本を含む南・東南・東アジアのモンスーン型の人間の特性を，戦闘的・服従的であると唱えた。

(5) 下線部eに関連して，適さないものを，次の選択肢から1つ選び，記号で答えなさい。

ア 札幌農学校在学中にキリスト教に入信した内村鑑三は，渡米して信仰を深め，「武士道の上に接ぎ木されたるキリスト教」こそ，日本を救い，世界をも救うと説いた。

イ 中江兆民は，民権には「恢復的民権」と「恩賜的民権」の二つがあり，我が国では「恩賜的民権」を育てることで十分な民権が実現できると説いた。

ウ 吉野作造は，民主主義を提唱し，主権は天皇でなく国民にあるという国民主権の原則を明確化し，政治家は主権者としての国民の意向を尊重すべきであると唱えた。

エ 夏目漱石は，文明開化のあり方において自己本位を主張し，我が国の開化は表面的には立派だが外発的開化にすぎず，自己の内面から発する開化でないと批判した。

(6) 下線部fに関連して，適さないものを，次の選択肢から1つ選び，記号で答えなさい。

ア 一遍は，奈良時代に諸国を旅して仏教を説き，施し物として得た物品を困窮した人びとに配り，東大寺の大仏造立にも協力した。

　イ　蓮如は，御文(御文章)とよばれる手紙で，親鸞の教えをわかり
　やすく説いて，本願寺教団を発展させた。
　ウ　柳宗悦は，名もなき民衆がつくった実用的な工芸品に新たな美
　を見いだして民芸運動を展開した。
　エ　吉本隆明は，「自立」の思想的根拠を，「大衆」の生活様式に置
　くべきだと説き，日常生活から遊離することのない思想の確立を
　目指した。

(☆☆☆◎◎◎)

【5】次の「日本国憲法」前文の一部を読み，以下の各問いに答えなさい。

> 　日本国民は，_a正当に選挙された国会における代表者を通じて
> 行動し，われらとわれらの子孫のために，諸国民との協和によ
> る成果と，わが国全土にわたつて_b自由のもたらす恵沢を確保し，
> _c政府の行為によつて再び_d戦争の惨禍が起ることのないやうに
> することを決意し，ここに主権が国民に存することを宣言し，
> この_e憲法を確定する。そもそも国政は，国民の厳粛な[　A　]に
> よるものであつて，その権威は国民に由来し，その権力は国民
> の代表者がこれを行使し，その福利は国民がこれを享受する。
> これは人類普遍の原理であり，この憲法は，かかる原理に基く
> ものである。

(1)　文中の空欄[　A　]に当てはまる語句を答えなさい。
(2)　下線部aに関連して，次の各問いに答えなさい。
　①　下線部aに関連して，国会の権限と議員の選出について述べた
　　文として適するものを，次の選択肢から1つ選び，記号で答えな
　　さい。
　　ア　法律案が発議・提出されると，議長はこれを案件に応じ，最
　　　初に衆議院の委員会に付託し，常任委員会で審議され，議決さ
　　　れたのち本会議に報告される。
　　イ　内閣不信任決議権は，行政を監視するという意味を持つこと

から，衆議院と参議院の両議院に認められている。

ウ　議員定数の不均衡に関する訴訟において，最高裁判所はこれ
まで違憲と判断したことはあるが，事情判決の法理を適用し，
選挙の無効判断を出したことはない。

エ　連座制においては，候補者と一定の関係にある者が買収で有
罪になった場合，候補者自身が関与していなければ，選挙の当
選が無効となることはない。

② 　下線部aについて，代表者の選出について述べた文として適す
るものを，次の選択肢から1つ選び，記号で答えなさい。

ア　フランスでは，フランス革命後に，農村を中心に普通選挙権
を要求する声が高まるチャーチスト運動が起こった。

イ　選挙権が拡大するにともない，それまでの大衆政党から，教
養と財産のある名望家たちからなる名望家政党が登場し，政治
に大きな影響力をもつようになった。

ウ　日本では，19世紀後半に，女性の選挙権獲得運動が高まり，
すべての男性の普通選挙権が確立するのと同じ年に女性の参政
権が認められた。

エ　外国人の参政権について，最高裁判所は，地方参政権が外国
人に認められていないことは憲法に違反しないとしたが，立法
によって定住外国人に地方参政権を付与することもできるとも
述べた。

(3) 　下線部bに関連して，人権に関する判例として適するものを，次
の選択肢から2つ選び，記号で答えなさい。

ア　東大ポポロ劇団事件では，最高裁判所は，学生の集会が，真に
学問的な研究の発表のためのものではなく，実社会の政治的社会
的活動にあたる行為をする場合は，大学の有する学問の自由と自
治は享有しないとした。

イ　愛媛玉ぐし料訴訟では，県が靖国神社に公費で玉ぐし料を奉納
する行為は宗教的意義をもち，神社への支援にあたるとみなされ
て，最高裁判所は違憲と判断した。

ウ　薬事法訴訟では，1975年に最高裁判所は，薬局開設の距離制限
　　規定は，不良医薬品の供給防止という目的を達成するための合理
　　的な規制であり，合憲であると判断した。

エ　足利事件では，無期懲役に服していた男性の再審が行われ，
　　GPSを用いた捜査の適法性が問われ，最高裁判所は合憲と判断し
　　た。

オ　『宴のあと』事件では，小説のモデルとされた女性が，プライ
　　バシーを侵害され回復困難な損害を被る恐れがあるとして，最高
　　裁判所は出版差し止めを認めた。

カ　大阪空港公害訴訟では，旅客機の離着陸による公害被害に対し，
　　空港付近の住民らが，国に対し訴訟を起こし，最高裁判所は旅客
　　機の夜間空港使用の禁止と将来にわたる損害賠償を認めた。

(4)　下線部cに関連して，日本国憲法では，公務員の不法行為によっ
　　て損害を受けたときは，被害者には，どのような権利が定められて
　　いるか，答えなさい。

(5)　下線部dについて，世界各地の戦争や紛争に関して述べた文とし
　　て適さないものを，次の選択肢から1つ選び，記号で答えなさい。

ア　インドとパキスタンは，第二次世界大戦後に英領インドから分
　　離独立したが，その際，最北端のカシミール藩王国の帰属をめぐ
　　って紛争が発生し，カシミールは以後三次に及ぶ印パ戦争の舞台
　　となった。

イ　第二次世界大戦中に日本が与えた被害に対する戦後補償をめぐ
　　る問題があるが，強制連行については，日本政府は，請求権の放
　　棄や賠償済みを理由として，解決済みとの立場をとっている。

ウ　四次にわたる中東戦争では，イスラエルに居住していた多くの
　　ユダヤ人がパレスチナ難民となり，住んでいた土地を追われるこ
　　とになった。

エ　国際刑事裁判所は紛争時における集団殺害犯罪，人道に対する
　　犯罪などをおかした個人を裁く機関として2003年に発足した。

(6)　下線部eについて，次の[　Ⅰ　]〜[　Ⅳ　]には，おもな国の憲法

および人権宣言が時代順に入り，A〜Dは，その資料の一節である。
[　Ⅰ　]から[　Ⅳ　]に適するものを，記号で答えなさい。

> [　Ⅰ　]→[　Ⅱ　]→[　Ⅲ　]→[　Ⅳ　]

> A　権利の保障が確保されず，権力の分立が規定されないすべ
> ての社会は，憲法をもつものではない。
> B　われわれは，自明の真理として，すべての人は平等に造ら
> れ，造物主によって，一定の奪いがたい天賦の権利を付与
> され，そのなかに生命，自由および幸福の追求の含まれる
> ことを信ずる。
> C　婚姻は，両性の合意のみに基いて成立し，夫婦が同等の権
> 利を有することを基本として，相互の協力により，維持さ
> れなければならない。
> D　経済生活の秩序は，すべての者に人間たるに値する生活を
> 保障する目的をもつ正義の原則に適合しなければならない。

(☆☆☆◎◎◎)

【6】次は，ある「公共」の教科用図書の目次の一部を表したものである。
以下の各問いに答えなさい。

> 第2章　現代社会の諸課題
> (中略)
> 　3　経済
> 　　1 a職業選択　　　　　5 e市場経済の役割と限界
> 　　2 b雇用と労働　　　　6 f金融のはたらき
> 　　3 c財政の役割　　　　7 g格差是正と多文化主義
> 　　4 少子化と d社会保障

(1)　下線部aについて，職業選択の文章として適さないものを，次の

選択肢から1つ選び，記号で答えなさい。

ア　働いて収入を得ることは，経済的に自立するだけでなく，社会的・精神的に自立し自分の人生設計をたてることにつながる。

イ　働くことで，社会的分業に参加し，それによって多くの人とまじわりをもち，社会貢献を果たすことができる。

ウ　多くの人は，職業のなかで，自分の才能を伸ばし，個性にみがきをかける。さらに，自分の興味や適性にあった職業が，生涯の生きがいや満足感を与えてくれる。

エ　アルバイト・パートとして働くニートという道を選択する若年層が，1990年代後半から増加し，夢を追ってさまざまな職業を経験する若者が増えてきている。

(2)　下線部bに関連して，近年の労働問題について述べた文として適するものを，次の選択肢から1つ選び，記号で答えなさい。

ア　非正規労働者の待遇問題については，正規雇用への転換ルールや同一労働同一賃金の原則が徹底され，正規雇用との格差は解消された。

イ　改正雇用機会均等法では，募集・採用，配置・昇進・教育訓練などについては差別が禁止されたが，職場でのセクシャル・ハラスメントについては，防止義務を事業主に課していない。

ウ　働き方改革関連法が成立し，残業時間の上限を，原則月45時間，年360時間までに規制し，1人5日間の年次有給休暇の取得を企業に義務付けた。

エ　経済のグローバル化が進むにつれて，日本で働く外国人が増えてきており，単純労働への就労だけでなく，研究職や技術職などの専門職への就労も禁止されている。

(3)　下線部cに関連して，財政と租税の役割について述べた文として適するものを，次の選択肢から1つ選び，記号で答えなさい。

ア　公共財や公共サービスの提供は，市場機構に委ねていたのでは適切な供給がおこなわれないため，こうした財・サービスの提供は政府の役割である。

イ　所得税に取り入れられている累進課税制度は，所得再分配のなかのフィスカル・ポリシー(裁量的な財政政策)の一手段である。

ウ　税収などを基礎とする予算の中から政府の経済政策を補うものとして財政投融資計画が立てられる。

エ　戦後は，1949年のシャウプ勧告を受けて税制を改革し，直間比率は間接税が中心となった。

(4)　下線部dに関連して，各国の社会保障制度について述べた文として適するものを，次の選択肢から1つ選び，記号で答えなさい。

ア　18世紀後半にドイツのビスマルクが創設した社会保険制度が，世界で最初の社会保障法であった。

イ　アメリカの社会保障は均一的な年金給付が中心で，財源は租税などによる公費の負担が大きい。

ウ　日本の社会保障制度の一つに，公衆衛生が挙げられるが，上下水道などの公共サービスのみならず，感染症予防や精神衛生なども含まれる。

エ　最後のセーフティネットとされる生活保護の給付水準は，朝日訴訟の最高裁判所判決により向上したが，一方，1990年以降生活保護受給世帯は減少している。

(5)　下線部eに関連して，市場をめぐる考え方として適するものを，次の選択肢から1つ選び，記号で答えなさい。

ア　アダム・スミスは，国家の富は貿易の差額によってのみ蓄積されると考え「見えざる手」によって国内産業を保護すべきだと主張した。

イ　ケインズは，自由競争や市場原理の利点を生かしながら，政府が積極的に経済活動に介入するべきだと説いた。

ウ　マルクスは，経済は市場を通じて調整されるため，政府が行う裁量的な政策介入は意味がないとして，「小さな政府」を主張した。

エ　フリードマンは，利潤，賃金，恐慌，失業などの観点から，市場経済を分析し，生産手段を社会的所有とすることを説いた。

(6) 下線部fについて，次の[　Ⅰ　]～[　Ⅳ　]には，1990年代以降の日本における金融政策A～Dの導入について年代順に並べたものが入る。[　Ⅱ　]と[　Ⅳ　]に入るものの組合せとして適するものを，以下の選択肢から1つ選び，記号で答えなさい。

[　Ⅰ　]→[　Ⅱ　]→[　Ⅲ　]→[　Ⅳ　]

A　量的・質的金融緩和　　　B　ゼロ金利政策
C　マイナス金利政策　　　　D　量的緩和政策

ア　Ⅱ－A　　Ⅳ－B　　イ　Ⅱ－A　　Ⅳ－D
ウ　Ⅱ－C　　Ⅳ－A　　エ　Ⅱ－B　　Ⅳ－C
オ　Ⅱ－D　　Ⅳ－B　　カ　Ⅱ－D　　Ⅳ－C

(7) 下線部gに関連して，次の図は，所得の分布の状態を示したローレンツ曲線である。このことについて説明した文章の空欄に入るものの組合せとして適するものを，後の選択肢から1つ選び，記号で答えなさい。

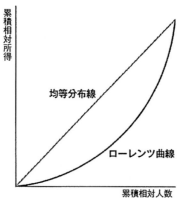

アメリカの統計学者ローレンツは，所得などの格差の分布を示す曲線を考案した。これは，所得の低い順番に世帯を並べ，縦軸に累積相対所得，横軸に累積相対人数を取るもので，原点を通る45度の線(均等分布線)との関係は，不平等になるほど，[Ⅰ]。イタリアの統計学者ジニは，格差を表す指標として，ジニ係数を考案した。これは，均等分布線とローレンツ曲線で囲まれた弓形の部分と均等分布線の下の三角形の面積比で表される値で，[Ⅱ]。ジニ係数を改善するためには，[Ⅲ]政策をとることが望ましい。

A 均等分布線から遠ざかるように弧を描く

B 均等分布線に近づき，直線に重なる

C 0に近いほど格差が大きく，格差がないときは1となる

D 1に近いほど格差が大きく，格差がないときは0となる

E 非正規雇用を正規雇用へと転換させる

F 所得税の最高税率を引き下げる

ア Ⅰ－A Ⅱ－C Ⅲ－E

イ Ⅰ－A Ⅱ－D Ⅲ－E

ウ Ⅰ－A Ⅱ－C Ⅲ－F

エ Ⅰ－A Ⅱ－D Ⅲ－F

オ Ⅰ－B Ⅱ－C Ⅲ－E

カ Ⅰ－B Ⅱ－D Ⅲ－E

キ Ⅰ－B Ⅱ－C Ⅲ－F

ク Ⅰ－B Ⅱ－D Ⅲ－F

(☆☆☆◎◎◎)

【7】次は，ある「政治・経済」の教科用図書の目次の一部を表したものである。以下の各問いに答えなさい。

第1編　現代の政治	第2編　現代の経済
（中略）	（中略）
第4章　現代の国際政治	第3章　現代の国際経済
1　国際社会と国際法	1　_f貿易と_g国際収支
2　_a国際社会の変化	2　_h外国為替市場のしくみ
3　_b国際連合と_c国際協力	3　第二次世界大戦後の国際経済
4　_d第二次世界大戦後の国際政治	4　国際経済の動向(1)
5　_e冷戦終結後の国際政治	5　国際経済の動向(2)
6　軍拡競争から軍縮へ	6　発展途上国の諸問題

(1)　下線部aについて，第二次世界大戦後の国際社会の動きとして適するものを，次の選択肢から1つ選び，記号で答えなさい。

ア　米ソの代理戦争といったかたちで発生した朝鮮戦争やベトナム戦争では，分裂していた二つの国家が統一された。

イ　アジア・アフリカの新興諸国は，東西対立の解消をめざし非同盟中立の立場を打ち出した。

ウ　中国とソ連の対立が激化したあと，アメリカ大統領が訪中して対中関係を改善させ，中国との国交を正常化した。

エ　欧州連合(EU)が，加盟国を中・東欧諸国に拡大する中，ベルリンの壁が崩壊し，東西冷戦が終結した。

(2)　下線部bについて，国家間の安全保障の形態の一つである集団安全保障体制を，「制裁」という語句を使って答えなさい。

(3)　下線部cに関連して，核軍縮には，国家間の協調が必要である。この実現の可能性を探るために，次の利得表であらわされるゲームを考える。A国とB国の代表は，おたがいに会談できない状況である。戦略の選択は同時で，「協力する」か「協力しない」かのいずれかを選ぶ。その結果として，両国は表中に示されている結果を得る。ここで，両国は，自国の得る点数の最大化だけをめざすものとする。この表から読みとれる内容を説明した以下の文の空欄に入る語句として，適するものの組み合わせを，後の選択肢から1つ選び，記号で答えなさい。

		B国	
		協力する	協力しない
A 国	協力する 核廃棄	A国に4点 B国に4点	A国に1点 B国に5点
	協力しない 核保有	A国に5点 B国に1点	A国に2点 B国に2点

　A国とB国がともに[　Ⅰ　]政策をとって軍縮を実現することによって，両国はそれぞれ利得4点を得て，合計8点となり最大化される。それは，ともに[　Ⅱ　]政策をとって軍備競争が生じることによって利得2点を得て，合計4点を得るのと比べ，両国にとって好ましい。

　　ア　Ⅰ「協力する」　　　　Ⅱ「協力する」

　　イ　Ⅰ「協力する」　　　　Ⅱ「協力しない」

　　ウ　Ⅰ「協力しない」　　　Ⅱ「協力する」

　　エ　Ⅰ「協力しない」　　　Ⅱ「協力しない」

(4)　下線部d, eに関連して，日本の国際貢献について述べた文として適するものを，次の選択肢から1つ選び，記号で答えなさい。

　　ア　冷戦終結以降，日本は安全保障政策の対象に資源安全保障や食料・エネルギー安全保障の観点を組み込むようになった。

　　イ　日本のODAは，かつて10年間世界1位の援助額であり，他の先進国に比べ，対GNI比や贈与率は高いといわれている。

　　ウ　国連の要請に従い，日本は国連加盟当初からPKF(平和維持軍)に参加し，カンボジアや東ティモールなどアジアに限定して派遣されている。

　　エ　日本のODAは，資金協力のみならず，対象国の人材を育成する技術協力や長期返済・低金利で開発資金を貸し付ける有償資金協力を行っている。

(5)　下線部fに関連して，国際貿易において，国内産業を保護する政策には，どのような方法があるか，具体策を1つ答えなさい。

(6)　下線部gについて，次の表は国際収支に関するある年の数値である。これらを用いて，第一次所得収支を答えなさい。

経常収支	3.9	(兆円)
資本移転等収支	−0.2	
貿易収支	−10.5	
サービス収支	−3.0	
金融収支	6.2	
第二次所得収支	−2.0	

(7)　下線部hについて，変動の要因を述べた文として適するものを，次の選択肢から1つ選び，記号で答えよ。

ア　日本の物価が下落すると，輸出が増加し，円の需要が増加するため，円高ドル安が進む。

イ　日本の金利が下落すると，外国から資金が流入し，円の需要が増加するため，円高ドル安が進む。

ウ　円高は輸出品の外国での価格を引き下げるので，輸出が減少し，ひいては企業の設備投資も減少させ，景気を悪化させる。

エ　円安は輸入原材料の価格を低下させることで，国内製品の生産費が下がり，国内の景気によい影響を与える。

(☆☆☆◎◎)

解答・解説

中 学 社 会

【1】(1)　①　グローバル化　②　議論　(2)　生徒が身に付けることが目指される技能を繰り返し活用し，その習熟を図るように指導すること。

〈解説〉空欄補充箇所は社会科の目標の柱となる箇所であるため，暗記できるようにしておきたい。中学校学習指導要領(平成29年告示)解説に

よると，「調査や諸資料から様々な情報を効果的に調べまとめる技能」は単元など内容や時間のまとまりごとにすべてを身に付けようとするものではないため，小中高の接続を考慮し繰り返し活用することで，その習熟を図るように指導することとしている。

【2】(1) 相互依存 (2) 分布の境界は必ずしも明確に分けられないものであることに留意してその特色を読み取ること。
〈解説〉中学校学習指導要領(平成29年告示)解説によると，人間と自然環境の相互依存関係に関わる視点の例として，各地の気候環境が人々の衣食住に与えている影響や人々による地域開発が植生などに与えている影響を捉えることが挙げられている。また，中項目全体を通して挙げられている留意すべき点として，文化を固定的なものと捉えたり，特定の民族に対する固定概念をもったりする学習とならないようにする必要がある。

【3】(1) 文字 (2) 現代につながる面と現代の民主主義とは異なる面の両面を踏まえて理解できるようにすること。
〈解説〉中学校学習指導要領(平成29年告示)解説によると，中項目「(1)古代までの日本」では，人類のおこりや文明の発生から12世紀頃までと幅広い歴史を扱う。その中でも「世界の古代文明」において，諸文明の特徴を取り扱う際の観点として「生産技術の発達，文字の使用，国家のおこりと発展」などの類似性を定めることとしている。また，主権者に必要な政治的判断力や批判力育成のためには，様々な角度からの視点が必要となる。

【4】(1) ① 個人の尊厳 ② 契約 (2) A 無駄 B 資源 C 成果
〈解説〉(1) 大項目「A 私たちと現代社会」は，以後の政治，経済，国際社会の学習の導入となることを主なねらいとしている。人は様々な社会集団において協力してよりよい生活を営む努力をしていることを

理解した上で，個人の尊厳と両性の本質的平等，契約の重要性やそれを守ることの意義及び個人の責任について理解する必要がある。

(2)　中学校学習指導要領(平成29年告示)解説では，「効率」だけでなく「対立」，「合意」，「公正」についても詳しく解説されている。目標や内容について暗記するのもいいが，それがどのような意味でどのような意図をもっているのか理解するよう心掛ける必要がある。

【5】(1)　①　地球的　　②　防災　　(2)　A　エ　　B　ア　　C　キ
〈解説〉(1)　①　ウはグローバル化が引き続き進展し，環境問題等の地球的課題が一層深刻化する状況から地球的課題の視点を「世界の諸地域」における究極の視点として位置付けられた。　②　オは東日本大震災や全国各地で生起する集中豪雨等頻発する自然災害に対応した人々のくらしの在り方を考える必要性から，平成20年改訂以降設定されたものである。　(2)　学習指導要領に関する出題の対策として目標や内容ばかりに目が向きがちだが，それらがなぜそのように設定されたのかまで理解する必要がある。学習指導要領総説では改訂の背景やどこがどう変わったのか，その理由も併せて記述されているため，こちらも活用されたい。

【6】(1)　②　　(2)　D　　(3)　この地図は，緯度が高くなるほど実際の面積よりも大きく表されるから。
〈解説〉(1)　資料1はメルカトル図法による地図。メルカトル図法では等角航路は直線で表されるが，最短距離である大圏航路は曲線となる。2地点間の最短距離は，地球の中心を通る大円の円周と重なり，北半球では北側に，南半球では南側にふくらむ。東京─ナイロビ間はおよそ緯線90度の距離で，大円上では東京より北を通ることはない。(2)　ある地点の対蹠点は，地球の中心を通って真裏に存在する点で，大円上において180度離れた点である。したがって，東京をおよそ北緯35度，東経135度とすると，南緯35度，西経(180－135)＝45度となり，ブエノスアイレスが該当する。　(3)　球体である地球を紙面に書き起

こすと，距離，面積，方位のいずれか，あるいは複数の数値が犠牲となる。中でも，円筒図法では，実際には一つの点である北極，南極があたかも赤道と同じ長さであるかのように引き延ばされてしまうため，高緯度地方において面積が拡大されてしまう。

【7】(1) ア ① フランス ③ オランダ イ A 補助金
B 格差 (2) ア BRICS イ X コーヒー Y 大豆
ウ 環境保護のためにバイオエタノールの原料の一つであるさとうきびの生産量を増やすことで結果として森林破壊が進むこと。

〈解説〉(1) ア フランスはEUの中でも農業大国で，小麦の輸出国でもある。オランダは緯度が高く農地も少ないため，小麦栽培などの農業には不向きだが，酪農と園芸農業が盛んに行われている。②と④は数値が近く，これだけではイタリアかスペインかの判読は難しいが，求められているのは①と③であり，②がイタリア，④がスペイン。
イ 共通農業政策の大きな柱は，支持価格の設定と，農産物に対する輸出補助金，輸入課徴金である。支持価格を設定することで，価格が低下した際には補助金が支給され，生産性の低かった地域において作物の品質を上げ，余剰生産ができることにもなった。輸入課徴金を設けることで域外からの安い輸入品の流通を阻止し，農家を守ってきた。しかし一方で支援の多い地域とそうでない国との間で格差が広がり，農作物の生産過剰やEUの財政負担の拡大などの問題も起きている。
(2) ア Brazil, Russia, India, China, South Africaより，頭文字をとり振興発展国5か国をBRICSと称する。2000年初め頃から使われるようになり，当時，南アフリカ共和国は加わっておらず，BRICsだったが，2011年の会合に参加したことから，大文字となった。各国ともに，面積が広く人口が多い，資源も多いという共通点をもつ。 イ ブラジルはかつてポルトガルの植民地で，アフリカからの奴隷を使用したプランテーションで綿花やさとうきびを生産した歴史がある。その後，日系移民なども入り，コーヒー豆の生産が盛んに行われるようになった。1966年の段階では，コーヒー豆のほか，綿花，鉄鉱石などいずれ

も農産物，鉱産物など一次産品の輸出ばかりである。しかしその後工業化も進み，サバナ地域における大規模な大豆の生産のほか，自動車や航空機の生産，輸出も行っている。砂糖の割合が微増のように見えるが，貿易額そのものがおよそ100倍となっており，ブラジルは世界1位のさとうきび生産国，砂糖輸出国である。　ウ　ブラジルでは，二酸化炭素排出削減につながるバイオエタノールを，さとうきびから生産している。バイオエタノールを用いるフレックス自動車が販売されており，ガソリンスタンドでは一般的にバイオ燃料が販売されている。その一方で，さとうきび栽培のためにサバナや森林を切り開き，面積が減少しているという問題点が指摘されている。

【8】(1)　関西国際空港　　(2)　ア　地熱発電　　イ　二酸化炭素の排出を減らすため。　　ウ　持続可能な社会　　(3)　ア　無形民俗　イ　A　雪が降り積もり，外出が難しかった　　B　保存食
〈解説〉(1)　資料1から，国際線のうちおよそ9割がアジアであることから，成田国際空港ではないことがわかる。資料2から羽田空港から1時間5分，札幌からはおよそその倍かかるので，中部国際空港ではなく，関西国際空港と判断する。　　(2)　ア　大分県は日本有数の温泉地であり，火山の熱を生かした国内最大規模の地熱発電所が集結している。イ　都市の気温が周辺よりも高く，夜間にも下がらないヒートアイランド現象を少しでも緩和し，二酸化炭素の排出を削減するため，ビルの壁面を階段状にし，植栽を植えている。　　ウ　エコタウン政策は，資源循環社会を目指す日本のプロジェクトで，1990年代から各地で認定されている。1997年度に北九州市，岐阜県，飯田市，川崎市が第1号の承認を受け，2000年度には水俣市が承認されている。国連のSDGs(持続可能な開発目標)に先立つ取組で，持続可能な社会を目指している。　　(3)　ア　国内の歴史上，学術上重要なものについては，文化財として国によって保護されている。建造物や美術工芸品は有形文化財，歌舞伎や踊り，祭りや工芸などの技術そのものは，無形文化財という。無形文化財は，特に重要なものは重要無形文化財として，そ

の芸能や工芸技術を保存する個人あるいは団体を認定している。

イ　資料5より，東北各県の食塩摂取量の平均値は，岩手県の男性を除き，すべて全国平均を上回っている。そのことと雨温図，いぶりがっこという漬物から食文化について述べるのは難しいが，【まとめ】の流れからすると，漬物の消費が多いため，塩分の消費量が多いと結論付けるということになる。秋田市の冬の気温は0度近くなり，その時期に見られる降水量は雪である。したがって冬は新鮮な野菜が手に入りにくく，また外出もままならないため，保存食である漬物を食べる食習慣があるといえる。

【9】(1)　①　旧石器　　②　青銅器　　(2)　儒教　　(3)　遣唐使を停止することで，唐の影響が弱まったから。　　(4)　ア，ウ

〈解説〉(1)　①　新石器時代の前の，打製石器のみを用いて主に大型動物を狩っていた時代を旧石器時代という。　　②　ヨーロッパやアジアで紀元前3500年以降，青銅器が使われ，鉄器はまだ使われていなかった時代を青銅器時代という。日本では弥生時代に青銅器と鉄器がほぼ同時に流入したため，青銅器時代は存在しない。　　(2)　7世紀初めの604年，大王中心の国づくりを目指す厩戸王(聖徳太子)は豪族に役人としての心得を示すため，資料1の憲法十七条を制定した。「二に曰く」では仏教を重んじることを定め，続く「三に曰く」では「詔を承りては必ず謹め。君をば則ち天とす，臣をば則ち地とす」と，儒教的な身分秩序も取り入れている。　　(3)　894年に菅原道真の提案によって遣唐使が停止されると唐の影響が弱まり，大陸文化を踏まえながらも日本の風土やくらし，日本人の感情に合った国風文化が生まれ，紀貫之らが編集した『古今和歌集』，紫式部の『源氏物語』，清少納言の『枕草子』などの文学作品が生まれた。　　(4)　鎌倉時代には畿内や西日本で牛馬耕や米・麦の二毛作が普及し，三斎市と呼ばれる月3回の定期市が盛んになった。イは室町時代，エは飛鳥時代末期〜平安時代前期の律令制の時代，オは江戸時代である。

【10】(1)　カトリック教会がプロテスタントに対抗しようとしたから。
(2)　関所を廃止して，自由な交通を可能にした。　　(3)　禁中並公家
諸法度　　(4)　エ→イ→ア→ウ

〈解説〉(1)　1517年にドイツのマルティン＝ルターが始めた宗教改革に
よって批判されたカトリック教会は，対抗宗教改革(反宗教改革)とし
て1534年にイエズス会を結成して海外への布教に努め，1549年にはフ
ランシスコ＝ザビエルが日本にキリスト教を伝えた。　　(2)　資料1は
1569年にイエズス会宣教師ルイス＝フロイスが記した書簡で，この戦
国大名Aは織田信長。信長は商品の流通を活性化させるため，各地に
あって通行料の関銭を徴収していた関所を廃止し，自由な交通を可能
にした。　　(3)　1615年，大坂夏の陣で豊臣氏を滅ぼした徳川家康は，
2代将軍徳川秀忠の名で武家諸法度とほぼ同時に，朝廷運営の基準を
明示するため，天皇・公家の務めなどについて規定した禁中並公家諸
法度全17か条を出した。ともに「黒衣の宰相」と呼ばれた臨済宗の僧，
金地院崇伝が起草したものである。　　(4)　エ　平安時代後期から鎌倉
時代にかけて，中国の宋との間で日宋貿易が行われた。　　イ　1401年，
足利義満は中国の明に使者を送って国交を開き，1404年から日明貿易
(勘合貿易)を始めた。　　ア　1540年代からポルトガル船の来航が禁止
される1639年まで，主にポルトガルとの間で南蛮貿易が行われた。
ウ　江戸時代初期，幕府の朱印状を受けた貿易船によって，主に東南
アジアとの間で朱印船貿易が行われた。

【11】(1)　ア　最恵国待遇　　イ　A　日本　　B　アメリカ　　C　ア
メリカ　　D　日本　　(2)　収穫高でなく地価を基準に税をかけたた
め，土地にかかる税が全国で統一され，毎年一定の金額が納められる
ようになったから。　　(3)　人物…板垣退助　　目的…薩長など一部
の藩の出身者を中心とした役人の専制を批判し，早期に国会を開設し，
人民の代表を政治に参加させるため。　　(4)　農地改革により，政府
が地主の持つ小作地の買い上げを強制的に行い，小作人に安く売り渡
したから。

〈解説〉(1)　ア　他国により良い待遇を許可した場合には相手国にも同様に許可する取り決めを最恵国待遇(最恵国条項)という。不平等条約といえば1858年の日米修好通商条約などの安政の五カ国条約を指すが，1854年に結ばれた日米和親条約も，資料1のように片務的な最恵国待遇を認めたという点で不平等条約だった。　イ　A・B　日米修好通商条約は資料2に示された第6条の前半において，日本国内で日本人に対して法(罪)を犯したアメリカ人を日本の法律で裁けず，アメリカ領事裁判所で裁く領事裁判権(治外法権)を認めた。　C・D　同条の後半では，アメリカ人に対して法を犯した日本人は日本の役人が取り調べて，日本の法律で罰することを定めている。国内において自国民に対して裁判権を行使することは，主権国家として当然の権利である。

(2)　江戸時代のままの年貢は物納なので，豊凶や米価の変動によって税収は安定しなかった。そこで明治新政府は財政基盤の安定を図るために，1873年から土地の所有者と価格を定めて地券を発行し，地価の3％を土地の所有者に現金で納めさせる地租改正を実施し，これによって税収が安定するようになった。しかし負担は江戸時代と変わらず，苦しむ農民たちが各地で一揆を起こしたため，政府は1877年に税率を2.5％に引き下げた。　(3)　(人物)　資料4は末尾に「民撰議院を立てる」とあるので，1874年1月に左院に提出された民撰議院設立の建白書。前年の征韓論争に敗れて下野した板垣退助・後藤象二郎・副島種臣・江藤新平と，由利公正・小室信夫・古沢滋(迂郎)らによって日本最初の政党の愛国公党が結成され，その5日後に提出したものである。

(目的)　板垣らは資料4に続けて「即チ有司ノ権限ル所アツテ，而シテ上下其安全幸福ヲ受ル者アラン」(すなわち，有司〈官僚〉の権力を制限してこそ，上下の者が安全と幸福を受けることができるでしょう)と，民撰議院(国会)を開いて薩摩藩・長州藩など一部の藩出身の官僚の権限を制限することを主張した。　(4)　GHQは寄生地主制による農民層の窮乏が日本の対外侵略の要因とみなし，その解体を指令した。1946年2月から実施しようとした第1次農地改革は不徹底で同意を得られなかったため，政府はGHQの勧告案に基づいて同年10月に自作農創設特

別措置法を制定し，翌1947～50年に第2次農地改革を実施した。在村地主の保有限度を北海道のみ4町歩，その他の都府県は1町歩に制限し，これを超える分は国が強制的に買い上げて小作人に安く売り渡すというもので，その結果，資料5のように1950年には約90％が自作地となった。

【12】(1)　イ，エ　　(2)　消費税を10％に引き上げた。　　(3)　自助
(4)　環境にやさしい商品や生産方法の開発　　(5)　イ
〈解説〉(1)　図を見ると，第二次世界大戦があった1940年代には人口が減少している。また，2060年の総人口は約9,000万人で，65歳以上人口はその3分の1ほどとなっている。　ア　15～64歳人口は減少し，2030年には7,000万人を下回っていると推計されている。　ウ　高齢化率は2020年以降も上昇を続けると考えられている。　(2)　消費税は1989年に税率3％で導入された。その後，税率が何度か改定され，現在の税率は10％となっている。ただし，2019年に税率が10％に改定された際に軽減税率が導入され，食料品等の税率は8％となっている。　(3)　自助とは自分の身を自分で守ること。周囲の人々どうしで助け合うことを共助といい，国や地方公共団体による援助を公助という。まず，自助が優先され，自助では補えない場合に共助，共助でも支え切れない場合に公助が行われるべきとされている。　(4)「企業の社会的責任」はCSRと略される。その具体的な取組としては，コンプライアンス(法令遵守)の徹底やディスクロージャー(経営に関する情報開示)，フィランソロピー(社会貢献活動)やメセナ(芸術や文化の支援活動)などがある。　(5)　①　生産技術の革新や原材料価格の低下などにより，同一価格でもより多くの財が供給され得るようになれば，供給曲線は右にシフトする。　②　均衡価格とは需給が一致する価格のこと。供給曲線が右にシフトすると，従来の均衡価格のままでは超過供給(売れ残り)が生じるが，新たな均衡価格にまで値下がりすることで，需給は再び一致する。

【13】(1) ① 内閣信任・不信任 ② 国会議員 (2) 生存権
(3) B (4) 様々な角度から批判的
〈解説〉(1) ① 内閣不信任決議権は衆議院だけに認められている。決議がなされると，内閣は10日以内に衆議院が解散されない限り，総辞職する。 ② 内閣総理大臣は必ず国会議員の中から選ばれなければならないが，国務大臣は過半数が国会議員であればよい。 (2) 日本国憲法第25条に「すべて国民は，健康で文化的な最低限度の生活を営む権利を有する」とある。生存権は社会権に分類される権利だが，第26条の教育権，第27条の勤労権，第28条の労働三権(労働者の団結権，団体交渉権，団体行動権)も社会権に属する。 (3) 比例代表制とは，各政党に対し，その獲得票数に応じて議席を配分する制度のこと。中小規模の政党にも相応の議席が配分されるため，死票(落選者の得票)が少なく，国民の多様な意見が議会に反映される。だが，小党分立に陥りやすい。 (4) 英語でリテラシー(literacy)とは，文字の読み書き能力のこと。メディアの情報を適切に読み解く能力を指して，メディアリテラシーや情報リテラシーという言葉が用いられている。インターネットの利用に特化した，ネットリテラシーなどの言葉もある。

【14】(1) B (2) 日米安全保障条約 (3) PKO (4) 途上国の間での経済格差が広がる問題
〈解説〉(1) 世界的に軍事支出が膨張傾向にあるが，中国は経済成長とともに軍事支出も膨張の一途にあり，いずれも世界2位の規模となっている。Aはアメリカ，Cはロシア連邦，Dはイギリス。 (2) サンフランシスコ講和条約と同時期に，旧・日米安全保障条約が締結され，日本の主権回復後も米軍基地は残留することになった。さらに，1960年には「安保改定」として現行の日米安全保障条約が締結され，日米両国の共同防衛義務などが明文化された。 (3) PKOとは国連平和維持活動の略。現在では停戦監視や兵力引き離しのほか，文民警察，選挙監視，インフラ整備など，その活動は多様化している。わが国も，1992年制定のPKO協力法に基づき，自衛隊を海外派遣している。

(4)　先進国の多くが北半球にあるのに対し，南半球の多くの国々は発展途上国であるため，先進国と発展途上国の格差は，南北問題と呼ばれている。さらに，かつてはともに発展途上国だった新興国と後発発展途上国(LDC)の間でも経済格差が拡大しており，この問題を指して南南問題という言葉が使われている。

【15】(1)　①　理解　　②　生き方　　(2)　①　関連　　②　順序

(3)　①　主体的　　②　ねらい　　(4)　①　イ　　②　ア

〈解説〉(1)　道徳教育は学校の教育活動全体を通じて行う教育活動であり，「中学校学習指導要領(平成29年3月告示)」の「第1章　総則　第1　中学校教育の基本と教育課程の役割　2(2)」には，「道徳教育は，教育基本法及び学校教育法に定められた教育の根本精神に基づき，人間としての生き方を考え，主体的な判断の下に行動し，自立した人間として他者と共によりよく生きるための基盤となる道徳性を養うことを目標とする」と示されている。出題は，この目標に基づいて作成された道徳科の目標である。文中の「よりよく生きるための道徳性」，「道徳的諸価値」，「自己を見つめ」，「人間としての生き方」，「道徳的な判断力，心情，実践意欲と態度」などの文言については，学習指導要領及び同解説を相互参照しながら，その意図するところを理解しておきたい。　(2)　「第3章　第1節　2(1)　関連的，発展的な取り扱いの工夫　ア　関連性をもたせる」の項からの出題である。本項では「関連性をもたせる」ことの重要性を提起し「内容項目を熟知した上で，各学校の実態，特に生徒の実態に即して，生徒の人間的な成長をどのように図り，どのように道徳性を養うかという観点から，幾つかの内容を関連付けて指導することが考えられる」と解説している。また，語句としては示されていないが，幾つかの関連した内容などについて取り扱う場合は，関連した内容の順序を十分に考慮する必要があることは言うまでもない。本項には，「特別の教科道徳」を指導する上で重要な内容が説明されている。十分に読みこなし，教師に求められる「授業力」を身に付けておきたい。　(3)　本問については，「中学校学習指

362

導要領(平成29年3月告示)」の「第3章 特別の教科 道徳 第3 指導計画の作成と内容の取扱い」の項を参照されたい。本項の「配慮事項」では,「道徳性を養うことの意義について,生徒自らが考え,理解し,主体的に学習に取り組むことができるようにすること」,「指導のねらいに即して,問題解決的な学習,道徳的行為に関する体験的な学習を適切に取り入れるなど,指導方法を工夫すること」と示されている。本問で提示されている「問題解決的な指導の工夫」は,この配慮事項を受けて作成されたものである。中学校学習指導要領では,指導の際の配慮事項として「主体的に判断し実行」することの視点が,一層重視されるようになっている。「多面的・多角的」という文言と併せ,重要なキーワードとして理解しておくことが大切である。なお,「問題解決的な学習」の指導には,教員としての「授業力」が必要とされる。早期からその力を付けていくことが必要である。 (4) 中学校学習指導要領(平成29年告示)の「第3章 第3 指導計画の作成と内容の取扱い」の項では,「道徳科における評価」について,「生徒の学習状況や道徳性に係る成長の様子を継続的に把握し,指導に生かすよう努める必要がある。ただし,数値などによる評価は行わないものとする」と示されている。出題の「評価の基本的態度」は,これを受け,道徳科の指導と評価に関して極めて重要で基本的な態度を説明したものである。筆記試験だけでなく,面接試験においても問われることを想定しながら,理解を深めておくことが大切である。

地 理・歴 史

【共通問題】

【1】(1) リモートセンシング (2) フォガラ (3) バイオエタノール (4) 蔵屋敷 (5) 新婦人協会 (6) 片山哲 (7) アユタヤ朝 (8) 「諸国民の春」 (9) スターリン

〈解説〉(1) センシング(sensing)は検出の意。リモートセンシングはもの

を触らずに調べる技術で，人工衛星から電磁波や音波を用いて地球の観測を行う。火山活動や砂漠化，海水温度や海洋汚染の状況，エルニーニョ，土地利用状況の調査など様々なことに利用されている。

(2)　乾燥帯では，用水路を作ると高温によって貴重な水分が蒸発してしまうので，地下水路を作る。地上からは等間隔の穴の列となっている。イランではカナート，アフガニスタンではカレーズ，北アフリカではフォガラと呼ばれる。　(3)　通常のガソリンや軽油は石油から精製して作られ，燃焼時に二酸化炭素を排出するが，バイオエタノールは植物由来であるため，燃焼時に発生する二酸化炭素は，成長時に植物が固定したものであるとされ，理論上二酸化炭素を増加させることがないとされている。バイオエタノールで走る車は，フレックス自動車という。　(4)　江戸時代の大坂は全国から年貢米や特産物などの物資が集まって取り引きされる経済の中心地で，「天下の台所」といわれた。諸藩は大坂の中之島などに倉庫兼販売所の蔵屋敷を置いて蔵役人を常駐させ，蔵物と呼ばれる年貢米や特産物を蔵元・掛屋と呼ばれる商人を通じて売りさばいた。　(5)　1920年，平塚らいてう・市川房枝・奥むめおを発起人として，女性の参政権を要求し政治活動の自由などをめざす新婦人協会が結成された。この運動の結果，治安警察法の第5条が高橋是清内閣によって改正され，女性の政治演説会参加が認められた。　(6)　1947年4月，日本国憲法下初の衆議院議員総選挙で日本社会党が第一党となり，同党の片山哲委員長を首班とする，民主党・国民協同党と連立しての片山内閣が発足した。しかし，入閣できなかった党内左派が炭鉱国家管理問題などをめぐって野党化し，9か月で退陣に追い込まれた。　(7)〜(9)　解答参照。

【2】(1)　①　視野　　②　有為　　③　資質・能力　　(2)　④　相互依存　　⑤　地誌　　(3)　⑥　比較　　⑦　現在　　(4)　⑧　連続性　⑨　核兵器

〈解説〉(1)　①　目標でいう「広い視野」とは中学校までの社会科学習の成果を活用するという意味，多面的・多角的に考察しようとする態

度と公正で客観的な見方・考え方に立つことに関わる意味，国際的な視野という空間的な広がりに関わる意味が含まれている。　②　グローバル化が一層進むと予測される社会において国家および社会の形成者として必要な資質・能力を育成することの大切さへの意識を持つことが期待されている。　③　この「公民としての資質・能力」は小・中学校社会科の目標にある「公民としての資質・能力の基礎」の上に立って育成されるものである。　(2)　④　「人間と自然環境との相互依存関係」は環境計画や環境管理，環境保護にとって重要なものであり，「空間的相互依存作用」は資源の偏りや資源や情報の交換のための運輸・通信システムを探求することで，現代の問題や国際的な相互依存作用，貧困や富裕並びに福祉への深い理解をもたらすものである。⑤　系統地理は様々な要素を気候や産業など分野別に学ぶものであり，地誌は地域や大陸別に学習することである。　(3)　⑥　社会的事象の歴史的な見方・考え方に沿った視点の一つである。　⑦　「現在とのつながり」も「比較」と同じく，社会的事象の歴史的な見方・考え方に沿った視点の一つである。これらの視点に着目して設定された課題(問い)に導かれて，課題を追究したり解決したりする活動を展開する。　(4)　⑧　「世界史探究」では小・中学校社会科および「歴史総合」の学習の成果を踏まえ，具体的な歴史に関わる事象に触れることができるようにするとともに，事象の結び付きや広がり，関係性などを一層重視して扱う。　⑨　近現代の学習では核兵器のような科学技術の利用の在り方や宗教，民族を巡る紛争の頻発が，人類を取り巻く環境や社会，文化を地球規模で破壊する脅威を伴うことに着目させることが必要である。

【日本史】

【1】(1)　八角墳　(2)　農耕社会が成立したことで，余剰生産物をめぐって戦いが始まったため，武器や防御的施設を備えた環濠集落や高地性集落が出現した。　(3)　集団の中に身分差が現れ，各地に強力な支援者が出現した。　(4)　高句麗と朝鮮半島南部をめぐり対立す

るなかで，南朝に朝鮮半島での影響力を認めてもらい，外交・軍事上の立場を有利にしようとしたから。　　(5)　エ　　(6)　近江大津宮

(7)　九州の要地である大宰府を守る水城を築き，百済からの亡命貴族の指導下に，対馬から大和にかけて古代朝鮮式山城が築かれた。

(8)　ウ　　(9)　①　701年に大宝律令を完成させ，政治の仕組みを整えた　　②　唐の冊封を受けていた新羅　　(10)　①　応天門

②　藤原時平　　(11)　八代集　　(12)　目代を留守所に派遣し，現地の有力者である在庁官人を指揮して，その国の政治をおこなわせていた。　　(13)　阿弥陀仏を信じて来世における極楽浄土を願う浄土教の信仰が，末法思想によってさらに強まった。

〈解説〉(1)　古墳時代終末期の7世紀中頃になると，近畿の大王の墓は八角墳が主流になった。それ以外の地域の豪族層の墓は方墳や円墳が一般的で，大王の超越的存在を墳墓でも示そうとしたものと考えられている。　　(2)　弥生時代に稲作が普及すると，倉庫に蓄えた米や水田・用水などをめぐってムラとムラの間で争いが起こるようになり，吉野ヶ里遺跡(佐賀県神埼市・吉野ヶ里町)のように，ムラ全体を堀と柵で囲んで防御力を強めた環濠集落や，海抜352mの山頂にある紫雲出山遺跡(香川県三豊市)のように，眺望の良い海抜100m以上の山頂・丘陵上に高地性集落がつくられた。　　(3)　弥生時代には中国から埋葬の仕方，思想が伝わったことにより，多様な墓が作られた。それらは身分差を反映して，死者への埋葬品，墓の大きさなどの違いが見られる。

(4)　5世紀の日本は朝鮮半島南部に勢力を伸ばし，中国東北部から朝鮮北部を支配する高句麗と対立していた。そのため，讃・珍・済・興・武の倭の五王は倭国の外交・軍事上の立場を有利にしようとして，中国の南朝の宋に朝貢していたことが『宋書』倭国伝に記されている。　　(5)　写真Xは竪穴式石室で，墓室が壁画で飾られているが，横穴式石室のような追葬は不可能なので，①の説明は不適切。写真Yは群集墳の新沢千塚古墳群(奈良県橿原市)。　　(6)　660年に新羅が唐と結んで百済を滅ぼしたため，日本は百済の復興を支援しようと663年に朝鮮半島に大軍を派遣したが，白村江の戦いで唐・新羅の連合軍に

大敗した。以後，日本は唐などの侵攻に備えるとともに，国内政策でも664年に氏上・民部・家部等の制を定めるなどして豪族層の編成を進め，667年には飛鳥から近江大津宮に遷都，翌668年には中大兄皇子が即位して天智天皇となった。　(7)　白村江の戦いで大敗して撤退したのち，中大兄皇子は唐などの侵攻に備えるため，対馬・壱岐・筑紫に防人と烽を置き，亡命百済貴族の指導のもと，大宰府の近くに約1.2kmの堤と堀からなる水城や，大宰府の近くの大野城・基肄城をはじめ，対馬から大和にかけて朝鮮式山城を築いた。　(8)　672年，前年に死去した天智天皇の子の大友皇子と弟の大海人皇子の間で後継争いが起こり(壬申の乱)，東国の豪族を動員して勝利した大海人皇子が翌年に即位して天武天皇となった。カード②の庚午年籍作成は天智天皇の時代の670年，①の八色の姓制定は684年，③の富本銭鋳造は683年ごろで，いずれも天武天皇の時代。④の藤原京遷都は694年で，天武天皇の次の持統天皇の時代である。　(9)　①　701年，刑部親王(天武天皇の皇子)・藤原不比等らによって初の律令が完成した。この年は大宝元年なので大宝律令という。律は刑罰のきまり(刑法)，令は政治のきまり(行政法や民法)にあたる。これにより律令制がほぼ整い，日本は律令国家となった。　②　676年，新羅は朝鮮半島を統一し，日本にも対等の関係を求めるようになり，新羅を属国視する日本との間で緊張が生じていた。新羅は唐の冊封を受けていたので，日本は702年の遣唐使で「日本」の国号の認可を得て，新羅に対する優位性を主張しようとしたと考えられる。　(10)　①　『伴大納言絵巻』は応天門の変を描いた院政期の作品。866年に大納言伴善男が左大臣源信の失脚をねらって応天門に放火したが，陰謀が発覚して配流された事件で，藤原良房の策謀によるものと考えられている。　②　醍醐天皇の時代の901年，右大臣菅原道真が左大臣藤原時平の陰謀により大宰権帥として大宰府に赴任させられる昌泰の変が起こり，道真は翌々年にそこで没した。大宰府の長官の大宰帥は親王が在京のまま任じられるので大宰権帥が実質的な長官だったが，顕官の左遷先とされる場合も多かった。　(11)　国風文化の時代の初期の905年，醍醐天皇の命で紀貫之

らによって最初の勅撰和歌集の『古今和歌集』が編集された。これ以降，鎌倉時代初期までに『後撰和歌集』(957年ごろ)・『拾遺和歌集』(1005年ごろ)・『後拾遺和歌集』(1086年)・『金葉和歌集』(1126年)・『詞花和歌集』(1151年ごろ)・『千載和歌集』(1188年)・『新古今和歌集』(1205年)の8つの勅撰和歌集が編集され，八代集と総称される。

(12)　11世紀後半以降，特に院政期に盛んに行われるようになった，貴族・寺社が院・朝廷から一国の知行権(支配権)・収益権を認められた国を知行国という。身分上，国守(国司)にはなれない上級貴族を知行国主として収益を得られるようにした制度で，知行国主は自らの子弟や近親者を国守に推挙して，その国守も現地には赴任せず，目代を留守所に派遣して在庁官人を指揮した。　(13)　10世紀から「釈迦の死後，しだいに仏法が衰え，2001年目から末法の世に入る」という末法思想が流行し，阿弥陀仏を信仰して来世で極楽浄土に往生し，そこで悟りを得て苦がなくなることを願う浄土教(阿弥陀信仰)の教えが広まった。末法の世に入ったと考えられた翌年の1053年，関白藤原頼通は京都の南郊の宇治に阿弥陀堂の平等院鳳凰堂(資料Ⅵ)を建立した。

【2】(1)　ウ　(2)　平清盛は，摂津国の大輪田泊を改築して，瀬戸内海航路の安全をはかり，宋商人の畿内への招来につとめた。

(3)　エ　(4)　道理　(5)　ア　(6)　A　地頭請所　B　現地の土地の相当部分を地頭に分け与え，相互の支配権を認め合う下地中分の取り決め　(7)　ア，イ，ウ　(8)　イ　(9)　この分国法は武田氏が定めたもので，家臣相互の紛争を自分たちの実力による私闘で解決することを禁止し，すべての紛争を大名による裁判にゆだねることとした喧嘩両成敗法の規定であり，領国の平和を実現することが目的であった。

〈解説〉(1)　平氏政権は摂関政治と類似する貴族的性格が注目されがちだが，各地の武士団の一部を地頭に任命して荘園や公領を支配させるなど，武家政権の性格も強かった。　ア　清盛の祖父平正盛が行ったこと。　イ　1069年に後三条天皇が行ったこと。　エ　白河上皇が行

ったこと。　(2)　日宋貿易では，日本からは金や木材，美術品等が輸出され，中国から絹織物や陶磁器等，南アジアから香辛料等，高麗から人参や紅花等が輸入された。　(3)　院政期には浄土教が各地に広まり，地方豪族などによって阿弥陀堂が盛んに建立された。富貴寺大堂はエの豊後の国東半島にある。アは奥州藤原氏が建てた中尊寺金色堂がある平泉，イは白水(願成寺)阿弥陀堂がある陸奥国の磐城(現・福島県いわき市)，ウは三仏寺奥院(投入堂)がある伯耆国の三徳山(現・鳥取県三朝町)である。　(4)　御成敗式目(貞永式目)は初めて定められた武家法。公家法では認められていなかった女子への悔返し権(いったん譲った所領を取り戻す権利)を認めるなど，武家社会の慣習や道徳という「道理」に基づいて定められ，のちの武家法にもこの原則は踏襲された。　(5)　ア　1224年，3代執権に就任した北条泰時は翌1225年に執権を補佐する連署，11名の評定衆を設置して，合議制に基づく体制作りを進めた。　イ　9代執権北条貞時の時代の1293年に設置された鎮西探題。　ウ　2代執権北条義時の時代の1221年に設置された六波羅探題。　エ　5代執権北条時頼の時代の1249年に設置された引付。

(6)　A　承久の乱後，地頭が支配権拡大の動きを見せたため，多くの荘園領主たちはやむを得ず地頭に荘園の管理を一任して，一定額の年貢納入だけを請け負わせた。この契約を地頭請所(地頭請)というが，契約を破る地頭も多かった。　B　解決策Bの絵図(「伯耆国東郷荘下地中分絵図」)のように，荘園の田地・山林・牧野などを領家(荘園領主)の分と地頭分とに分割し，支配権を認め合う下地中分の取り決めを行うこともあった。　(7)　ア　1368年，朱元璋が元をモンゴル高原に追い払い，南京で洪武帝として即位し，漢民族の王朝の明を建国した。イ　1392年，倭寇を撃退して名声をあげた李成桂が高麗を倒し，朝鮮を建国した。　ウ　1429年，尚巴志が沖縄島の北山・中山・南山の三山を統一して琉球王国を建国した。琉球王国は都の首里の外港の那覇を拠点とした中継貿易で繁栄した。なお，エの道南十二館は和人が渡島半島に築いた12の城館なので不適切である。　(8)　X　1551年に大内義隆が陶晴賢に倒されて途絶するまで，日明貿易は大内氏が独占し

た。　Y　堺の市政は36人(10人という説もある)の会合衆によって運営
された。年行司は博多の市政を運営した12人の豪商である。

(9)　史料の「甲州法度之次第」は1547に甲斐の戦国大名武田信玄
(晴信)が定めた分国法(家法)。「喧嘩の事，是非に及ばず成敗を加ふべ
し」と，喧嘩をした場合にはどちらが良いか悪いかにかかわらず両方
罰するという喧嘩両成敗法を定め，家臣間の私闘を禁止している。

【３】(1)　幕府は田畑永代売買の禁止令を出し，百姓の小経営を安定さ
せ，一方で貨幣経済にあまり巻き込まれないようにすることで，年
貢・諸役の徴収を確実にしようとした。　　(2)　エ　　(3)　林子平
(4)　ウ　　(5)　回答兼刷還使　　(6)　・キリスト教の布教を禁止す
るため　　　・貿易の利益を幕府が独占するため　　(7)　金を中心とす
る貨幣制度への一本化を試みること　　(8)　『誹風柳多留』　　(9)　Ⅲ
→Ⅰ→Ⅳ→Ⅱ

〈解説〉(1)　資料Ⅰは3代将軍徳川家光の時代の1643年に江戸幕府が出し
た田畑永代売買の禁止令。田畑の売買を禁止して本百姓が貨幣経済に
あまり巻き込まれないようにすることによって本百姓の小経営を安定
させ，年貢・諸役が確実に徴収できるようにするとともに，百姓が階
層分化して，幕藩体制の根幹を支える本百姓層が没落するのを防ぐの
が目的だったと考えられている。　　(2)　X　5石以下の農民が2倍以上
に増えている時期は1657～1730年だが，天明の飢饉がおこったのは田
沼時代の1782年から寛政の改革が始まる1787年である。　　Y　村方騒
動とは百姓が村役人ら富裕層の不正を追及した闘争のことで，50石以
上の農民は追及される側だった。　　(3)　資料Ⅱの『海国兵談』は，寛
政の改革中の1791年に林子平が刊行した海防論書。「江戸の日本橋よ
り唐，阿蘭陀迄境なしの水路也」と指摘して，外国船の接近に備えて
沿岸の防備を強化することを主張したが，翌1792年，幕府は林子平を
蟄居に処し，版木を没収した。　　(4)　ア　享保の改革でおこなわれた
足高の制の説明。　　イ　上知令は天保の改革でおこなおうとしたが，
譜代大名や旗本の反対で実施できずに老中水野忠邦は失脚し，改革は

失敗に終わった。　エ　寛政の改革でおこなわれた七分積金の説明だが，その対象は大名ではなく江戸の町方である。　(5)　資料Ⅲは鎖国令の寛永十二年令(1635年)と寛永十六年令(1639年)。徳川家康は文禄・慶長の役で断絶していた朝鮮との国交を回復した。対馬藩主の宗氏は1609年に朝鮮との間に己酉約条(慶長条約)を結び，朝鮮との貿易を独占した。初期の3回の使節を，朝鮮側では家康からの国書(対馬藩が偽造したもの)に回答して捕虜を連れ帰る，回答兼刷還使ととらえていた。(6)　江戸幕府が日本人の海外渡航を禁止し，貿易に制限を加えた「鎖国政策」は，日本人の海外渡航と宣教師の来航を厳しく禁止してキリスト教の布教ができないようにし，その根絶をはかるとともに，オランダ・中国(清)との貿易を長崎で幕府だけがおこない，その利益を独占しようとするものだった。　(7)　資料Ⅳは表面の「南鐐」(純度の高い良質の銀という意味)の文字から，田沼意次が鋳造させた南鐐二朱銀とわかる。表面に「南鐐八片を以て小判(金貨)一両と引き換える」と記されており，初めての定量の計数銀貨である。金貨は1枚で1両などの価値を持つ計数貨幣なので，幕府は金を中心とする貨幣制度への一本化をはかったのである。　(8)　江戸浅草の町名主柄井川柳は，18世紀半ばの宝暦・天明期に五・七・五の付句を作る前句付遊びから，独立した文芸としての川柳を創始した。1765年には初の作品集『誹風柳多留』初編を刊行し，天保の改革で禁止される前の1838年の167編まで刊行され，権力や世相を風刺する文学として定着した。　(9)　資料Ⅰは1643年，資料Ⅱは1791年，資料Ⅲは1635年と1639年，資料Ⅳは南鐐二朱銀・川柳ともに1772年。

【4】(1)　②　　(2)　国民は大幅な増税にたえて日露戦争を支えたが，ポーツマス条約では賠償金がとれなかったため，講和に反対する日比谷焼打ち事件が起きた。　(3)　ウ　(4)　総帥権の干犯
(5)　リットン　(6)　ウ，エ　(7)　日本では中東からの安価な原油供給によって，石炭から石油へのエネルギーの転換が急速に進む一方，石炭産業は衰退し，三井鉱山三池炭鉱での大量解雇に反対する激

しい争議がおこるなどした。　　(8)　イ　　(9)　村山富市

〈解説〉(1)　資料Xの「漁夫の利」は日清戦争前の1887年にフランス人漫画家ビゴーが描いた風刺画。弱小国とみなされていた朝鮮をAの魚に見立て，それを侍姿の日本と辮髪姿の清が釣ろうとし，隙あらば横取りしようと橋の上から見守っているロシアを描いて，当時の東アジア国際情勢を風刺している。資料Yの「火中の栗」は日露戦争前の国際情勢を描いた風刺画で，1902年に日英同盟を結んだBのイギリスが日本にロシアとの開戦をけしかけている。　　(2)　1905年，日露戦争の講和条約のポーツマス条約では，日清戦争の時のような賠償金を得ることができなかった。そのため国民は強い不満を抱き，東京の日比谷公園では講和反対国民大会が暴動化する，資料のような日比谷焼打ち事件がおこった。その背景には，戦争遂行のためにグラフで示されているような大幅な増税に国民が苦しんできたことがあった。

(3)　X　1910年の韓国併合は欧米列強の承認のもとでおこなわれたので，議題とされることはなかった。1922年2月，ワシントン会議で米英日仏伊とベルギー・ポルトガル・オランダ・中国の間で結ばれた九カ国条約では，中国の主権尊重・門戸開放・機会均等が規定され，日本はこれに基づき，山東半島の旧ドイツ権益を中国に返還した。

Y　1921年12月に結ばれた四カ国条約の説明として正しい。　　(4)　大日本帝国憲法第11条で，「天皇ハ陸海軍ヲ統帥ス」と定められていた。その行使にあたっては，通常の政務における国務大臣の輔弼(大日本帝国憲法第55条に規定)ではなく，陸軍では参謀総長，海軍では軍令部長の進言に基づいて行われていたため，内閣の権限は及ばず，そのために1930年のロンドン海軍軍縮条約調印に対して統帥権干犯問題が発生した。　　(5)　リットン調査団の報告書では日本の軍事行動を正当な自衛行動と認めず，1932年に建国された満州国は満州在住の中国人の自発的な意志で成立したものとする日本側の主張も否定した。しかし一方で，満州における日本の経済的利益を認めて中国に配慮を求めるなど，日本に対してかなり妥協的，融和的な側面もあった。　　(6)　カードBの張作霖爆殺事件は1928年，カードDの国際連盟脱退通告は1933年

(1935年発効)。この時期におこったテロ活動はウの五・一五事件(1932年に犬養毅首相が海軍の青年将校らに暗殺された事件)とエの血盟団事件(1934年に井上日召率いる右翼団体の血盟団の団員が井上準之助前蔵相と団琢磨三井合名会社理事長を暗殺した事件)。アの二・二六事件は1936年，イの四・一六事件は1929年だが，テロ活動ではなく共産党員の一斉検挙事件である。　(7)　戦後，石炭産業は日本復興のための基幹産業だったが，1960年代になると，エネルギーの主体が石炭から石油に転換されるエネルギー革命が進んだ。そのため石炭産業は衰退し，北海道や九州の炭鉱で閉山や大量解雇が相次いだ。これに反対する労働組合の争議も各地で頻発し，なかでも1959〜60年に福岡県の三井鉱山三池炭鉱でおこった三井三池争議は激化・長期化したが，組合側の敗北に終わった。　(8)　カードFの江崎玲於奈のノーベル物理学賞受賞は1973年，カードGの田中角栄元首相に対するロッキード事件での一審有罪判決(懲役4年，追徴金5億円)は1983年。この間の出来事でないのはイの公害対策基本法制定で，高度経済成長の時代の1967年である。アは1979年，ウは1975年，エは1974年の出来事である。　(9)　1994年6月，日本社会党(委員長・村山富市)が離脱したため羽田孜内閣は2か月の短命に終わり，社会党・自由民主党・新党さきがけの3党連立による村山富市内閣が発足した。この時，社会党は自衛隊合憲に方針を転換し，日米安保体制の堅持も承認したため支持を失い，翌年7月の参議院議員選挙で大敗して政権基盤が揺らいだこともあって1996年1月に総辞職，同じ3党連立(社会党は社会民主党に党名変更)で自民党総裁橋本龍太郎を首班とする橋本内閣が発足した。

【世界史】

【1】(1)　カイロネイアの戦い　(2)　ウ　(3)　イ　(4)　郡県制と封建制を併用する制度(郡国制)を採用したが，呉楚七国の乱鎮圧後は，実質的に郡県制とかわらない中央集権体制を成立させた。　(5)　ウ　(6)　ア　(7)　エ，オ　(8)　ア　(9)　カ　(10)　ラテン帝国　〈解説〉(1)　カイロネイアは中部ギリシアに位置し，北部からの交通の

要地である。この戦いで勝利をおさめたマケドニア王フィリッポス2世はギリシア諸ポリスをほぼ制圧し，前337年にはスパルタを除く諸ポリスを集めてコリントス(ヘラス)同盟を結成し，その盟主となった。王は更にペルシア遠征を企図したが，部下に殺害された。

(2)　①　アケメネス朝(アカイメネス朝)ではなくササン朝の説明である。アケメネス朝はキュロス2世が建国し，メディア・リディア・新バビロニアを滅ぼし，次代のカンビュセス2世がエジプトを滅ぼして，オリエント世界を統一した。　(3)　前4世紀に成立したインド最初の統一王朝とはマウリヤ朝のこと。アショーカ王はその第3代国王で，仏教に帰依し第3回仏典結集やスリランカ(セイロン島)への仏教の布教を行ったとされる。　ア　中国から東晋の僧・法顕がインドに赴いた時の王朝はグプタ朝である。　ウ　カニシカ王はクシャーナ朝(1～3世紀)全盛期の王で2世紀半ばの王という説が有力である。　エ　唐僧・玄奘がインドを訪れた時の王朝はヴァルダナ朝(7世紀前半)である。

(4)　郡国制は都の周辺は郡県制，遠隔地には諸侯王を置くという封建制を採用した地方行政制度。前漢の高祖が導入したが，その後，諸侯王の勢力抑制が進められたため，景帝(武帝の父)の代に諸侯王抑制策を不満とする諸侯王により呉楚七国の乱が起こされた。この反乱が鎮圧されたことで，中央集権化への道が開かれ，郡国制は形式化して郡県制に近い体制となった。　(5)　A　張騫は前漢の武帝の時代の人。武帝の命で前139年に匈奴の挟撃を目的として大月氏との同盟交渉のために西域に派遣され，前126年に帰国した。同盟交渉自体は失敗したが，西域の情報を伝えたことで，西方との貿易が開かれた。B　班超は後漢の武将。『漢書』の撰者班固の弟で，西域に赴いて後漢の勢力を広げ，91年には西域都護に任命された。部下の甘英を大秦(ローマとされる)に派遣したことで知られる。　(6)　①　後漢では宦官が力を持つようになり，これを批判する儒派官僚や学者と対立するようになった。宦官は反対派の官僚・学者を二度(166，169)にわたり弾圧し，逮捕・投獄・処刑した。これを党錮の禁といい後漢崩壊の一因とされている。　②　黄巾の乱自体は平定されたが，反乱の鎮圧に活

躍した武将や地方官が各地で力を持つようになり，軍事勢力を形成して，国内に割拠するようになった。　(7)　エ　カタコンベは古代キリスト教徒の地下墓所。帝政期の迫害時にも官憲が破壊しなかったため，礼拝所としても使用されたとされる。ローマをはじめ，ナポリ，シラクサ，アレクサンドリアなどローマ領内各地に見られるが，ローマのものが最も規模が大きいとされる。　オ　ネストリウス派はエフェソス公会議で異端とされた後，東方世界に広がり，唐にも伝えられて景教と呼ばれた。　ア　エピクロス派はヘレニズム時代の哲学の一派である。　イ　テオドシウス(帝)はキリスト教を国教としたローマ皇帝である。キリスト教を大迫害したのはディオクレティアヌス帝であり，303年から帝の没後の313年まで続いた。　ウ　ミラノ勅令によりキリスト教を公認したのはコンスタンティアヌス帝である。カラカラ帝はアントニヌス勅令により帝国内の全自由民にローマ市民権を与えた。

(8)　マルクス＝アウレリウス＝アントニヌス帝は五賢帝最後の皇帝でストア派哲学者としても知られ，『自省録』を著した。　イ　『史記』の作者司馬遷は前145頃〜86頃の人である。　ウ　『ガリア戦記』はカエサル(前100〜前44)の著した前58〜前51までのガリア遠征の記録である。　エ　『労働と日々』の作者ヘシオドスは前700頃に活躍した古代ギリシアの叙事詩人である。　(9)　C　ダマスクスは現在のシリアの首都で，前10世紀頃にアラム人の王国の首都となったとされる。

D　アッバース1世はサファヴィー朝の第5代国王。イスファハーンを復興してこの都市に遷都したことで知られる。　E　サマルカンドは西トルキスタンの中心都市。ソグディアナの中心都市として知られ，チンギス＝ハンの西方遠征の際に破壊されたが，ティムール朝の都となり繁栄した。　(10)　ラテン帝国(1204〜61)は第4回十字軍がコンスタンティノープルを占領して建てた国で，フランドル伯ボードワンが皇帝に選出された。西欧型の封建国家でその下に陪臣の国家が置かれた。ビザンツ帝国の残存勢力であったニケーア帝国により滅ぼされた。

【2】(1)　ウ　　(2)　ア　　(3)　イ　　(4)　ウ　　(5)　イ　　(6)　ア，
ウ，オ　　(7)　イ　　(8)　朱印船　　(9)　中国における布教にあた
ってイエズス会宣教師と他派との間に典礼問題がおこった。教皇はイ
エズス会宣教師の布教方法を否定したため，これに反発した清朝は雍
正帝の時期にキリスト教の布教を禁止した。(18世紀半ばになると乾隆
帝はヨーロッパ船の来航を広州1港に制限し，)また，公行という特定の
商人組合に貿易を管理させた。

〈解説〉(1)　史料の戦いは白村江の戦いについて述べたものである。663
年という年号が大きなヒントとなっている。唐・新羅との連合軍と，
唐・新羅により660年に滅ぼされた百済の残存勢力を支援して出兵し
た日本(倭)との戦いである。　(2)　プロノイア制は11世紀に始まると
されるビザンツ帝国の土地制度。有力貴族に軍事奉仕の見返りとして
一代に限って国有地の管理権と国税収入をあたえるというもの。帝国
を分権化させた制度とされる。　イ　クレルモン公会議(宗教会議)は
1095年に教皇ウルバヌス2世により召集され，聖地回復のための聖戦
が決議された。グレゴリウス7世は皇帝ハインリヒ4世と叙任権闘争を
展開した教皇である。　ウ　神宗の下で新法を推進したのは王安石で
ある。司馬光はその反対派の旧法党の領袖であり，『資治通鑑』の撰
者としても知られる。　エ　オスマン帝国の存立年は1300年～1922年
頃のこと。　(3)　東ローマ帝国(ビザンツ帝国)ではゲルマン人の民族
大移動後もコンスタンティヌス帝が鋳造したソリドゥス金貨がノミス
マとして使用され，信頼度の高い通貨として地中海域の貿易で用いら
れた。　(4)　①　大憲章(マグナ=カルタ)を無視して，シモン=ド=モ
ンフォールらの反乱軍に敗れたのは，ジョン王の息子のヘンリ3世で
ある。　②　イングランドの議会は，14世紀半ばに高位聖職者と大貴
族から成る上院(貴族院)と，各州の騎士と各都市の代表から成る下院
(庶民院)の二院制となった。　(5)　元軍を退けたジャワの王国はマジ
ャパヒト王国である。マラッカ(ムラカ)王国は14世紀末にマレー半島
西南岸に成立した王国。イスラーム化して繁栄したが，1511年にポル
トガルによって滅ぼされた。　(6)　ア　ファーティマ朝はシーア派の

中の過激派であるイスマーイール派を信奉し，建国当初からカリフを称してアッバース朝の権威を否定した。その後，後ウマイヤ朝もカリフを称するようになったことでイスラーム世界には3カリフが鼎立するようになった。　ウ　モスクワ大公国のイヴァン3世は最後のビザンツ皇帝の姪ソフィアを妃に迎え，ビザンツ帝国(ローマ帝国)の後継者をもって自任し，ローマ皇帝の君主号の一つであったツァーリ(カエサル)を称するようになった。その後，イヴァン4世の時に公式にツァーリと称するようになった。　オ　藩部では在地の首長を通じて統治を行う間接統治が行われた。ダライ＝ラマは辛亥革命後も存続し，中華人民共和国成立後，ダライ＝ラマ14世がチベット反乱の際にインドに亡命して現在に至っている。なお，イの教会大分裂(大シスマ)の際には当初，ローマとアヴィニョンに，後にピサにも教皇が立てられるようになった。エのシュマルカルデン同盟はルター派の諸侯と帝国都市の同盟である。　(7)『天工開物』は1637年に刊行された。
ア　『本草綱目』は明代に李時珍が著した薬物・医学の解説書である。
ウ　『皇輿全覧図』は清代にブーヴェ(白進)やレジス(雷孝思)らが測量して1717年に完成させた中国初の実測による全国地図である。
エ　『幾何原本』は古代ギリシアのエウクレイデスの『幾何学原本』を，明代に徐光啓とマテオ＝リッチ(利瑪竇)が漢訳したものである。
(8)　朱印船貿易とは，海外渡航を許可する朱印状を持つ朱印船により行われた貿易のこと。渡航先は台湾や東南アジア方面などで，各地に日本町が建設されて繁栄した。鎖国体制の整備が進む中，日本人の海外渡航が禁止されることによって，この貿易は終わった。　(9)　イエズス会(ジェズイット教団)は中国布教に当たり，祖先祭祀や孔子崇拝などの中国の伝統儀礼(典礼)を認めたが，ドミニコ会やフランチェスコ会はこれに反発して教皇庁に提訴し，教皇は典礼に妥協することを禁止したため，清では康熙帝がイエズス会以外のキリスト教布教を禁止した。雍正帝は更にキリスト教自体の布教を禁止し，乾隆帝は西洋諸国との貿易の統制も強化し，西洋諸国との貿易を1757年に広州一港に限ることとし，特権的商人である公行を通じて貿易を行うように定

めた。

【3】(1)　ウ　　(2)　ピョートル1世　　(3)　イ→エ→ウ→ア
(4)　ア　　(5)　番号…⑤　　正しい語句…デカルト　　(6)　エ
(7)　イ　　(8)　イ　　(9)　ウ

〈解説〉(1)　エルベ川以東の東ドイツ地域では農場領主制(グーツヘルシャフト)と呼ばれる農業経営形態が形成され，西ヨーロッパ諸国への輸出向け穀物栽培が強化された。この経営形態のもとでは，領主(グーツヘル)は農奴から農民保有地を奪って直営地を増加させ，賦役を強化した。　ア　地中海沿岸から大西洋岸に移動した。　イ　物価が騰貴した。これを価格革命と呼ぶ。　エ　イエズス会はカトリック系の修道会であり，マルティン=ルターらの宗教改革に対する対抗宗教改革(反宗教改革)の尖兵となった。　(2)　ピョートル1世はロマノフ朝の皇帝(位1682〜1725)。自ら西欧視察に赴くなどして西欧化政策を進め，海への出口を求めてバルト海進出を企図して，バルト海をおさえるスウェーデンに対して北方戦争を起こした。この戦争中にバルト海に面したペテルブルクを建設して遷都し，スウェーデンを撃破して，バルト海の覇権を掌握した。清の康熙帝とネルチンスク条約を結んだことでも知られる。　(3)　イは1568年，エは1588年，ウは1640年，アは1652年。　(4)　三十年戦争はドイツを舞台として展開された大規模な国際戦争。当初はベーメン(ボヘミア)の新教徒のオーストリア=ハプスブルク家に対する反乱から始まったが，新教徒側でデンマークやスウェーデン，フランスらが，カトリック側でスペインが参戦して国際戦争化した。カトリック国のフランスが新教徒側で参戦したことで，戦争の性格も宗教戦争からフランスとハプスブルク家(スペイン，オーストリア)の覇権争いに転じた。この戦争により，ドイツは一説に3分の1の人口を失ったとされ，講和条約であるウェストファリア条約により，神聖ローマ帝国内の領邦がほぼ完全な主権を認められて，帝国は有名無実化した。　(5)　『方法序説』(『方法叙説』)は大陸合理論の祖とされるデカルトの著作であり，「われ思う，ゆえにわれあり」の言葉でも

知られる。フランシス=ベーコンはイギリス経験論の祖とされ，主著に『新オルガヌム』がある。　(6)　①　フレンチ=インディアン戦争(1754～63)はヨーロッパの七年戦争(1756～63)と並行して戦われた北米での戦争である。オーストリア継承戦争(1740～48)に並行して行われた英仏の植民地戦争はジョージ王戦争(1744～48)である。

②　エカチェリーナ2世(位1762～96)の治世中に起きたのはプガチョフの農民反乱(1773～75)である。この反乱を一因として，エカチェリーナ2世は反動化したとされる。ステンカ=ラージンは1667～71年にかけて反乱を起こしたコサック出身の農民反乱の指導者である。

(7)　1833年にイギリスで制定された労働者保護法は一般工場法であり，18歳未満の夜業禁止などを定めていた。審査法は文武の公職をイギリス国教会の信徒に限るもので1673年に制定され，1828年に廃止された。　(8)　立法議会は1972年の8月10日事件による王権の停止の後に解散された。　ア　人権宣言(人間および市民の権利の宣言)は国民議会により1789年8月26日に発せられた。　ウ　ルイ16世は国民公会での議決により1793年に断頭台(ギロチン)で処刑された。　エ　バブーフの陰謀(蜂起計画)が発覚したのは1796年5月で，総裁政府の時期のこと。　(9)　スウェーデンでは1809年の新憲法により立憲君主制が成立した。　ア　『人間不平等起源論』『社会契約論』はフランスのルソーの著作である。ロックの著作としては『市民政府二論(統治二論)』がある。　イ　アメリカ合衆国憲法では司法権は連邦裁判所にあるとされ，連邦議会には立法権があたえられている。　エ　21歳以上の男女に選挙権を認めたのは1928年の第5回選挙法改正である。第2回選挙法改正(1867)では都市労働者の上層に選挙権が拡大された。

【4】(1)　ウ，エ，オ　　(2)　A…ビスマルク　　国名…カ　　(3)　南部諸州は，奴隷制の存続と自由貿易を主張したが，北部諸州は，奴隷制に反対するものが多く，保護関税政策を主張した。　　(4)　イ，エ　(5)　ウ　　(6)　ウ　　(7)　ア　　(8)　ア　　(9)　イ
〈解説〉(1)　ウ　ウィーン会議では仏外相タレーランの説く正統主義に

よってフランス革命前に王朝が正統の支配者とされた。この結果，フランスとスペインでは革命前のブルボン朝が復活した。　ア　ウィーン会議にはオスマントルコ(オスマン帝国)は参加していない。イ　スリランカ(セイロン島)とケープ植民地はオランダ領であったが，ウィーン会議の結果，イギリス領となった。　(2)　A　ビスマルクはプロイセン王ウィルヘルム1世により首相に登用されると鉄血政策により軍事力によるドイツ統一を進め，プロイセン＝オーストリア(普墺)戦争，プロイセン＝フランス(普仏，ドイツ＝フランス)戦争に勝利してドイツ統一に成功し，ドイツ帝国の宰相となった。　国名　ドイツ統一後，ビスマルクはフランスの復讐を警戒し，ヨーロッパ内でフランスを孤立させる一方，他の欧州諸国との友好関係を構築した。この結果，オーストリア，ロシアと三帝同盟を，オーストリア，イタリアと三国同盟を結んだ。また，バルカン半島への進出をめぐり，オーストリアとロシアの対立が深まると，ロシアと再保障条約を結んでロシアをつなぎとめた。　(3)　北部は人道的な立場から奴隷制に反対していたが，綿花プランテーションが盛んな南部は労働力として奴隷制を必要としていた。一方，商工業の発達していた北部は保護貿易を求めていたが，イギリスの綿工業に原料である綿花を輸出していた南部は自由貿易を支持していた。こうした北部と南部の違いが，南北戦争勃発の背景となっていた。　(4)　風刺画に描かれた大統領はセオドア＝ローズヴェルトであり，カリブ海域に対しては棍棒外交により進出を強化する一方，日露戦争の講和条約であるポーツマス条約を仲介した。なお，アのハワイを併合し，アメリカ＝スペイン(米西)戦争によりスペインから，カのフィリピンやグアム島を獲得したのはマッキンリー大統領である。ウの十四か条の平和原則を唱えたのはウッドロー＝ウィルソン大統領。オのパナマ運河の返還は1999年でクリントン大統領の時のこと。　(5)　タンジマートは1839年にアブデュル＝メジト1世(アブデュルメジト1世)がギュルハネ勅令を発して開始された。カピチュレーションはイスラーム諸国の君主がヨーロッパ諸国に認めた通商上の恩恵的特権であり，後に拡大解釈されてヨーロッパ諸国と

の不平等条約になった。ケマル＝アタテュルク(ムスタファ＝ケマル)はトルコ共和国の初代大統領であり，政教分離，婦人解放，文字改革(ローマ字採用)などの近代化改革を行ったことで知られる。 (6) セルビアは後にバルカン戦争により南方に領土を広げた。アはボスニア＝ヘルツェゴヴィナ，イはブルガリア，エはルーマニアを図示している。 (7) オスマン帝国領だったエジプトではナポレオンのエジプト遠征を契機として，イのムハンマド＝アリーが台頭し，1805年にエジプト総督に任命され，ムハンマド＝アリー朝(1805～1952)が成立した。この王朝は西欧近代化を進めたが，借款を利用したために財政が悪化し，エのスエズ運河会社の株式を1875年にイギリスに売却した。これによりイギリスの影響力が増大すると，エジプトではアのウラービー(オラービー)運動(1881～82)が起きたが，イギリス軍により鎮圧され，事実上の保護国とされた。その後，パリ講和会議にエジプト代表団を送ろうとする運動を契機にウのワフド党が結成され，独立運動を展開するようになった。 (8) ① 満州事変の説明である。この事変を契機として日本は国際連盟を脱退し，ドイツ，イタリアと接近していくことになった。 ② イタリアのエチオピア侵攻(1935～36)以降の状況を述べている。イタリアに対し国際連盟は経済制裁を行ったが効力は薄く，英仏も宥和的な態度をとったため，イタリアはエチオピアの併合に成功しドイツと接近していった。 (9) フルシチョフは1956年のソ連共産党第20回大会で西側との平和共存路線を採用し，同年コミンフォルム(共産党情報局)を解散した。 ア トルーマン＝ドクトリンにより共産化阻止が図られたのはギリシアとトルコである。ウ キューバ危機ではソ連が譲歩してキューバのミサイル基地を撤去したが，これがフルシチョフ失脚の遠因となったとされる。 エ ソ連のゴルバチョフとアメリカのブッシュが冷戦終結を宣言したのはマルタ会談(1989)においてである。ヤルタ会談(1945)は第二次世界大戦中の連合国の首脳会談の一つで米英ソの首脳が会し，戦後処理などについて議論した。

【地理】

【1】(1)　設問1　①　気候要素　　②　気候因子　　設問2　10.5℃
設問3　②　　設問4　①　偏西風　　②　少な(く)
(2)　設問1　高山のため，紫外線が強いので帽子をかぶる。気温の日
較差が大きいため，着脱に便利なポンチョを着る。　　設問2　③
設問3　D　　(3)　設問1　②　　設問2　⑥

〈解説〉(1)　設問1　気候は，気候因子によって，様々な差異を生じる。
気候因子には，緯度・高度・地形・海流のほか，海陸分布などがある。
その結果，生じる気候を表すのが気候要素で，気温・降水・風のほか，
気圧や日照などもある。　　設問2　気温の逓減率とは，標高が100m高
くなるごとに低下する気温のことである。理論値または実際値によっ
て0.5～0.65など数値が与えられることが多い。本問では3000m上昇す
るので，低下する気温は0.65×30＝19.5。したがって海抜高度0mの地
点で30度の場合，3000mの地点では30－19.5＝10.5度。　　設問3　緯度
別の年降水量と年蒸発量は，北緯90°から南緯90°までを表すので，C
かDのいずれかである。蒸発量は太陽の日照と関係するので，凹凸の
ないC。Dは降水量で，赤道低圧帯，高緯度低圧帯で多く，中緯度高圧
帯で少ない。北半球の陸地のほうが多いため，全体に北に寄っている。
したがってAが北極圏，Bが南極圏である。　　設問4　ニュージーラン
ドは緯度が高く，オーストラリア大陸にはばまれることなく偏西風の
影響を受け，西岸海洋性気候となっている。しかし背骨のようなサザ
ンアルプス山脈があるため，山脈の西側は降水量が多く，東側は降水
量が少ない。その特性を活かし，東側では牧羊と小麦を栽培する混合
農業が行われている。　　(2)　設問1　インディオとは，中央アメリカ，
南アメリカ大陸の先住民のことで，そこをインドと誤解したヨーロッ
パ人からの呼び名である。現在はインディヘナといわれている。ボリ
ビアやペルーのアンデス山脈は標高が高く気温の日較差が大きいの
で，強い日差しを避けるための帽子や，着脱に便利なポンチョと呼ば
れるマント状の衣服が発達した。　　設問2　アメリカでは牛乳・乳製
品の供給量が多いと考えてB。インドでは菜食の人が多く，肉類の供

給が少ないと考えてイ。いも類の供給量が多いウはナイジェリアで，その他は著しく少ない。　設問3　写真の家はDのボリビア，アンデス山麓の地域で見られる。標高が高く木材が少ない地域では石や，わらを土に混ぜてレンガを焼き，家屋を作っている。　A　ギリシャは，地中海の青い海に白い壁の家が映える観光地が知られているが，石灰岩が多く，熱を反射する石造りの家の壁を白く塗っている。　B　マレー半島は熱帯雨林気候で，伝統的な家屋は木造の高床式または水上家屋。　C　シベリアでは，極寒のため窓の小さい家が多いが，永久凍土が融解しないように，床を高くしたりしている。

(3)　設問1　世界三大宗教は，キリスト教，イスラーム，仏教である。A　ヨーロッパや北アメリカに広がるキリスト教。　B　仏教の中でも戒律が厳しい上座部仏教。インドから南方に多く，南伝仏教ともいう。日本や中国は，北伝仏教。　C　西アジア，中央アジア，北アフリカに信者の多いイスラーム。　Y　食物禁忌があり，ハラルフードを食する。東南アジアのインドネシア，マレーシアにも信者が多い。　設問2　ア　第二次世界大戦後，パレスチナでは世界に離散したユダヤ人が帰還して1948年，イスラエルを建国した。土地を追われたアラブ人はガザ地区やヨルダン川西岸地区に集住し，混乱が継続している。イ　マレーシアの政策はブミプトラ政策。ドイモイはベトナムにおける経済政策。

【2】(1)　設問1　①　エネルギー革命　設問2　③　(2)　⑤
(3)　②　(4)　設問1　①　設問2　A　温室効果　B　モーダルシフト　(5)　エ　(6)　設問1　C→A→D→B　設問2　道路に面して家屋が並ぶ路村形態になっており，家屋の背後は土地が短冊状に区切られ，畑として利用されている。　(7)　設問1　①
設問2　A　拡大を防ぎ　B　職住近接
〈解説〉(1)　設問1　第1次エネルギー革命は薪から石炭へ，第2次エネルギー革命は石炭から石油へ，そして第3次エネルギー革命は原子力やクリーンエネルギーへ。現代においては各国で再生可能エネルギーへ

の移行を模索している。　設問2　アメリカで石油の生産に成功した
のは他国より早い1859年。20世紀初頭から自動車が生産され，需要が
高まったため，生産量も増加した。近年はシェールガスへの移行もあ
ってシェアの割合は減っている。中東で本格的に原油の掘削，生産が
始まるのはアメリカよりはるかに遅かったが，大量に埋蔵が見つかる
と供給が増加した。①はサウジアラビア，②はロシア，③はアメリカ，
④は中国。　(2)　豊田市を有する中京工業地帯は，自動車の生産が多
く，機械工業の占める割合が高いイ。アは鉄鋼業を含む金属工業の割
合が高く，阪神工業地帯。食品工業より化学工業の割合の方が高いと
考えて，Aが化学工業。ウの京浜工業地帯は，1990年には出荷額1位だ
ったが現在では中京，阪神工業地帯より少なくなっている。　(3)　卸
売業は都心に多い。埼玉の割合からBが卸売とわかる。大阪府は近畿
の中心として伝統的に商品の卸売りが多いが，さすがに東京都が人口
も店舗数も多いため，イが大阪府，ウが東京都。残る神奈川県がアと
なる。　(4)　設問1　インドも中国も人口の多い大国だが，中国の方
が産業が発達していると考えて①はインドで②が中国。日本は1平方
キロ当たりの輸送量の多さから判断して③。人口3800万人と，この中
でもっとも少ないカナダは④。　設問2　自家用車が増え，郊外のショ
ッピングセンターに買物に行くなど，車生活が身近になったことを
モータリゼーションといった。しかし温暖化が顕著になる中，自動車
はガソリンの燃焼が温室効果ガスを排出することから，その燃料の脱
炭素が急がれている。　(5)　歴史があり，世界遺産が多く，芸術分野
や食に関しても見所の多いヨーロッパは他の追随を許さず到着数で最
も多いエと考えればよいだろう。ウがアジア・オセアニア。中国から
の観光客がアジア各地に訪問するなど，成長率も高い。イは南・北ア
メリカ，アはアフリカ。　(6)　設問1　古く奈良，平安時代の条里制
に基づく街路や区画が残る条里集落は近畿地方に多い。源平の争いで
敗走した武士が逃れ住んだとされる隠田百姓村は，九州の山間部など
に残る。平和な江戸時代になると人口が増え，新たに田を作るための
土地が必要となって台地など未利用地を与えた。明治時代に武士に土

地を与えることと防衛のために，北海道を開墾した。碁盤目の地割り
が特徴。　設問2　集落は道に沿って形成されている路村の様相であ
る。それぞれの土地は短冊状に道に垂直に伸びており，台地であるた
め水田を作ることは難しく，畑や果樹園，茶畑も見られる。

(7)　設問1　ア　主題図は特定のテーマについて地図上で表したもの
で，たとえば路線図などが該当する。一般図は，地形や町名などを表
している。国勢調査の結果から市区町村別の昼夜間人口を確認するこ
とができるが，この対話からでは，AもBも昼間人口が多く，通勤や買
物に来る都市であることがわかるが，それから都市を限定することは
難しいようである。大阪市の環状線と似ているが，北の方角に港はな
いので，あくまで模式図であると思われる。　設問2　イギリスは早
くから都市化が進み，19世紀末にはハワードが田園都市構想を掲げて，
都市問題の解決を試みている。1940年代の大ロンドン計画では，ロン
ドンの周囲を緑地帯＝グリーンベルトで囲み，その外側に職住近接の
町を作り，居住を促進させようというものであった。

【3】(1)　③　　(2)　エ　　(3)　②・④　　(4)　開発が遅れた西部に公
共投資を行っている。　　(5)　③　　(6)　写真1　②　　写真2　③
(7)　①　　(8)　④

〈解説〉(1)　チベット自治国の首府ラサはおよそ4000mであるから，アが
4000，イが2000mとする。Bは長江の河口，シャンハイだが，その北
の黄河との間にホワイ河がある。ウは，年間降水量1000mmのライン
で知られるチンリン＝ホワイ線の目安となるチンリン山脈。なお，テ
ンシャン山脈はチベット高原の北，キルギスと接する当たりにある。
(2)　カシは砂漠気候で最も降水量の少ないウ。チャンチュンは亜寒帯
冬季少雨気候で冬は－15度くらいまで下がるが，夏は20度を超すため，
非常に年較差が大きい。降水量はそれほど多くはないのでエ。ホンコ
ンとクンミンはいずれも温帯冬季少雨気候だが，海に近いホンコンは
モンスーンの影響で降水量が多くイ，クンミンがア。　(3)　①　北西
太平洋漁場は，漁獲量世界1位。　③　中国の漁獲量は，世界1位だが，

養殖業も圧倒的に1位で，国内の漁獲量のうち80%近くが内水面養殖業である。　(4)　中国で最初に設けられた経済特区はすべて沿海部にある。西部や中部からは仕事を求めて沿海部を目指す民工潮が見られたが，戸籍による区別もあり，内陸部との経済格差は大きくなっている。そこで，西部大開発として，内陸部に鉄道や高速道路を建設したり，石油や天然ガスの掘削を進めたりまた工場を誘致したりするなどして雇用を創出し，不満を抑えようとしている。　(5)　いずれも中国からの入超となっているが，特に差の大きいウは，アメリカ，カナダ，メキシコのNAFTA (現在はUSMCAに改組)。近年中国とASEANの結びつきが強くなっており，アがASEAN，イが日本。　(6)　②のシンチャンウイグル自治区は，トルコ系ムスリムが多い。近年，自由や独立を求める民族問題が大きくなっている。ダライ・ラマはチベット仏教の指導者で，チベット自治区のポタラ宮の写真である。①はニンシアホイ族自治区，④は内モンゴル自治区，⑤はコワンシーチョワン族自治区。　(7)　いずれの文も正しい説明である。日本のお盆や正月のような春節には，全国で大移動とも言われる大勢の人々が故郷に帰る。高齢化した両親の元に子供を残して出稼ぎに出ている人も多い。子供により良い教育を受けさせて沿海部の仕事に就かせたいと思う親も多く，一人っ子政策の影響で跡継ぎや面倒を見てくれるひとのいない高齢者が取り残され，老人ホームが増えているともいわれている。

(8)　ソウルが盆地だというのはあまり知られていない。ソウルの経済発展を「漢江の奇跡」と称するが，市の中心を流れる川をはさみ，南北に広がる市街地のうち，北側が盆地となっている。シャンハイ，ホンコンは海に面しており，ペキンは④。①のホンコンはビクトリアハーバーを隔てて北は九龍島，南はホンコン島に分かれている。②のシャンハイは，長江の河口にできた街である。

【4】(1)　設問1　⑤　　設問2　Ⅰ　A　　Ⅱ　C　　設問3　番号…④成因…沖合を流れる寒流の影響で低温となり，気温の逆転が生じて上昇気流が発生しないため，降水量が少なく砂漠となる。

設問4　番号…④　　気候記号…Cw(H)　　(2)　⑦　　(3)　④

(4)　④　　(5)　経済効率を上げるために自国や他国からの投資が首都に集中し，国内各地から就業の機会を求めて人々が集中するから。

(6)　③

〈解説〉(1)　設問1　アフリカは，全体がアフリカ楯状地である。Xのアトラス山脈は新期造山帯のアルプス＝ヒマラヤ造山帯の一部。Yのドラケンスバーグ山脈は古期造山帯で，付近にはテーブルマウンテンがある。アフリカ東部には，プレートの広がる境界である大地溝帯があり，火山がある。　設問2　ダムの建設によって灌漑面積が増えたということから，乾燥地帯を流れる外来河川のAのナイル川であるとわかる。Bのニジェール川も乾燥地帯の部分もあるが，上流と下流は熱帯で，降水量も多い。Cのコンゴ川はコンゴ盆地では船による移動がさかんである。Dのザンベジ川は，ヴィクトリア滝が有名。アフリカ大陸は全体として平野が少なく，滝や熱帯林の存在が内陸への交流や交易の機会を逸してきた。　設問3　ナミブ砂漠は，ナミビアの海岸沿いに広がる砂漠で，沿岸を寒流のベンゲラ海流が流れるため大気が安定し，降水がない。ペルーのアタカマ砂漠も，寒流のペルー海流によって形成されている。ゴビ砂漠は隔海度が高いことによる内陸砂漠。パタゴニアは雨陰砂漠。サハラ砂漠は回帰線砂漠。　設問4　アはマリの交易都市トンブクトゥ，砂漠気候で②。イはエチオピアの首都アディスアベバ，標高が高いために熱帯気候にはならず，④でCw。標高が2000mを越えているので，高山気候Hとする場合もあるが，ケッペンの気候区分ではない。ウはタンザニアの首都ダルエスサラーム，気温が高く雨季と乾季の明瞭なサバナ気候で①。エは南アフリカのケープタウンで，夏に降水量の少ない地中海性気候で③。　(2)　熱帯地域の土壌はポドゾルではなくて，ラトソルという。ポドゾルは，亜寒帯，寒帯地帯のやせた土壌である。焼畑農業は，商品作物を栽培して粗放的定住農業に移行する場合もあるが，土壌が悪く，土地生産性は低い。(3)　フランスの植民地は，西アフリカに多い。アルジェリアは砂漠が広がり石油の産出がある。ガーナは旧イギリス領。金の産出があり，

カカオの栽培も行っている。エチオピアはイタリアに侵略されたが，植民地にはなっていない。　(4)　南アフリカ共和国は，レアメタルなどの資源の輸出国から輸入代替型の工業化を推進し，BRICSの一員として発展をしている。ボツワナはダイヤモンドの産出が多く，それを資源として輸出するのではなく国内で加工することによって工業的付加価値をつけ，輸出額を向上させることに成功した。依然としてアフリカの多くの国では貧困と格差に苦しみ，諸外国の支援を受けてもそれが後に対外債務として重くのしかかっている。　(5)　日本と比べ，エチオピアでは首都への集中が進み，プライメートシティ＝首位都市となっている。首都のみに投資が集まり，地方都市には仕事がなく，首都に行けば就業の機会があるのではないかと人が集まるからである。同じことは日本でもあるが，首都と地方都市の格差は日本より大きい。　(6)　ナイジェリアやアンゴラでは，開発が進むのは一般に首都や都市の中心部で，郊外ではない。アフリカでは治安の心配な国も地域もあるが，それでも資源や多くの人口がいてマーケットとしての魅力は高く，外国企業の進出は積極的である。中でも，中国の進出はめざましく，鉄道や道路などのインフラ，携帯電話，ビルなど幅広く手がけ，資源の採掘や農産物の生産を行い，債権国となって関係を深めている。

公　民　科

【１】(1)　①　人間と社会　　②　問い　　③　対話　　(2)　①　法
②　持続可能

〈解説〉(1)　①　「公共」では小・中学校で活用した「社会的な見方・考え方」に加えて「人間と社会の在り方についての見方・考え方」を働かせて，現代の諸課題を追究したり解決したりする活動を重視している。　②　公民科では「問い」を設定し，社会的諸事象等に係る課題を追究したり解決したりする活動をすることによって「主体的・対話

的で深い学び」を実現することが求められている。 ③ 「倫理」では他者との対話を通し，問いそのものの意味を問い直し，より根源的な問いを新たに立てる試みを続けながら，問われている事柄について思索を深めていくことが求められる。なお，他者には先哲も含まれる。

(2) ① 本問は「3 指導計画の作成と指導上の配慮事項」の抜粋である。大項目Bでは法，政治及び経済などに関わるシステムの下で活動するために必要な知識及び技能，思考力，判断力，表現力等を身に付けることが主なねらいである。 ② 大項目Cでは，共に生きる社会を築くという観点から課題が設定され，課題解決に向けてこれまでに鍛えてきた社会的な見方・考え方を総合的に働かせながら，考察や構想，説明や論述などの学習活動が行われる。

【2】(1) イデア論とは，イデアこそが真実在であり，個々のものは不完全な模像や影に過ぎないとするものである。それはちょうど，洞窟につながれて後ろを向くことのできない囚人が，壁に映る背後の事物の影を唯一の実在と思い込んでいるようなものである。 (2) ウ
(3) エ (4) A，B，C (5) A 預言者 B 喜捨 (6) イ
〈解説〉(1) プラトンは，生まれる前の人間の魂はイデア界にあったとし，イデアへの思慕をエロース，イデアを想起することをアナムネーシスと呼んだ。また，死によって人間の魂はイデア界に帰るとし，哲学とは死の練習であるとした。 (2) ア 知恵と思慮からなるのは知性的徳。性格的徳は中庸を選ぶ習慣づけによって得られる。 イ アリストテレスは，性格的な徳は感情や行為においての超過と不足の中間(中庸)に存在するとしたが，快楽主義と苦行主義の中道を選ぶのは仏教の考え方である。また，中庸も中道も過大と過小の単純な平均ではない。 エ 配分的正義と調整的正義を入れ替えれば正文。

(3) イエスは各自が自己の罪に向き合うべきことを唱えた。 ア モーセの十戒には「殺してはならない」とある。 イ そのような寓話は旧約聖書にはない。 ウ 形式的な律法を守ることを唱えていたのは，イエスと対立していたパリサイ人で，律法を守るのならば女を石

打ちにしなければならなかった。　(4)　A　仏教を含め，インド思想では輪廻からの解脱が目指される。　B　仏教では苦行は否定される。C　バラモン教などでは，宇宙の根本原理であるブラフマン(梵)とアートマン(我)が同一であるとする梵我一如が説かれる。これに対し，仏教では諸法無我，つまり我の存在が否定される。　D　ジャイナ教や仏教ではヴァルナは否定されるが，バラモン教やヒンドゥー教では否定されない。　(5)　A　六信とはムスリムが信仰するアッラー・天使・啓典・預言者・来世・予定のこと。イスラム教では開祖のムハンマドは最大で最高の預言者とされる。　B　五行とはムスリムが実践すべき信仰告白・礼拝(サラート)・喜捨(ザカート)・断食(サウム)・巡礼(ハッジ)のこと。喜捨は救貧税とも呼ばれることがある。　(6)　小国寡民を唱えたのは老子。墨子は非攻を唱えたが，これは侵略戦争を否定する思想であり，外敵の侵略に抗する自衛戦争までをも否定するものではない。

【3】(1)　ウ　(2)　ルネサンスとは，再生という意味で，具体的にはギリシア・ローマの古典文化の復興のことである。　(3)　パラダイム　(4)　すべての人がすべてのものについて権利を持ち，それらを調停するものが存在しない自然状態では「万人の万人に対する戦い」の状態となる。　(5)　A　理論　　B　実践　(6)　カ　(7)　エ
〈解説〉(1)　カルヴァンは予定説を唱えた。　ア　信仰義認説は，元々はパウロが唱えた説であり，特にルターによって主張された。
イ　予定説とは反する考え方。　エ　職業に励むことで，神の救済の予定の確信を得られるとされた。ウェーバーによると，これが資本主義発展の精神的基盤となった。　(2)　フランス語でnaissanceは「誕生」，reは接頭辞で「再び」の意味。よって，renaissanceは「再生」の意味になる。14世紀にイタリアで始まり，欧州全土に波及した。　(3)　クーンは科学史家。『科学革命の構造』を著し，科学の歴史においては，パラダイムシフトと呼ばれる，ものの考え方や問題の立て方の革命的変化が幾度か起きているとした。　(4)　自然状態では，人々は自然権

である自己保存の権利を行使しあう結果，「万人の万人に対する争い」におちいると考えた。そして，この矛盾を解消するために，人々は自然法に従って社会契約を結び，絶対的権力を持つ国家の下，人々は平和的共存を実現するとした。　(5)　『純粋理性批判』において，カントは大陸合理論とイギリス経験論の融合を試み，対象が認識に従うとする「知のコペルニクス的転回」を行った。また『実践理性批判』において道徳を論じ，条件なしの定言命令に従うことを，真に道徳的な行為とした。　(6)　A　ハイデッガーに関する記述。「ひと」は「死への存在」を自覚することで自己の実存に目覚めるとした。　C　デューイに関する記述。プラグマティズムを唱えた思想家の一人である。　E　レヴィ＝ストロースに関する記述。構造主義を唱えた社会人類学者である。　(7)　フロイトは精神分析学の祖。人間の心は，快楽原則に従うエス(イド)，社会規範を内在化した超自我，両者を調整する自我から成り立っているとした。なお，エス(es)とはドイツ語，イド(id)はラテン語で，いずれも元来英語のitを意味する言葉。

【4】(1)　X　高天原　　Y　黄泉国　　(2)　ア　　(3)　美しい音楽に聞きほれて心を奪われている瞬間など，主観としての私と客観としての音楽が統一している主客未分な状態をいう。　　(4)　ア，ウ

(5)　ウ　　(6)　ア

〈解説〉(1)　X　高天原と書いて「たかまのはら」「たかまがはら」と読む。古事記では，天照大神が支配するとされている。　Y　黄泉国と書いて「よみのくに」と読む。古事記には，イザナギノミコトが黄泉国に移ったイザナミノミコトを訪問し，その変わり果てた姿を見て逃げ出す話が登場する。　(2)　永平寺は道元が開祖で，禅宗の一派である曹洞宗の大本山。道元は只管打坐を唱えた。　イ　臨済宗の開祖である栄西に関する記述。臨済宗も禅宗の一派。　ウ　法華宗の開祖である日蓮に関する記述。四箇格言によって他宗派を攻撃した。　エ　浄土宗の開祖である法然に関する記述。　(3)　西田幾多郎は，20世紀前半に活躍した哲学者。自らの参禅体験から『善の研究』を著し，真の

実在は主客未分，すなわち主観と客観の区別が生じる以前の純粋経験にあるとした。また，晩年には絶対矛盾的自己同一を唱えた。

(4)　ア　法世とは武士が支配する不平等社会のこと。安藤昌益は万人直耕の平等社会を自然世と呼んで，理想とした。　ウ　和辻哲郎は，モンスーン型の人間の特性を受容的，忍従的とした。戦闘的，服従的なのは中東に見られる砂漠型であり，欧州は牧場型で，その人間の特性を合理的とした。　(5)　吉野作造は民本主義を提唱し，天皇主権を否定しなくても民衆本位の政治は可能とした。　ア　無教会主義の立場に立った。　イ　自由民権運動の理論的指導者である。　エ　自己本位の個人主義を唱えたが，晩年には則天去私の境地に至った。

(6)　一遍ではなく，行基に関する記述である。一遍は時宗の開祖で踊念仏を広めた。

【5】(1)　信託　　(2)　①　ウ　　②　エ　　(3)　ア，イ　　(4)　損害賠償請求権　　(5)　ウ　　(6)　Ⅰ　B　　Ⅱ　A　　Ⅲ　D　　Ⅳ　C
〈解説〉(1)　ロックは，政府の政治権力は人民の信託によるものとしたが，日本国憲法には社会契約説の影響が見られる。日本政治は代議制民主主義によるとされているが，憲法改正の是非を問う国民投票など，直接民主制的な制度もある。　(2)　①　事情判決とは，行政処分の違法性を認めつつも，取消が公益に多大な影響を及ぼす場合には，取消の請求を棄却する判決のこと。　ア　衆議院に法律案の先議権はない。　イ　衆議院だけに認められている。　エ　連座制は候補者が無関与でも当選を無効とする制度のこと。　②　定住外国人の参政権は，国政においては違憲としたが，地方参政権については，認めても認めなくても違憲ではないとした。　ア　チャーチスト運動はイギリスの労働者階級による選挙法改正運動。　イ　名望家政党から大衆政党に発展した。　ウ　女性参政権が認められたのは1945年。　(3)　ア　東大ポポロ事件は，学生による大学構内に潜入した私服警官に対する暴行事件。最高裁は大学の自治を認めつつ，被告人を有罪とした。　イ　愛媛玉ぐし料訴訟は最高裁が政教分離違反を認めた初の例。　ウ　不合

理な規制で違憲とした。　エ　足利事件は冤罪事件。事件当時，GPS
は存在しなかった。　オ　『石に泳ぐ魚』事件に関する記述。　カ　夜
間空港使用の差し止め請求は認められなかった。　(4)　憲法第17条に
「何人も，公務員の不法行為により，損害を受けたときは，法律の定
めるところにより，国又は公共団体に，その賠償を求めることができ
る」とある。この権利を損害賠償請求権という。請願権，裁判を受け
る権利，刑事補償請求権とともに，国務請求権に分類される権利であ
る。　(5)　パレスチナ問題とは，パレスチナの地にユダヤ人がイスラ
エルを建国したことにより，アラブ系のパレスチナ人が土地を追われ
難民化した問題。また，中東戦争とはイスラエルと周辺のアラブ系諸
国との戦争である。　(6)　Ⅰ　Bは1776年採択のアメリカ独立宣言の
一節。　Ⅱ　Aは1789年採択のフランス人権宣言の一節。　Ⅲ　Dは
1919年制定のワイマール憲法の条文。共和制に移行したドイツ憲法で
あり，社会権を初めて本格的に保障した憲法として知られる。
Ⅳ　Cは1946年制定の日本国憲法の第24条第1項。

【6】(1)　エ　　(2)　ウ　　(3)　ア　　(4)　ウ　　(5)　イ　　(6)　カ
(7)　イ
〈解説〉(1)　アルバイトやパート労働で生計を立てている人を，フリー
ターという。ニートとは，就学や就労をせず，職業訓練も受けていな
い若年者を意味する言葉。　(2)　働き方改革関連法は，2018年に制定
された法律。この法律により，アの同一労働同一賃金の原則も導入さ
れた。　ア　正規雇用との格差は現在もある。　イ　セクハラ防止対
策が事業主に義務付けられている。　エ　専門職での在留資格を取得
することは可能である。　(3)　公共財の存在は，市場メカニズムに委
ねても最適な資源配分が望めない，「市場の失敗」の例の一つ。
イ　累進課税制度はビルトイン・スタビライザー(景気の自動安定化装
置)の例の一つ。　ウ　財政投融資は政府などが発行する債券によって
資金が調達されている。　エ　直接税が中心となった。　(4)　公的扶
助，社会保険，社会福祉，公衆衛生は，日本の社会保障の四本柱とさ

れている。　ア　ビスマルクによる社会保険制度の創設は19世紀の出来事で，世界初の社会保障法は1935年にアメリカで制定された。
イ　イギリスや北欧諸国に関する記述。　エ　増加している。
(5)　ケインズは，積極的な財政・金融政策を是とする修正資本主義の理論を唱えた。　ア　自由放任主義(レッセ・フェール)を主張した。ウ　マネタリズムを唱えたフリードマンに関する記述。　エ　社会主義経済学を確立したマルクスに関する記述。　(6)　Ⅰ　1998年から，無担保コール翌日物金利をほぼ0％とするゼロ金利政策が実施された。Ⅱ　日銀の当座預金残高を誘導目標とする量的緩和政策は，2001年から実施された。　Ⅲ　2％の物価上昇目標を掲げた量的・質的金融緩和は，2013年から実施された。　Ⅳ　日銀の当座預金の一部にマイナス金利を導入するマイナス金利政策は，2016年から実施された。
(7)　Ⅰ　所得が完全に分配されていれば，ローレンツ曲線は均等分布線に等しくなる。　Ⅱ　格差が大きくなるほど，ローレンツ曲線は均等分布線から乖離していくので，ジニ係数も大きくなる。　Ⅲ　ジニ係数の改善とは，所得格差を是正するということ。所得税の累進課税の強化も対策の例に挙げられる。

【7】(1)　ウ　　(2)　平和を乱す国家がある場合には，関係国の全てが，協力して違反国に制裁を加えるという体制　　(3)　イ　　(4)　エ
(5)　関税引き上げ　　(6)　19.4〔兆円〕　　(7)　ア
〈解説〉(1)　領土問題などでソ連との対立を深めていた中国にアメリカが接近し，1972年にニクソン大統領が電撃訪中した。ただし，米中両国が正式に国交を樹立したのは1979年である。　ア　朝鮮半島の統一は実現していない。　イ　東西対立の解消を目指したわけではない。エ　EUの成立は冷戦終結後の出来事。　(2)　国際連盟や国際連合は，いずれも集団安全保障のための国際機関。国際連盟では経済制裁しかできなかったが，国際連合では武力制裁も可能となっている。ただし，国連軍は組織されておらず，これまでは多国籍軍が代わりにその任にあたっている。　(3)　相互の不信感が続く限り，両国とも「協力しな

い」を選んでしまい，軍拡競争が生じてしまう。ゆえに，こうした不信感を払拭するために，信頼醸成措置(CBM)として軍事情報の公開などが実施されることがある。　(4)　ODAとは政府開発援助のこと。先進国による，発展途上国に対する有償・無償の資金協力や技術協力を指す。　ア　冷戦終結以前から，資源や食料・エネルギー安全保障の取組みはあった。　イ　対GNI比や贈与率は低い。　ウ　日本の国連加盟は1956年だが，PKOに参加するようになったのは1990年代からである。　(5)　輸入品に高率の関税をかければ，国内製品との価格競争において輸入品が不利となる。他に国内産業の保護策としては，輸入数量の制限や国内業者への補助金の支給，外国製品に不利な規制の設定などもある。　(6)　経常収支＝貿易収支＋サービス収支＋第一次所得収支＋第二次所得収支の関係にある。第一次所得収支以外の数値は，表に掲載されているので，これらを代入すれば正解に至れる。なお，第一次所得収支には海外投資による収益や海外からの報酬などが計上されている。　(7)　国内の価格が下落すればそれを外国に輸出して販売する価格も下落させることができ，輸出が増加すれば輸出で得たドルを円に替えようとする圧力も高まる。　イ　外国へ資金が流出し，円安ドル高が進む。　ウ　円高は輸出品の外国での価格を上昇させる。　エ　円安は輸入原材料の価格や国内製品の生産費を上昇させる。

●書籍内容の訂正等について

　弊社では教員採用試験対策シリーズ（参考書，過去問，全国まるごと過去問題集），公務員試験対策シリーズ，公立幼稚園・保育士試験対策シリーズ，会社別就職試験対策シリーズについて，正誤表をホームページ（https://www.kyodo-s.jp）に掲載いたします。内容に訂正等，疑問点がございましたら，まずホームページをご確認ください。もし，正誤表に掲載されていない訂正等，疑問点がございましたら，下記項目をご記入の上，以下の送付先までお送りいただくようお願いいたします。

① **書籍名，都道府県（学校）名，年度** 　（例：教員採用試験過去問シリーズ　小学校教諭 過去問　2025年度版） ② **ページ数**（書籍に記載されているページ数をご記入ください。） ③ **訂正等，疑問点**（内容は具体的にご記入ください。） 　（例：問題文では"ア〜オの中から選べ"とあるが，選択肢はエまでしかない）

〔ご注意〕

○ 電話での質問や相談等につきましては，受付けておりません。ご注意ください。

○ 正誤表の更新は適宜行います。

○ いただいた疑問点につきましては，当社編集制作部で検討の上，正誤表への反映を決定させていただきます（個別回答は，原則行いませんのであしからずご了承ください）。

●情報提供のお願い

　協同教育研究会では，これから教員採用試験を受験される方々に，より正確な問題を，より多くご提供できるよう情報の収集を行っております。つきましては，教員採用試験に関する次の項目の情報を，以下の送付先までお送りいただけますと幸いでございます。お送りいただきました方には謝礼を差し上げます。

（情報量があまりに少ない場合は，謝礼をご用意できかねる場合があります）。

◆あなたの受験された面接試験，論作文試験の実施方法や質問内容

◆教員採用試験の受験体験記

送付先	○電子メール：edit@kyodo-s.jp ○FAX：03-3233-1233（協同出版株式会社　編集制作部 行） ○郵送：〒101-0054　東京都千代田区神田錦町2-5 　　　　　　　協同出版株式会社　編集制作部 行 ○HP：https://kyodo-s.jp/provision（右記のQRコードからもアクセスできます）	

　※謝礼をお送りする関係から，いずれの方法でお送りいただく際にも，「お名前」「ご住所」は，必ず明記いただきますよう，よろしくお願い申し上げます。

教員採用試験「過去問」シリーズ

宮崎県の
社会科 過去問

編　集	©協同教育研究会
発　行	令和6年1月10日
発行者	小貫　輝雄
発行所	協同出版株式会社
	〒101-0054　東京都千代田区神田錦町2‐5
	電話　03－3295－1341
	振替　東京00190－4－94061
印刷所	協同出版・POD工場

落丁・乱丁はお取り替えいたします。